KB152816

독립은동이오
기억없오
내

내 직업은 독립운동이오

© 김문 2019

초판 1쇄	2019년 4월 2일			
초판 2쇄	2019년 4월 4일	펴낸이	이정원	
		펴낸곳	도서출판 들녘	
지은이	김문	등록일자	1987년 12월 12일	
		등록번호	10-156	
출판책임	박성규			
편집	박세중·이동하·이수연	주소	경기도 파주시 회동길 198	
디자인	조미경·김정호	전화	031-955-7374 (대표)	
마케팅	이광호		031-955-7381 (편집)	
경영지원	김은주·장경선	팩스	031-955-7393	
제작관리	구법모	이메일	dulnyouk@dulnyouk.co.kr	
물류관리	엄철용	홈페이지	www.dulnyouk.co.kr	
ISBN	979-11-5925-398-0 (03910)	CIP	2019010412	

이 도서의 국립중앙도서관 출판예정도서목록(CIP)은 서지정보유통지원시스템 홈페이지(http://seoji.nl.go.kr)와 국가자료공동목록시스템(http://www.nl.go.kr/kolisnet)에서 이용하실 수 있습니다.

값은 뒤표지에 있습니다. 잘못된 책은 구입하신 곳에서 바꿔드립니다.

대한민국 임시정부
4인과의 인터뷰

독립운동 내 길 없소

인터뷰이 이승만 김원봉 김구 안창호

인터뷰어 김문

들녘

"내 직업은 독립운동이오!"

이 말은
1948년 3월 12일 장덕수 암살사건 8차 공판에서
법정 증인으로 나온 백범 김구가
직업이 무엇이냐는 검사의 질문에 답한 말입니다.

대한민국 헌법 전문에 나온다. "유구한 역사와 전통에 빛나는 우리 대한국민은 3·1운동으로 건립된 대한민국임시정부의 법통과 불의에 항거한 4·19민주이념을 계승하고……"

1919년 3·1운동이 일어난 직후인 4월 11일 중국 상하이에 설립된 대한민국 임시정부는 우리나라 최초로 삼권분립을 기반으로 한 민주공화제 정부였다. 대한민국 민주공화국은 바로 여기서부터 시작한다.

올해는 대한민국임시정부 수립 100주년이 되는 해이다. 3·1운동과 이후 이어진 한국 근현대사의 수많은 투쟁은 결국 '온전한 민주공화국'을 향한 긴 여정이었다고 볼 수 있다. 아득히 멀리 떨어진 과거도 아니고 지금의 우리 곁에 살아 움직이는, 바로 현재진행형인 여정이다. 그래서 '잊어서는 안 될 우리의 이야기'를 다뤄보고자 이 책을 준비했다.

유관순은 천안 아우내장터 만세운동을 앞두고 이렇게 목 놓아 소리쳤다.

여러분 우리에겐 반만년의 유구한 역사를 가진 나라가 있었습니다.

그러나 일본 놈들은 우리나라를 강제로 합방하고 온 천지를 활보하며

우리 사람들에게 가진 학대와 모욕을 다하고 있습니다.

우리는 10년 동안 나라 없는 백성으로 온갖 압제와 설움을 참고 살아왔지만

이제 더는 참을 수 없습니다.

우리는 나라를 찾아야 합니다.

임시정부는 바로 이 정신에서 시작된다. 낯설고 지원군도 없는 중국 상하이에서 초라하게 출발했다. 하지만 과정은 위대했다. 일본군의 서슬 퍼런 탄압을 피해가면서 상하이에서 충칭까지 대장정의 길을 걸으며 민족독립의 정신을 광복의 그날까지 오롯이 지켜냈다.

1919년 3월 러시아 블라디보스토크에서는 대한국민의회라는 임시정부가 출범한다. 대통령은 손병희, 이승만은 국무총리, 이동휘는 군무총장, 안창호는 내무총장으로 선출하고, 대한국민의회

는 각국 영사관에 "대한민국 정부가 출범했다"고 통보한다. 하지만 대한국민의회는 8월에 스스로 해체한다. 상하이의 대한민국 임시정부와 통합하기 위해서였다. 서울의 한성 임시정부도 상하이 임시정부와 통합을 한다.

대한민국 임시정부는 입법부(의정원), 행정부(국무원), 사법부(법원) 등 삼권분립 이념을 채택해 본격적인 민주공화제를 지향했다. 초기 각료에는 임시의정원 의장 이동녕, 국무총리 이승만, 내무총장 안창호, 외무총장 김규식, 법무총장 이시영, 재무총장 최재형, 군무총장 이동휘, 교통총장 문창범 등이 임명됐다. 9월 11일에는 임시헌법을 제정, 공포하고 이승만을 임시대통령으로 선출하는 한편 내각을 개편하였다. 이 같은 임시정부의 움직임 곁에서 의열단을 조직한 김원봉은 무장투쟁을 벌이면서 일본인들을 괴롭혔다. 얼마나 신출귀몰했던지 일본은 김원봉을 잡기 위한 현상금으로 300억 원을 내걸 정도였다.

이 책에서는 대한민국 임시정부의 주요 인물 중 이승만, 김원봉, 김구, 안창호 등 4명을 다룬다. 이승만은 초대 대통령, 김구는 초대 경무국장, 김원봉은 의열단장, 안창호는 내무총장이었다. 그들의 활약상과 그동안 흩어진 내용을 정리한다는 차원에서 임시정부 100주년에 맞춰 가상인터뷰를 했다. 100년이란 세월 속에 묻혔거나 잊혔던 역사의 뒤안길을 들여다보고자 했다. 자료는 그간 나왔던 책자와 기록문헌 등을 참조해 텍스트에 맞게 문맥을 작성했다. 하여 이미 알고 있거나 중복된 내용도 있을 것이다. 그럼에도 불구하고 임시정부 인물들을 가까이서 만나 그들의 생각을 들어보고, 지나간 세월을 생생히 되살려본다는 점에서, 이 인터뷰 작업이 나름의 가치가 있으리라 여겼다.

읽어주시는 독자 여러분께 감사드린다.

2019년 3월 봄이 오는 인왕산 자락에서
저자 올림.

CONTENTS

임시정부는
왜 상하이를
택했나

1912년 상하이의 가을밤. 한 청년이 모자를 푹 눌러쓰고 김신부로(金神父路) 인근 신톈디(新天地)역에서 서성인다. 담배를 손에 끼우고 주저하던 청년은 주머니에서 성냥을 꺼내 불을 붙인다. 이윽고 청년이 길게 담배연기를 내뿜고는 뒤돌아 어디론가 향한다. 좁다란 골목길을 따라 걷는 발걸음이 무거워 보인다. 곧 청년은 초라한 집 앞에서 멈춰 선다. 잠시 뒤 청년은 비장한 태도로 그 안으로 돌아간다. 청년은 낡은 걸상에 걸터앉았다가, 일어서 창가로 향하기를 반복하며 분을 삭인다. 청년이 파르르 떨리는 입술을 앙다물고 다시 앉아 집필을 시작한다.

마음이 죽어버린 것보다 더 큰 슬픔이 없고,
망국(亡國)의 원인은 이 마음이 죽은 탓이다.
우리의 마음이 곧 대한의 혼이다.
다 함께 대한의 혼을 보배로 여겨 소멸되지 않게 하여
먼저 각자 자기의 마음을 구해 죽지 않도록 할 것이다.

신규식

청년의 이름은 신규식. 3·1운동과 상하이임시정부의 주춧돌을 놓은 사람이다. 그는 3·1운동과 임시정부 수립을 기획한 '대한민국 임시정부 설계자'로 평가받는다. 그는 나라를 빼앗긴 것에 대한 저항의 의미로 세 번이나 자살을 시도했을 만큼 불같은 성격의 소유자다. 그는 첫 번째 자살 기도의 결과로 한쪽 눈을 잃었는데, 이후 자신의 호를 예관(睨觀)이라고 지었다. 이는 흘겨볼 '예'자인데 일본 놈들을 흘겨보겠다는 뜻이며, 한편으로는 나라가 망했으니 세상을 어찌 감히 바라보겠느냐는 의미이기도 하다. 그는 임시정부 초창기, 중국 상하이에서 기반을 다질 때에 가장 크게 기여한 인물이지만 이 사실은 잘 알려져 있지 않다.

그날이 오면
그날이 오면 그날이 오면은
삼각산이 일어나 더덩실 춤이라도 추고
한강물이 뒤집혀 용솟음칠 그날이
이 목숨 끊기기 전에 와 주기만 할 양이면
나는 밤하늘에 나는 까마귀와 같이
종로의 인정(人定)을 머리로 들이받아 울리오리다
두개골로 깨어져 산산조각이 나도
기뻐서 죽사오며 오히려 무슨 한이 남으오리까

위 시는 『상록수』의 작가 심훈이 일제강점기 때 조선 광복을 염원하며 쓴 것이다. 1960년대 세계의 시학 이론을 정립한 C. M. 바우라(C. M. Bowra. 영국 옥스퍼드대 교수)는 저서 『시와 정치』에서 한국의 심훈을 언급한다. 당시는 한국이 어디에 붙어 있는 땅덩어리인지조차 서구 대중들에게 거의 알려지지 않던 시기였다. 그럼에도 교수는 심훈의 시 「그날이 오면」이야말로 세계 저항시의 으뜸이라고 평가했다.

광복은 글자 그대로 풀이하면 '빛을 되찾는다.'라는 뜻이다. 하지만 한국인들에게 그것은 그 이상의 역사적 의미, 즉 국권을 회복했다는 의미를 담고 있다. 일제에 의해서 나라를 빼앗긴 상태가 곧 암흑이기에, 이에 대치되는 관념이 빛인 것이다. 따라서 광복은 국가와 주권을 되찾는다는 것을 의미한다. 말하자면 광복이라는 두 글자가 품고 있는 뜻은 민족독립의식이며, 국권회복의식이며, 자주의식이라고 할 수 있다. 특히 1919년 3 · 1운동은 당시 조선인들의 정치의식을 크게 뒤바꾸어놓았는데, 왕권국가로 돌아간다는 개념을 청산하고 새로운 민주국가로 나아가자는 의식을 품기 시작한 것이다. 비로소 그들은 주권을 되찾았을 때 우리가 가져야 할 나라, 즉 정권의 형태나 정치 · 사회제도를 현대 정치사상에 입각해서 상상하게 됐다. 광복운동의 역사는 이러한 현대 정치사상, 다시 말해서 시민적 민족주의사상이 발전하는 과정과 궤도를 같이하고 있으며, 그 중심에는 대한민국 임시정부가 있다.

우리가 대한민국 임시정부를 언급할 때 가장 대표적으로 떠올리는 지명은 중국의 상하이다. 1919년 3 · 1운동 직후 상하이에서 임시정부가 태동한 이후 요원들은 여러 곳을 옮기며 활동을 이어나갔다. 그 이동 경로는 이러했다. 상하이(1919년 4월~1932년 5월)-항저우 자싱(1932년 5월~1934년 10월)-난징 전장(1934년 11월~1937년 11월)-창사(1937년 12월~1938년 7월)-광저우 퍼산(1938년 7월~1938년 10월)-류저우(1938년 11월~1939년 4월)-치장 충칭(1939년 5월~1945년 11월). 그 지난한 이동 과정에서 임시정부 인사들은 한곳에 세력을 집중시키기보다는 각자 흩어져서 거주하는 편을 택했다. 이는 일제의 눈을 피해서이기도 하지만 도시보다 주변 지역이 거주비가 싸다는 현실적인 이유가 가장 컸다.

2019년 1월, 상하이 영안백화점 옥상에 있는 기운각(綺雲閣) 앞에서 1921년 신년회를 기념해 찍은 사진 한 장이 최근 공개되었

1921년 대한민국 임시정부 신년회

다. 사진에는 신규식, 신익희, 김구, 안창호 등의 얼굴이 선명하게 나타나 있다. 이는 임시정부가 상하이에 있었음을 보여주는 증거 중 하나다. 그렇다면 임시정부의 탄생지는 왜 상하이였을까. 이유 중 하나는 근대 개화기부터 한국인들이 드나든 주요 도시 중 하나가 상하이였기 때문이다. 처음에는 인삼 장사를 비롯한 상인들의 왕래가 잦았는데, 점차 정치적 목적을 가진 인사들이 드나들게 되었다. 그 뒤로 1910년의 한일합병 이후 독립운동가들이 자리를 잡으면서 상하이는 한국 독립운동사의 중요한 도시로 자리매김했다. 대한민국 임시정부자료집 편찬위원회 위원장을 지냈던 김희곤 안동대학교 교수는 저서 『임시정부 시기의 대한민국 연구』에서 다음과 같은 주장을 펴고 있다. 임시정부의 출발점이 상하이였던 이유 중 하나는, 상하이가 조계(租界), 그러니까 개항장에 외국인이 자유로이 통상 거주하며 치외법권을 누릴 수 있도록 설정한 구역이었기 때문이라는 것이다. 1845년 영국 조계가 설정된 것을 시작으로 미국이 성공회 주교의 주도로 1848년 홍커우(虹口) 일대를 거류지로 장악했다. 그리고 1849년 프랑스 조계가 만들어졌다. 이후 미국과 영국은 자신들이 장악한 지역을 공동조계로 통합하여 관리했다.

프랑스 조계

이런 가운데 조선 독립운동가들에게 주목받은 지역은 단연 프랑스 조계였다. 프랑스는 자유와 평등을 이념으로 내걸었기 때문에, 조계에 대한 간섭도 덜한 편이었다. 게다가 일본의 주권이 미치지 않아 독립투사들이 활동하기에도 비교적 수월했다. 한편으로 프랑스영사관이 신변보호를 해줄 것이라는 기대감도 있었다. 따라서 독립지사들이 이곳으로 자연스럽게 집결하게 됐다는 것이 김 교수의 주장이다. 게다가 당시 상하이는 망명객, 위험인물, 낙오자, 부패분자, 낭인호객 등 잡다한 인물들이 모여드는 장소였다. 동시에 한국을 비롯해 말레이시아, 베트남, 인도, 태국 등 여러 민족의 독립투사들이 시민들 사이에 끼어 숨어들었다. 따라서 신분 노출이 쉽지 않다는, 즉 익명성이라는 이점이 있었다. 이처럼 상하이는 자유의 도시이며 평화의 이상향이나 마찬가지였다.

1920년대 초 상하이에서는 중국 전체 무역량의 50%가량이 이루어지고 있었다. 그것은 바다를 마주한 지리적 위치 때문이다. 즉, 상하이는 세계와 중국을 이어주는 다리 역할을 한 셈이다. 무역의 중심이었던 만큼 상하이에는 다양한 문화가 녹아들어가 이 지역만의 독특한 문화를 형성하게 되었다. 1930년대 상하이는 '오리엔탈 할리우드'라고 불릴 만큼 영화산업이 발전했고 이는 음악계에도 큰 영향을 미쳤다. 영화배우이자 가수인 저우쉬안(周璇)은 상하이 영화계의 아이콘으로 이름을 날렸다. 이러한 문화적 환경의 덕으로, 상하이에는 동남아와 유럽 등 각국의 사람들이 모여들었다.

상하이에서 태어나 김구, 이동녕, 이시영 등 독립운동가들의 품에서 자란 김자동 대한민국 임시정부 기념사업회 회장은 최근 발간한 자신의 회고록에서 다음과 같이 회고한다.

1920년대 상하이는 애국지사들에게 천혜의 망명지이자 항일투쟁의 근거지 역할을 톡톡히 했다. 당시 우리 임시정부는 상하이 주재 프랑스 조계 내에 청사를 두고 항일투쟁을 벌였다. 상하이는 민족지사들에게 눈물과 애환의 현장이기도 했다. 백범 선생의 부인이 둘째 아들 김신을 낳고 폐병으로 생을 마친 곳도 상하이다. 그런데 이들과 별개로 사업가나 모리배들에게 상하이는 '기회의 땅'이기도 했다. 1910년 경술국치 이후 수많은 한국인들이 상하이로 건너가 새 삶을 개척했다.

상하이가 독립운동 기지로 주목받게 된 것은 1912년에 '동제사(同濟社)'가 결성되면서다. 이는 상하이에서 조직된 첫 번째 한국 독립운동단체라고 할 수 있다. 이후 박달학원(1913), 신한독립당(1915), 신한청년당(1918) 등을 거치면서 1919년 3·1운동 직후 대한민국 임시정부가 수립되기에 이르렀다. 또한 제1차 세계대전의 종전과 파리에서 열린 강화회의 역시 결정적 계기가 되었다. 1918년 11월, 독일이 1차 세계대전에서 항복함으로써 강대국 간에 그 처우를 결정짓는 회의가 열렸다. 이 소식을 들은 상하이 지역의 한국 독립운동가들은 이를 독립을 달성할 수 있는 기회로 판단하고 대표자를 뽑는 과정에서 임시정부 설립을 추진하였다. 그 뒤로 이들은 1919년 4월 11일 임시의정원을 구성하였고 각도 대의원 30명이 모여서 임시헌장 10개조를 채택했으며 이틀 뒤 한성임시정부와 통합하여 대한민국 임시정부를 수립, 선포하기에 이르렀다.

임시정부 수립되다

임시정부는 수립 이후 여러 내부 조직을 운영하며 독립을 위해 투쟁해나갔다. 우선 국내외 동포를 모두 관할하기 위한 기구로 연락기관인 교통국을 두었으며, 지방행정제도인 연통제를 실시하였고, 상해에 거주하는 동포들의 수를 조사하기 위해 거류민단을 설치했다. 또한 교통부 내에는 지부를 설치하고 전국 각 군에 교통국을, 면에 교통소(交通所)를 신설했다. 그 외에도 임시정부는 군자금 모집, 국내 정보 수집, 정부문서 국내 전달, 인물 발굴 및 무기수송 등의 활동을 이어나갔다.

연통제에 따라 서울에 총판을 두고 각 도·군·면에 독판·군감·면감을 두었는데, 국내에는 9개도 1부 45개군에 조직을 두었고 만주에는 3개 총판부를 두었다. 연통제의 업무는 법령 및 공문의 전포, 군인 모집, 시위운동 계획, 애국성금 조달 등 다양했다. 연통제와 교통국의 업무는 주로 국내 북서지방에 집중되었고 강원도와 충청도 일부에서는 대한독립애국단, 중부 이남에는 대한민국 청년외교단이 임무를 대행했다.

재정 기반을 위해 구급의연금과 인두세를 걷고 국내외 공채를 발행했으나 이 중 공채는 아일랜드에서 발행한 500만 달러만 성공했다. 초기 재정의 대부분은 재미교포의 성금으로 유지되었으며, 이후에는 장제스(蔣介石)의 원조금으로 충당됐다.

또한 일본의 침략 사실을 밝히고 한국의 유구한 역사를 설파하기 위해 1921년 7월 사료편찬부를 설치하고 9월 말 전4권의 『한

일관계사료(韓日關係史料)』를 완성하는 한편 박은식이 지은 『한국독립운동지혈사(韓國獨立運動之血史)』를 간행했다. 기관지로 〈독립신문〉, 〈신대한보(新大韓報)〉, 〈신한청년보(新韓靑年報)〉, 〈공보(公報)〉 등을 간행하여 독립 정신을 홍보하고 소식을 국내외 각지에 알렸다. 해외의 구미위원부에서는 〈Korea Review〉, 파리통신부에서는 〈La Coree Libre〉를 발행했다.

일본의 침략에 직접 맞서기 위한 군사적 준비 역시 진행되고 있었다. 임시정부는 1920년 상하이에 육군무관학교(陸軍武官學校), 비행사양성소, 간호학교 등을 세워 군사를 양성하는 한편 중국 군관학교에 군인을 파견하여 교육시키고 만주에 있는 독립군을 후원하였다. 이후 정부 청사를 충칭으로 옮긴 다음에도 광복군을 창설하는 일에 임시정부는 노력을 아끼지 않았다.

1941년 태평양전쟁이 일어나자 임시정부는 일본과 독일에 각각 선전포고를 했다. 그리고 연합군의 일원으로서 군대를 미얀마, 사이판, 필리핀 등지에 파견했다. 1944년에는 중국과 새로운 군사협정을 체결하고 독자적인 군사행동권을 얻었다. 전쟁이 막바지에 치닫던 1945년, 임시정부는 국내 진입작전의 일환으로 국내정진군 총지휘부를 설립하고 미군의 OSS(미전략사무국)부대와 합동작전으로 국내에 진입하려는 계획을 진행했다.

일본을 공격하기 위한 임시정부와 미군의 군사적 합작은 1943년부터 시작되었다. 이를 성사시키는 데에 공헌한 이는, 당시 충칭 임시정부의 외무부 및 선전위원회 소속으로 대외 섭외 업무를 맡고 있던 안원생(안중근 의사의 바로 아래 동생 안정근의 장남)이었다. 그러던 중 1945년 3월, 김학규 광복군 제3지대장이 미 제14항공단 사령관 첸놀트 장군과의 면담을 통해 한미군사합작 계획에 대해 구체적인 실시 방안에 합의했다. 그 골자는 다음과 같다. 아래의 내용은 김자동 회고록에서 발췌하였다.

1. 한미 양국은 공동의 적인 일본군을 박멸하기 위해 상호 협력하여 공동작전을 전개한다.
2. 한국광복군은 미군으로부터 무전 기술과 기타 필요한 기술을 훈련받고 적진과 한반도에 잠입하여 연합군 작전에 필요한 군사정보를 제공한다.
3. 미군은 공동작전에 필요한 모든 무기 및 군수물자를 한국광복군에 공급한다.
4. 미군은 한국광복군에게 육, 해, 공군 교통통신의 편의를 제공한다.

이러한 합의를 토대로 3개월 과정의 특수훈련이 끝난 뒤, 8월 7일 김구와 이청천 광복군 총사령관은 시안에 주둔 중인 2지대 본부로 가서 이범석 지대장과 함께 미국 대표인 도노반 소장을 만나 특수훈련 요원들의 국내 진입작전을 본격적으로 추진했다. 이들은 8월 20일 이전에 함경도로부터 남해에 이르기까지 국내 전역에 잠입할 계획을 세웠다. 당시 임시정부가 계획했던 것은 군사적 작전을 통해 대한민국 스스로 일제를 내쫓고 독립을 쟁취해내는 것이었다. 하지만 작전이 시행되기 고작 며칠을 앞둔 8월 15일, 일본의 무조건 항복으로 한반도는 갑작스런 해방을 맞는다. 이와 관련 김구는 『백범일지』에 이렇게 쓰고 있다.

> 나는 이 소식을 들을 때 희소식이라기보다 하늘이 무너지고 땅이 갈라지는 느낌이었다. 몇 년을 애써서 참전을 준비했다. 산동반도에 미국의 잠수함을 배치하여 서안훈련소와 부양훈련소에서 훈련받은 청년들을 조직적 계획적으로 각종 비밀무기와 무전기를 휴대시켜 본국으로 침투케 할 계획이었다. 국내 요소에서 각종 공작을 개시하여 민심을 선동하며 무전기로 통지하여 비행기로 무전기를 운반해서 사용하기로 미국 육군성과 긴밀히 합작을 이루었는데 한 번도 실시하지 못하고 왜적이 항복한 것이다. 이제껏 해온 노력이 아깝고 앞일이 걱정이다.

열성을 다해 준비했던 광복군의 한반도 진입작전이 결국 물거품이 되자 임시정부와 광복군은 비탄의 눈물을 삼켜야만 했다. 이에 김구가 얼마나 땅을 치며 통탄해했는지를 알 수 있는 대목이다.

임시정부를 이끈 주요 인물

임시정부는 삼권분립 이념을 지닌 본격적인 민주공화제를 지향했으며, 출범 당시에는 대통령제를 채택했다. 1919년 3월 러시아 블라디보스토크에서 임시정부의 전신(前身) 중 하나인 대한국민의회가 출범한 뒤, 손병희가 대통령, 이승만이 국무총리, 이동휘가 군무총장, 안창호가 내무총장에 선출되었다.

이후 대한국민의회는 상해 임시정부, 서울의 한성 임시정부와 세력을 합쳤고, 1919년 9월 11일 통합 임시정부가 막을 올렸다. 동시에 그들은 임시헌법을 제정, 공포하고 이승만을 임시 대통령으로 선출하는 한편 내각을 개편하였다. 그래서 초대 임시 대통령에 이승만, 국무총리에 이동휘가 선출됐다.

임시정부는 연통제와 교통국이라는 비밀 조직을 통해 국내의 독립운동가들과 연락망을 구축했다. 또한 파리강화회의 참석을 위해 파리에 가 있던 김규식을 전권 대사로 격상시켜 독립청원서를 제출하도록 했다. 하지만 외교전의 성과는 미약했다. 미국을 포함한 서구의 강대국들이 임시정부의 요구에 귀를 기울이지 않았기 때문이다. 게다가 일제의 탄압으로 연통제와 교통국도 제 기능을 하지 못했다. 이는 결국 임시정부 내에서 치열한 노선 싸움이 벌어지는 원인이 되었다.

이동휘는 소련으로부터 자금을 지원받은 것이 논란이 되어 결국 1921년 정부를 떠나게 되었다. 이승만의 독재적인 태도도 문제가 되었다. 초대 대통령 이승만이 상하이에 머문 시기는 1920년 12월부터 이듬해 5월까지다. 미국에서 원격으로 정부를 지휘하던 이승만이 상하이로 온 명분은 임시 대통령과 정부 사이의 갈등을 중재하고 원만한 정국 운영을 도모하는 것이었다. 하지만 이승만은 독재적인 태도를 취해 다른 각료들과 마찰을 빚는 일이 잦았다. 특히 갈등의 주요 원인은 임시정부의 권력체제에 대한 것이었다. 임시정부의 형태는 명목상으로 대통령제일 뿐 사실 의원내각제에 가까웠지만, 이승만은 대통령제를 고수하려고 했다. 자신을 중심으로 독립운동단체들이 뭉쳐야 한다는 것이었다. 결국 1925년 임시정부는 이승만을 탄핵했고 1926년 이후에는 공식적으로 대통령제를 폐지하게 된다. 이후 박은식이 2대 대통령을 맡아 임시정부를 이끌었다.

김구는 3·1운동 직후 상하이로 가 임시정부 초대 경무국장을 맡았다. 임시정부에는 경찰 조직도 있었는데, 이는 중요인물 경호, 청사 경비 등 임시정부 수호 임무뿐 아니라 교민 보호, 일제 밀정 차단, 일제 침략자와 반민족행위자 처단 등의 역할도 수행했다. 즉, 현대 경찰의 경비·경호·정보·보안 기능에 해당하는 역할을 담당한 셈이다. 임시정부 경찰 활동은 경무국장이 총괄했다.

미국에 있던 안창호는 3·1운동과 대한민국 임시정부 수립에 대한 얘기를 듣고 상하이로 달려와 임시정부를 지키는 데 앞장섰다. 그러면서 1921년부터 1923년 사이에 국민대표회의를 추진하고 한국독립당 결성을 주도한 뒤 좌우합작, 중국인과의 통일운동에 나서다가 일제 경찰에 붙잡혔다.

상하이 개척자 신규식은 대한민국 임시정부가 수립될 수 있도록 터전을 마련했다. 그 후로 광복의 그날까지 임시정부를 지킨 대표적인 인물은 김구, 이시영 등이다. 이들은 임시정부 청사를 무려 여섯 번을 옮기면서 일제의 탄압에 맞서 견뎌냈다.

하지만 모든 독립운동가들이 투쟁의 방식에서 임시정부와 같은 노선을 따른 것은 아니었다. 김원봉이 만든 의열단은 일제 식민통치기관을 폭파하거나 고위 인사들을 암살했다. 이러한 김원봉의 활약은 영화로도 다루어졌다. 영화 〈암살〉은 1933년 상하이와 경성을 배경으로 친일파 암살 작전을 둘러싼 독립군과 임시정부 대원, 그들을 쫓는 청부살인업자들의 이야기를 다루는데, 2015년 7월 개봉 당시 1000만 관객을 돌파할 정도로 국민적인 관심을 끌었다.

INTERVIEW 1

이승만과의
인터뷰

아직 겨울바람의 찬 기운이 남아 있는 2019년 3월. 인왕산 능선을 접한 전망대에 노인이 서 있다. 주위는 산길을 오르내리는 등산객으로 분주하다. 새하얀 한복을 입은 노인의 차림새가 낯선지 지나가는 사람들이 힐끗거린다. 그러한 시선에도 아랑곳없이 노인은 서울 시내를 내려다본다. 성성한 하얀 머리에 지그시 감은 눈, 약간 일그러진 표정의 얼굴. 상념에 잠긴 모습이다. 무엇을 생각하는지 노인은 잠자코 고개를 끄덕인다.

초대 대통령 이승만. 대통령 재임기의 평가는 극명하게 갈리지만, 그가 임시정부의 주역 중 한 사람임을 부정할 수 있는 이는 없을 것이다. 인왕산 전망대에 올라 노인을 발견하고 말을 걸었다.

— 연락드린 기자입니다.

◇◇ 아, 반갑소.

— 서울도 광복 이후와는 제법 달라졌지요?

◇◇ 말이 나오지 않을 정도입니다. 저 높은 빌딩하며 자동차들도 그렇지만, 특히 거리의 사람들 표정이 정말 다르군요. 바쁘게 움직이는 모습에 활기가 넘칩니다. 젊은 남녀들이 자유롭게 손을 잡고 돌아다니는 모습도 그렇고요. 내가 있을 때는 상상하지도 못했습니다. 내가 기억하는 광경은 전쟁 복구하느라 허덕거리고, 먹을 것도 제대로 없어 배고픔에 굶주리던 것뿐인데, 백 년의 세월이란 무서운 것이군요.

― 저 아래쪽에 보이는 것이 청와대입니다. 예전에 대통령께서 근무할 때는 경무대라고 했지요.

노인은 회한에 잠긴 시선으로 건물을 내려다본다. 경무대의 역사는 고려 숙종 때인 1104년에 완공된 남경 '이궁(離宮)'으로 거슬러 올라간다. 이궁은 조선 개국 후 태조가 경복궁을 창건하면서 후원(後園)으로 사용됐으나 일제강점기에는 총독 관저, 미 군정시기에는 사령관 관사로 개조되는 수난을 겪었다. 그러다 대한민국 정부 수립 후 이승만 대통령이 집무실 겸 관저로 사용하며 '경무대(景武臺)'라는 이름을 지어 붙였다. 경무대는 경복궁(景福宮)의 '경'자와 궁의 북문인 신무문(神武門)의 '무'자를 따온 것이다. 하지만 이승만의 하야 이후, 그 이름은 독재의 대명사로 사람들의 인식에 남게 되었고, 이후 대통령에 취임한 윤보선이 '청와대'로 개칭하였다.

— 경무대에서 근무하시던 시절 인왕산을 가끔 올라오셨나요?

◇◇ 생각할 일이 있으면 북악산이나 인왕산을 자주 왔지요. 남쪽으로는 서울 시내는 물론 남산의 소나무까지 훤히 보이고, 북쪽으로는 저 멀리 북녘 하늘을 볼 수 있었으니까요. 가슴이 꽉 막혀 있을 때마다 이곳에 올라오면 기분이 트이곤 했습니다. 여기저기에서 울어대는 새들의 소리는 그때나 지금이나 똑같군요. 특히 북한산 높은 자락에서 오래된 정자를 처음 보았던 때의 기분은 지금도 생생합니다.

— 저쪽 낙산 아래쪽에 있는 이화장(梨花莊)을 말씀하시는 거군요.

이화장

◇◇ 그 건물은 지금도 볼 수 있나요?

— 국가지정문화재로 보존돼 관리되고 있습니다.

◇◇ 그렇군요. 광복 직후에는 배나무가 많았었는데……. 그때 생각이 자꾸 나는군요. 그 정자를 들를 때면 마치 속세와 단절된 듯했어요. 그 경건한 분위기가 그리워, 대통령직에 있을 때도 곧잘 들르곤 했지요. 대통령직을 내려놓은 뒤에도 그곳만은 고고하게 제자리에 있었어요. 하와이로 떠나기 전에 그곳에서 한 달 정도 살았지요. 돌이켜보면 그때는 권력을 놓으면 전부 끝이라고 생각했던 것 같기도 합니다. 지금은 이렇게나 모든 것이 가벼운데.

노인은 산을 오르내리는 등산객들을 잠시 쳐다보았다.

— 등산을 해보셨나요?"

◇◇ 물론입니다. 지금처럼 화려한 등산복은 없었지만요.

— 운동 중에서 택견을 좋아했던 것으로 알고 있습니다.

◇◇ 내가 대통령이 되었을 때 이미 택견은 자취를 감춘 뒤였어요. 안타까운 일이지요. 그런 내 심경을 읽었는지 경호관이 택견꾼 송덕기를 찾아갔던 모양입니다. 하지만 문제는 상대를 찾을 수가 없었다는 것이었어요. 송덕기는 친우 김성환을 찾았지만, 그는 술에 빠져 망가진 상태였어요. 그러나 송덕기는 그를 설득했지요. 일본식 무술에만 익숙한 대중들에게 유려한 한국의 전통무술을 보여주자고 말

입니다. 1958년, 내 생일을 기념하는 경찰무도대회에서 그들은 택견을 시범 보였어요. 시범식은 관중들의 찬사 속에 잘 마무리되었고, 나도 두 사람이 신묘하게 합을 맞추는 것을 흐뭇한 기분으로 보았지요. 나는 수고한 김성환에게 격려금을 조금 주었습니다. 그런데 사흘 후에 김성환이 죽었다고 하더군요. 그 격려금을 전부 술값으로 지불해버린 겁니다. 나 참. 죽음이라는 게 무엇인지…….

잊을 수 없는 어머니의 참빗

죽음에 대한 얘기가 나오자 그는 잠시 하늘을 쳐다보았다. 까악, 까악, 까마귀 소리가 들려왔다. 나는 그가 어떤 생각을 하고 있을지 읽어보려 애썼다. 아마도 독립운동 시절의 명과 암, 영욕의 세월, 삶과 죽음의 간극을 회고하고 있을 터였다. 그런 생각을 하면서 자리를 옮기던 와중에, 인왕산 전망대 인근 윤동주 문학관 잔디밭에 작은 벤치가 놓여 있는 것을 발견했다. 그 위에 걸터앉아서 그가 걸어온 노정을 묻기로 했다.

— 동작동 국립묘지는 지내기 편안하신지요.
◇◇ 편하게 있습니다. 주로 어머니 생각을 많이 합니다. 살아 있을 때 나는 어머니의 참빗을 품고 다녔습니다. 어머니는 그 빗으로 내 머리를 손질해주곤 했는데, 죽어서도 그 기

억은 떠나지 않더군요.

어머니가 내게 틈만 나면 해주시던 이야기가 기억납니다. 어머니는 나를 낳기 전 두 아들을 낳았지만 천연두로 모두 잃고 말았다고 해요. 그런 어머니께 누군가 그런 얘기를 전했다고 하더군요. 삼각산 문수사 천연동굴에서 백일기도를 하면 다시 아들을 가질 수 있다고요. 그 뒤로 어머니는 평산에서 서울까지 그 먼 길을 매일같이 기도하러 다녔다고 합니다. 그러던 어느 날 큰 용 한 마리가 가슴에 파고드는 태몽을 꾼 뒤, 6대 독자인 나를 낳게 되었다고 하더군요. 그 뒤로 어머니는 내 생일이 돌아올 때마다 나를 문수사로 데리고 가셨지요. 그런 인연이 있어서 이 절은 내게 제법 의미가 각별합니다. 나중에 대통령이 됐을 때 현판 글씨를 직접 써 붙인 것도 그 때문이지요.

북한산 문수봉 아래에 있는 문수사는 그 주위 경관이 좋기로 소문난 곳이다. 절의 주위에는 보현봉과 비봉이 감싸고 있으며 남쪽으로는 한강과 관악산이 자리하고 더 멀리에는 인천 앞바다가 펼쳐져 있다. 이곳에는 문수굴이라는 천연동굴이 있다. 이 동굴에 만들어진 법당이 영험이 있는 기도처로 널리 알려져 있다.

— 어릴 때 시력을 잃을 뻔한 위기가 있었다고 하던데요.
◇◇ 아마 천연두 후유증이었을 겁니다. 이미 두 아들을 천연두로 잃었던 터라, 어머니가 몹시 충격을 받으셨지요. 제 병

을 고치려고 어머니가 위해 백방으로 뛰어다녔지만 소용이 없었어요. 그래서 마지막으로 충무로에 있는 진고개의 서양인 의사를 찾아갔지요. 의사는 안약을 주면서 하루에 세 번씩 눈에 넣어주라고 했습니다. 사흘째 되던 날이었던 가요. 그날도 어머니는 평소와 같이 밥상을 차려주셨습니다. 그리고 앞을 못 보는 제 손에 숟가락을 꼭 쥐어주시고는 부엌으로 돌아가셨지요. 그런데 갑자기 방바닥의 돗자리가 어렴풋이 보이기 시작하는 겁니다. 앞이 보인다고 소리치자마자 어머니가 달려와 저를 껴안았습니다.

다음 날 아버지는 나를 데리고 의사를 찾아갔습니다. 아버지가 감사의 표시로 달걀 한 꾸러미를 내밀자 의사는 '이건 댁의 아드님에게 더 필요합니다.'라고 하면서 거절하더군요. 그때 서양인을 처음으로 만났지요.

— 어릴 때부터 한학에 조예가 깊었다고 하던데요.

◇◇ 어머니가 저한테 천자문을 가르쳐주셨습니다. 여섯 살 때 천자문을 익히자 그때부터는 시를 짓는 법을 배웠지요. 그때 쓴 시가 기억이 납니다.

바람은 손이 없어도 나뭇가지를 흔들고 달은 발도 없는데 하늘을 가르는구나.

— 시가 예사롭지 않아 보입니다.

◇◇ 나는 천자문을 마친 후로 본격적으로 공부에 재미를 들였

습니다. 곧 단계를 높여『동문선습』을 완독했고, 일곱 살
때는『자치통감』을, 열여덟 살에는『사서삼경』을 줄줄 외
웠지요. 내 첫 스승은 어머니였습니다. 그러다가 어머니는
큰 서당이 있는 서울로 나를 데리고 오셨지요.

— 그 전에는 서울역 근처의 염동에 거주하셨던 것으로 알고
있습니다.

◇◇ 그래요. 하지만 그때부터는 서당이 있는 남산 서쪽의 도동
에 정착했습니다.

— 양녕대군의 위폐를 모신 지덕사(至德司)가 있는 곳 말씀
이지요. 우남(雩南)이라는 호도 당시 거주하던 지명과 관
련이 있다고 들었는데요.

◇◇ 맞아요. 내가 살던 초가집이 우수현 남쪽에 있었기 때문에
어려서부터 그렇게 불렀던 것입니다. 서당에서 시험을 볼
때는 매번 장원을 했지요. 어머니의 유일한 바람은 내가
빨리 과거시험에 급제해서 집안을 일으키는 것이었습니
다. 원래 과거시험은 열다섯 살 때부터 응시자격이 주어졌
지만, 마침 1887년부터는 열네 살로 기준을 낮췄어요. 왜
냐하면 당시 왕세자의 나이가 열네 살이었기 때문이었지
요. 나는 열세 살이었지만, 기다릴 수가 없어서 나이를 속
이고 응시를 했습니다.

노인은 씁쓸하게 한숨을 내쉰다.

◇◇ 하지만 결과는 계속 낙방이었지요.

영어 배우기 위해 배재학당 입학

— 여섯 살 때 천자문을 익힐 정도로 공부를 잘했는데 왜 그
  랬던 거지요?

◇◇ 그때는 돈을 주고 대리시험을 치게 해서 장원급제를 하는
  일이 빈번했어요. 정부는 부패했고, 돈이나 인맥 없이 과
  거에 합격한다는 것은 불가능했습니다. 젊고 실력과 야망
  이 있어도 평범한 서민들은 기회조차 잡지 못하던 시절이
  었습니다. 게다가 1894년 갑오경장으로 과거가 폐지되었
  고, 나 역시 삶의 목표를 잃게 되었어요.

— 젊은 나이에 좌절이 컸을 텐데 어떻게 극복했나요?

◇◇ 허탈감에 젖어 있던 나를 찾아온 사람이 있었는데, 도동서
  당을 함께 다녔던 신긍우였어요. 그 친구가 날 찾아온 건,
  같이 배재학당에 입학하자고 설득하기 위해서였지요.

— 미국 감리교 선교사 헨리 아펜젤러가 설립한 신식학교를
  말씀하시는 거군요.

◇◇ 그 친구는 낡아빠진 경전에만 빠져 있지 말고 당장 현실
  의 세계를 마주하자고 했습니다. 나도 그의 설득에 마음이
  동했어요. 그 무렵 나는 청일전쟁으로 국제 문제에 관심이
  있었습니다. 나는 영어를 배운다는 가벼운 마음으로 1895

년에 배재학당에 입학했어요. 부모한테 알리지는 않았습니다.

— 그건 어째서죠?

◇◇ 아버지는 유교를, 어머니는 불교를 신봉하고 있었으니까요. 내가 서양 사람이 세운 학교에 다닌다고 하면 반대할 것이 뻔했지요. 배재학당에 입학한 나는 영어 공부를 열심히 했습니다. 수업이 끝나면 미국인 교사들을 찾아다니며 궁금한 것을 묻기도 했지요. 그러다가 입학 6개월이 지나자 신입생들에게 초보영어를 가르치는 조교가 됐습니다. 그러자 이번엔 선교사들도 내게 한국어를 가르쳐달라고 하더군요. 돈벌이가 생기니 마다할 리가 없었지요. 진고개의 제중원에 의료선교사로 온 조지아나 파이팅 양에게 한국어를 가르치고 20달러를 받았습니다. 당시 내 형편에는 상당히 큰돈이었는데, 그 돈을 드리자 어머니가 깜짝 놀라시더군요. 그제야 어머니는 내가 배재학당에 다닌다는 것을 알았습니다. 어머니가 가장 걱정한 것은 내가 혹여 천주학에 빠질까 하는 것이었지요.

— 배재학당에서 하셨던 활동 중 기억에 남는 것이 있으신가요?

◇◇ 학생신문 〈협성회보〉의 편집장을 맡았던 것이 기억납니다. 정부에 비판적인 기사를 주로 실었는데, 설립자인 아펜젤러 박사는 그걸 못마땅해했어요. 학생들이 정부와 충돌하면 곤란해진다는 것이지요. 급기야 그는 기사를 검

매일신문

열하기 시작했고, 나는 학교의 간섭을 받지 않고 자유롭게 신문을 만들고 싶었습니다. 그러던 중 10년 전에 일본에서 들여온 인쇄기가 있다는 소문을 듣고 그것을 찾아냈습니다. 그러고는 〈매일신문〉을 한글과 영문으로 발간했는데, 우리나라 최초의 일간지를 창간해냈다는 사실에 다들 자랑스러워했어요. 언론인으로서 첫걸음을 내딛은 셈이지요.

— 당시 배재학당에는 한글학자 주시경도 다녔는데 교유한 적 있으신지요.

◇◇ 글쎄요. 주위에서 '주시경은 한글을 연구하러 다니고 이승만은 정치하러 배재를 다닌다.'고 떠들던 건 기억이 납니다. 하긴 열혈 청년들과 어울리면서 국가의 장래를 걱정했으니 그럴 만도 했지요.

— 외국인들과도 자주 만났겠네요.

◇◇ 훌륭한 서양인 교사들을 만났지요. 특히 미국인 노블 박사, 영국인 올링거 박사는 여전히 기억에 남습니다. 그들로부터 영어로 된 책과 신문을 빌려 읽기도 했지요. 애비슨 박사는 제중원의 의료선교사로 들어와서 나중에는 연

희전문학교 교장이 된 사람인데, 당시 나와 매주 일요일 만나서 대화를 나누었어요. 또 『조선역사』를 쓰고 있던 호머 헐버트 박사와도 수시로 만났지요. 그는 내게 한국의 문화에 대해 궁금한 것들을 곧잘 묻더군요. 두 사람 모두 해방 이후 내가 대통령이 될 때까지 옆에서 많이 도와준 이들입니다.

정치적 자유를 알다

— 그들과 만나면서 배운 내용이 있다면 어떤 것을 들 수 있 겠습니까?

◇◇ 가장 중요한 것은 역시 '정치적 자유'를 빼놓을 수 없겠지 요. 모든 사람은 태어날 때부터 평등하고 동등한 권리와 기회를 갖는다, 국민이 정부를 선택할 권리를 갖는다는 사 상 말이에요. 미국인들의 자유주의 사상과 민주주의 제도 는 신분제의 굴레 속에 살아온 제게는 아주 낯설면서도 충격적인 것이었습니다.

— 서재필 박사를 만난 것도 그 무렵이신가요?

서재필은 1884년에 갑신정변을 일으킨 개화파 지식인이다. 그 는 쿠데타에 실패한 후 일본을 거쳐 미국으로 망명해 한국인 최초 로 의과대학을 졸업했다. 그는 역적으로 낙인을 받아 10년간 조선으로 귀국하지 못했지만, 1894년 청일전쟁에서 일본이 승리하고 유길준을 비롯한 개화파가 정권을 잡게 되자 중추원 고문 자격으로 미국인 부인과 함께 귀국했다.

◇◇ 맞아요. 그는 미국에서 고등교육을 받은 최초의 조선인이었기 때문에, 나는 자연스럽게 그에게 호기심을 품었습니다. 그는 배재학당에서 서양사를 가르쳤고, 나도 그의 강의를 들었지요. 그는 미국에서는 필립 제이슨이라고 불렸다고 하더군요. 그는 교내에서 '협성회'라는 모임을 조직했습니다. 일종의 학생회였는데, 어떻게 개혁을 이룰지에 대한 주제를 두고 매주 토론을 벌였지요. 그가 원하던 것은 학생들에게 민주주의적 방식을 가르치는 것이었어요. 그리고 1896년 초부터는 〈독립신문〉을 발간하고 서구의 소식들을 전해주었지요. 서재필은 자기 신문의 독자들을 빼앗아 가지 말고 〈매일신문〉의 발행을 중단하는 것이 어떻겠냐고 가끔씩 농담을 던지기도 했어요. 당연히 나는 단호히 거절했지만 말입니다. 그가 조직한 '협성회'는 배재학당에서 떨어져 나와 '독립협회'로 이름을 고치게 됩니다.

— 조선의 구습을 타파하겠다는 이유로 스스로 상투를 자르셨다고 들었습니다.

◇◇ 상투를 자르는 문제를 놓고 애비슨 박사와 진지하게 논의를 했습니다. 마침내 아버지가 외출하신 어느 오후, 결의

를 행동으로 옮길 기회가 왔지요. 나는 사당으로 가 조상들의 위패를 꺼내 들고 세상의 변화에 따라 상투를 자르겠다고 말씀을 올렸습니다. 그리고 곧장 애비슨의 집으로 가서 상투를 잘랐어요. 어머니는 하염없이 우셨지만 결국 받아들였습니다. 하지만 어머니가 받은 충격은 내 예상보다 훨씬 큰 것이었어요. 멀쩡하시던 어머니는 몇 달 뒤 갑자기 세상을 떴습니다. 그때부터 어머니의 참빗을 평생 품고 살았지요.

노인은 허전한 듯 가슴팍을 만지작거리더니 이내 자신의 옷깃을 여미었다. 노인은 오랜 기억이 떠올랐는지 쓸쓸한 미소를 흘렸다.

◇◇ 나의 부인 프란체스카는 참빗을 보고 이 잡는 기계라고 했습니다. 대통령직을 떠나 투병생활을 할 때도 참빗을 보며 어머니와 고국 생각을 했지요.

이 참빗은 서울시 종로구 이화동에 있는 '이화장'에 보관돼 있다. 1947년부터 이승만 대통령이 거주하던 곳으로서 지금도 고인의 유품이 소장되어 있다.

— 아버지는 어떤 분이셨죠?
◇◇ 나의 부친은 훤칠하신 학자였습니다. 동네 사람들에게는

'남산샌님'으로 통했어요. 아버지가 젊어서 가산을 탕진하기 전까지는 우리 집안도 부자였다고 합니다. 여자나 도박에 빠지신 것은 아니에요. 어머니는 아버지가 재산을 전부 내놓은 것은 친구, 그리고 술 때문이라고 하셨습니다. 아버지는 애주가셨지만 취하거나 비틀거리는 일은 없었습니다. 만취해서 얼굴이 창백해지셨을 때도 단정하게 걸으셨죠. 아버지는 양반가의 후예로 태어나 선비로 교육을 받았고, 생을 마감할 때까지도 선비의 위엄을 잃지 않았습니다. 그런 아버지를 주위에서는 '온전한 군자'라고 불렀어요. 풍채가 좋고 인자한 편이셨죠. 하지만 가족들에게 애정을 표현하는 분은 아니었습니다. 저 역시 아버지와 가깝

이승만 가족. 오른쪽에서 두 번째 양복 입은 이가 이승만이고
왼쪽에서 두 번째 앉아 있는 이가 이승만의 부친이다.

게 속내를 털어놓은 기억은 없어요. 아버지는 두 평도 안되는 사랑방에서 빈객들을 접대했는데, 가족들은 얼씬도 못 하게 하셨습니다. 칠기 탁자를 앞에 놓고 술이나 차를 마시면서 담소를 나누곤 했죠. 아버지에게 친구들과의 그런 교류는 생의 큰 위안이었습니다.

아버지는 당대 양반들과 마찬가지로 족보와 풍수지리에 심취했습니다. 곱게 장정해서 보관하던 24권짜리 족보를 뒤적이는 일이 삶의 낙이셨어요. 그래서 가문의 각 종파는 물론 다른 명문 집안의 가계들까지 줄줄이 외우곤 하셨지요. 어린 저를 옆자리에 앉혀놓고 조상들의 이야기를 줄곧 들려주시기도 했습니다. 그럴 때 별 관심을 보이지 않으면 실망하시곤 했지요. 아버지는 저에게 한시와 동양 고전을 가르쳐주셨는데 그것들을 제대로 외우지 못하면 엄히 꾸짖기도 했습니다.

16세 때 첫 결혼

— 소년 시절부터 속담에 관심이 많았다고 하던데요.

◇◇ 속담을 읽는 것은 좋은 공부 중 하나니까요. 어느 집이나 속담 한 구절을 가훈으로 두지 않던가요? 이따금 경전은 눈앞의 현실과는 동떨어진 것처럼 느껴질 때도 있지요. 그럴 때 속담은 삶의 단면을 재치 있게 잡아내주곤 합니다.

나는 한국이 주변 강대국 틈에서 어려움을 겪는 것을 보고 '고래 싸움에 새우 등 터진다.'는 속담을 자주 인용했습니다. 나와 어울려 다니던 친구들과 이런 속담을 자주 주고받고는 했지요.

제 앞에 안 떨어지는 것은 뜨거운 줄 모른다.

호랑이가 없는 골에 살쾡이가 왕이다.

천리 길도 한걸음부터.

소경이 개천 나무란다.

흥정은 붙이고 싸움은 말리랬다.

아는 길도 물어 가라.

속히 더운 방은 쉬 식는다.

윗물이 맑아야 아랫물이 맑다.

모기 보고 칼 빼기.

— 그런 속담들은 어디서 들으신 건가요?

◇◇ 어릴 때부터 어머니나 주변 아주머니들이 자주 입에 담곤 했지요.

— 민간 설화에 대한 흥미도 높으셨다고 들었습니다.

◇◇ 맞아요. 주로 떠돌이 이야기꾼들이 떠들던 이야기들이지요. 그들은 틀에 박힌 양반들의 관습보다는 서민들의 삶에 대해 늘어놓곤 했어요. 그다지 밝은 이야기는 아니었습니다. 유쾌한 재담 속에 서글픔을 감춘 이야기가 많았죠. 그런 얘기를 들을 때마다 내가 내 조국을 위해 무엇을 할 수 있을까 하는 생각도 들곤 했습니다.

— 한국에서의 첫 번째 결혼은 언제 했습니까.

◇◇ 열여섯 살 때였습니다.

— 그러니까 1891년이로군요. 현대 기준으로 보면 상당히 어리셨는데요.

◇◇ 제 의지보단 어른들의 주선으로 이루어진 결혼이었습니다. 아내의 이름은 박승선이었어요. 딱한 여자였지요. 당시에는 그렇게 드문 사연도 아니었습니다만……. 한 살 때 아버지를 여의고 여덟 살 때 어머니마저 세상을 떠났다고 하더군요. 어머니는 궁중에서 일하던 나인이었는데, 임오군란 때 죽임을 당했다고 합니다. 그래서 외할아버지 밑에서 자랐고, 그 외할아버지가 중매를 해서 결혼하게 됐지요. 결혼 이듬해 아들 태산을 낳았습니다.

— 결혼생활에 대해 좀 더 여쭤볼 수 있을까요?

◇◇ 결혼하고 나서도 내가 아내와 같이 사는 일은 거의 없었습니다. 나는 사회 개혁으로 자주 집을 비웠고, 투옥되기도 했으니까요. 아내는 국왕에게 상소를 올리기도 하고, 일주일 동안 대한문 앞에 서적을 깔고 버티기도 하면서 내 무죄를 주장했습니다. 하지만 혼자서 아들을 키워내야 했지요. 그리고 나는 미국으로 유학을 갔는데, 옥중 동지였던 박용만과 다른 친구가 내 아들을 데리고 찾아왔습니다. 그때가 1905년이었던가요. 내가 조지워싱턴대학에 다닐 때였으니까요. 그때 몇 년 만에 아들과 재회했지요. 나는 공부하느라 아들을 돌볼 겨를이 없었고, 결국 〈워싱턴

타임즈〉에 다음과 같은 광고를 냈습니다.

학업을 완수할 때까지 아이를 돌볼 가정을 구함. 태산이는 한국의 메시아가 될 지도 모른다. 아버지의 애달픈 일생.

— 그러니까 다른 가정에 아들을 맡길 생각이었군요.
◇◇ 그렇습니다. 입양을 해주겠다는 제안도 받았지만 7대 종손을 남의 자식으로 넘길 생각은 없었어요. 결국 보이드 부인이란 사람이 태산이를 맡아주게 되었습니다. 그런데 일 년이 지났을 때, 태산이 디프테리아에 걸려 위독하다는 소식이 들렸어요. 급히 달려가 다음 날 새벽에야 부인의 집으로 도착했는데, 이미 전날 일곱 시에 필라델피아 시립병원에서 죽었다고 전하더군요. 아직 열네 살밖에 되지 않았는데…… 며칠 동안 아무것도 먹을 수가 없었습니다. 그 뒤로는 부인도 저를 멀리하더군요. 이후 부인과는 만날 수 없었고, 마지막으로 들린 소식은 부인이 서울 도동에 있는 앵두 밭을 절에 시주했다는 것이었습니다.

그는 느리게 중얼거렸다.

◇◇ 나중에 들었지요. 그녀가 6·25 전쟁 중에 처형당했다고요. 국군이 돌아온다는 소식을 듣고 공산군 벽보를 뜯다가 붙잡혔다고 하더군요…….

춘생문 사건에 연루되다

노인은 입을 꾹 다문 채로 한동안 가만히 있었다. 그 모습이 지쳐 보여 잠시간은 나도 질문을 미루고 기다렸다. 조금의 시간이 지난 후 내가 인터뷰를 재개했다.

— 다시 배재학당 얘기로 돌아가겠습니다. 졸업은 언제 하셨지요?
◇◇ 내가 스물한 살이 되던 때입니다. 1895년이지요.
— 춘생문 사건이 벌어졌던 그해 말씀이군요.

춘생문 사건이란 명성황후가 일본 세력에게 시해당한 일에 대한 복수로 벌어진 사건이다. 을미사변 이후 고종은 언제 시해당할지에 대한 공포에 떨며 지내고 있었다. 그러자 친일에 반대하던 이들은 고종을 구출하자는 명분을 품고, 고종을 미국공사관으로 피신시키려고 시도한다. 또한 동시에 김홍집 내각을 무너트리겠다는 계획을 품는다. 그러나 이 계획은 모의 과정에서 정보가 누설되어 실패한다. 이 일은 훗날 고종이 러시아 공사관으로 대피하는 아관파천의 전조가 된다.

◇◇ 그 일로 종신 유배형에 처해진 이충구는 나의 배재학당 동기였습니다. 그래서 정부가 나 역시 관계자로 몰아 잡아넣으려고 했지요. 그때 의료선교사인 조지아나 파이팅 양

이 다시 내게 도움을 주었습니다. 내 머리에 붕대를 감아 여환자로 변장시켜서 숨겨준 것이지요. 나는 누님이 있는 황해도 평산에 가서 3개월간 숨어 지냈습니다. 그리고 사건에 대한 재판이 전부 끝난 뒤에야 서울로 돌아올 수 있었지요.

— 그 뒤로는 어떤 활동을 하셨지요?

◇◇ 내가 서울로 돌아온 것은 1896년 2월이었습니다. 그 뒤로 배재학당에서 '협성회' 활동을 활발하게 했지요. 말했듯이 협성회는 토론회를 자주 열었는데, 내가 대중연설가로 기량을 쌓은 것은 그때입니다. 아까도 잠깐 얘기했지만 〈협성회보〉를 창간한 때가 딱 그때 즈음이었습니다. 우리는 신문을 통해 백성을 계몽하고 싶었어요. 정치체제를 개혁하고 외세를 배격하자는 사설을 펴냈지요. 그러다가 스물네 살이 되었을 때 배재학당을 졸업했습니다. 1898년 7월 즈음이었지요. 나는 졸업식에서 '한국의 독립'이라는 제목으로 영어 연설을 했어요. 박수를 많이 받았습니다. 장차 한국을 이끌어갈 지도자가 될 가능성이 있다고들 했지요. 허허. 어쨌거나 이때부터 청년 개혁가로 활동을 했다고 보면 됩니다.

— 그 뒤의 활동에 대해서도 좀 더 설명해주실 수 있으신가요?

◇◇ 졸업 후에는 한글신문인 〈매일신문〉과 〈국제신문〉을 발간하면서 언론인으로 국민계몽에 나섰습니다. 독립협회 활동도 열심히 했어요. 서재필, 이상재, 남궁억, 정교와 같은

동료들과 말입니다. 다들 개화파 지도자로서 긍지를 품고 있었지요. 당시는 러시아가 조선 정부에 큰 영향력을 행사했는데, 독립협회는 〈독립신문〉을 통해 러시아의 야욕을 맹비난했습니다. 또 만민공동회 같은 군중집회를 열어 정부의 무능함을 비판하고 개혁을 주장했지요.

계속되는 가두연설, 급진파로 유명

— 독립협회의 활동 중에서 유명한 것 중 하나가 만민공동회인데요. 그때 어떤 역할을 했는지 설명해주시겠습니까?

◇◇ 제1차 만민공동회가 열린 건 1898년 3월 종로에서였지요. 그때 나는 지나가는 사람들을 향해 연설을 했습니다.

— 당시 사람들의 호응이 대단했다면서요.

◇◇ 맞아요. 그 뒤로 나는 총대의원에 뽑혀 대정부투쟁에 앞장섰습니다. 그러자 사람들이 나를 급진파라고 부르더군요.

1898년 11월, 마침내 고종은 독립협회 탄압에 나섰고 서재필을 미국으로 추방시켰다. 그리고는 '익명서 사건'을 조작해 이상재, 남궁억, 양홍묵을 비롯해 17명의 독립협회 간부들을 체포했다. 죄명은 군주제를 폐지하고 공화제를 도입하려고 역적모의를 했다는 것이다.

— 이후로 정부의 탄압을 피하기 위해서 어떻게 하셨죠?

◇◇ 나는 윤치호 회장과 함께 아펜젤러 박사의 집에 숨어 있었습니다. 하지만 시간이 지날수록 내가 가만히 있으면 안되겠다 싶은 생각이 들더군요. 그래서 며칠 뒤 경무청 앞으로 나갔습니다. 수천 명의 군중이 내 뒤를 따랐어요. 우리는 체포된 독립협회 회원들의 석방을 요구하는 연좌시위를 벌였습니다. 아버지는 시위 현장까지 찾아와 제게 집으로 돌아가자고 했어요. 아펜젤러 박사도 찾아와 그만둘 것을 종용했습니다. 저도 쉴 새 없이 연설을 하느라 목이 쉴 지경이었지만 돌아갈 수는 없었습니다.

시위가 효과를 거둔 것인지, 고종은 태도를 바꿔 독립협회 간부들을 석방했습니다. 그리고 새 내각을 구성하고 개화파 성향의 민영환을 의정부 참정으로 임명했어요. 제겐 가장 보람 있는 순간 중 하나였습니다. 독립협회 간부들과 함께 민주주의와 자유를 위해 위대한 승리를 쟁취한 것만 같았지요.

— 그것으로 집회는 끝났나요?

◇◇ 아닙니다. 독립협회는 종각과 대한문 앞에서 집회를 이어나갔습니다. 그러자 정부는 우리를 해산시키기 위해 급히 '황국협회(皇國協會)'를 조직했어요. 협회라는 간판만 달았을 뿐 정부가 고용한 보부상 집단에 불과했죠. 보부상들은 무서운 기세로 몽둥이를 휘두르며 시위 군중 사이에 난입했습니다. 특히 그들은 나를 표적으로 삼고 있었

죠. 잔뜩 긴장된 분위기에서 새로 입각한 대신들이 나타났습니다. 그들은 우리더러 해산하라고 설득했어요. 이번에야말로 황제께서 진정한 개혁을 도입할 것이라며 말입니다. 하지만 나와 동료들은 이전에도 그런 감언이설로 속아봤기 때문에 말보다 행동을 요구했습니다. 그러자 보부상들은 우리를 에워쌌습니다. 뒤로 도망가다가는 맞아죽을 수도 있다는 생각에 우리는 역으로 그들의 한가운데를 파고들었죠. 그리고 배재학당 쪽으로 행진을 계속했습니다. 죽을 줄로만 알았던 학생들도 환호를 지르며 다시 종로로 나갔지요.

그날 밤 독립협회 회원 김덕구가 피살되었다는 소식이 알려지자 시위대는 더욱 흥분했습니다. 다음 날 거행된 장례 행렬에는 수천 명의 군중들이 모여들었어요. 일이 이쯤 되자 고종도 개화파를 달래기 위한 방도를 시행하지 않을 수 없었죠. 결국 국민 대표자를 정치에 참여시켜달라는 우리의 요구는 받아들여졌고, 이를 위해 중추원이 설립되었습니다. 그 안에서 나는 종9품인 의관이 되었습니다.

5년 7개월 옥살이

— 어떤 역할을 하게 됩니까?

◇◇ 기다리던 중추원 첫 회의가 열렸을 때였지요. 저는 국정개

혁의 방법으로 일본에 망명한 개혁파들을 사면하고 박영
효를 중추원 의장에 등용할 것을 제안했습니다.

— 하지만 그 제안은 받아들여지지 않았지요.

◇◇ 그래요. 오히려 고종은 갑신정변으로 역적이 된 박영효를
언급한 것에 화가 나서 중추원을 해산했습니다. 게다가 중
추원의 독립협회 의관들을 체포하라는 칙명까지 내렸습니
다. 나는 남대문 인근의 감리교 병원으로 도망쳐 숨었습니
다. 그런데 의료 선교사인 해리 셔먼이 환자를 왕진하는
데 제 도움이 필요하다고 해서 나갔다가, 결국에는 체포되
고 말았지요.

— 그때부터 옥살이를 시작했던 것이군요.

◇◇ 그러던 중 1899년 1월 경무청 고문인 미국인 스트리플링
이 주시경과 면회를 왔습니다. 권총 두 자루를 은밀하게
제게 건네더군요. 그들이 떠난 후 잠시 상황을 살피다가,
감방 동료와 함께 간수들을 권총으로 위협해 감옥을 빠져
나왔습니다. 곧바로 종로에 가보았는데, 이미 시위는 해산
되고 군중은 눈에 띄지 않더군요. 결국 나는 다시 체포되
었습니다.

노인은 인상을 찡그렸다.

◇◇ 한성감옥에 끌려온 나는 황국협회 회원들에게 혹독한 고
문을 당했어요. 그 고문의 후유증으로 탈옥사건 관련 재판

장에 섰을 때는 진술조차 할 수 없었어요. 다행히 증거물로 제시된 권총이 한 발도 발사되지 않았다는 사실이 밝혀져 사형만은 면했습니다. 대신 그들은 내게 종신형과 곤장 100대를 선고했어요. 그 형벌을 치른 뒤에는 손발이 묶인 채 7개월간 독방에 수감되었습니다. 일반 감방으로 옮겨졌을 때는 내가 살아 있는 것이 맞는지도 제대로 알 수 없었지요. 이 무렵 제가 죽었다는 신문기사가 나서 아버지가 시신을 거두러 오기도 했습니다. 절망밖에 느낄 수 없는 하루하루였어요. 그렇게 1904년 8월까지 5년 7개월 동안 옥살이를 했습니다.

— 감옥은 어떤 분위기였나요?

◇◇ 좁은 통로를 사이에 두고, 15평 정도의 감방이 네 개 있었습니다. 듣자니 쌀 창고를 개조한 곳이라고 하더군요. 온기라고는 전혀 없이 어두컴컴했습니다. 통로에 호롱불이 하나 매달려 있었지만 감방에서 손이 닿지는 않았어요. 바닥에 깔린 것은 볏짚뿐이었고 침구도 죄수들이 알아서 마련해야 했지요. 유일하게 다행인 점은 가족들의 면회가 허용되었다는 겁니다. 그들이 가져온 음식을 먹으며 바깥소식을 들을 수 있었지요.

— 그런 곳에서 무려 5년 7개월을 어떻게 견딜 수 있었나요?

◇◇ 감옥 생활은 저를 사회로부터 고립시켰습니다. 하지만 그건 동시에 내게 독자적인 사유를 확립할 기나긴 시간이 주어졌다는 것도 의미했어요. 나는 서양 근대 문물을 정확

히 파악하고자 깊은 생각에 빠지고는 했지요. 당시는 정치적 격변기였고, 지금 와서 생각해보면 그때의 감옥 시절이 내가 나중에 미국으로 유학을 가는 데에 큰 영향을 끼치지 않았나 싶습니다. 옥중 생활에 나를 도와준 사람도 많았지요. 교도소 소장이나 부소장은 날 수시로 찾아와 말을 걸고는 했어요. 그들은 나를 중노동에서 면제시켜줬습니다. 나는 교도소 내 도서실과 학교를 설치해서 운영했지요. 또 개인 시간에는 집필 활동도 했습니다.

— 어떻게 그런 대우를 받을 수 있었죠?

◇◇ 알고 지내던 선교사들의 도움이 컸습니다. 내가 체포되었다는 걸 들은 알렌 주한미국공사는 곧장 탄원서를 제출했지요. 배재학당의 벙커 박사를 비롯한 많은 교사와 선교사들도 탄원에 동참했고요. 장로교 교사 호레이스 언더우드 박사도 종종 면회를 와서 저의 신앙에 대해 논했고, 애비슨 박사는 의약품을 보내주기도 했습니다.

고종의 총애를 받았던 엄비(嚴妃)의 도움도 있었습니다. 엄비는 전부터 내 글을 자주 읽었다고 해요. 게다가 내 첫 번째 아내인 박승선과도 개인적인 교분이 있었던 모양입니다. 여하튼 여러 사람들의 도움 덕분에, 나는 옥중 생활 동안 한문서적 328권, 한글서적 165권, 영문서적 20권 등 모두 523권의 책을 읽을 수 있었지요. 영어에도 밝아져서 영한사전을 쓰기도 했습니다. 특히 내가 옥중에 있으면서 제일 기억에 남는 것은 나의 대외관과 정치사상을 집약한

『독립정신』을 집필했다는 것입니다.

옥중에서 「독립정신」 집필

— 아, 그 유명한 『독립정신』 말씀이군요. 아직 읽어보지 못
   한 독자들을 위해, 어떤 내용이 담겨져 있는지 설명해주실
   수 있나요?

◇◇ 나는 자주독립을 위해서는 민중의 인식이 새로워져야 한
   다고 생각해서 그 책을 집필했습니다. 총 52편의 논설로
   구성된 논설집이에요. 요약하자면 외국 선진국들의 제도
   나 가치관을 소개하고, 문호개방 이후 주변 국제정세를 소
   개하는 내용을 담고 있지요. 부록으로 붙은 '독립주의의
   긴요한 조목'은 6가지 항목으로 구성되어 있습니다. 나는
   이 글을 쓰면서 당시 나의 세계관을 명확하게 담아내려고
   애썼습니다.

— 그 세계관에 대해 좀 더 말씀해주실 수 있을까요?

◇◇ 한 구절로 요약하면 민주주의에 대한 신념이라고 할 수
   있겠지요. 조선인들이 자주독립을 누리려면 현재의 후진
   성과 무기력을 극복해야 한다고 생각했습니다. 그때야 비
   로소 조선도 민주국가가 될 것이라고 확신했으니까요.

— 분량은 어느 정도나 되었죠?

◇◇ 약 300페이지가량 됩니다.

— 와, 적지 않은 분량이네요. 그렇게 긴 글을 쓰게 된 동기에 대해 말씀해주시겠습니까?

◇◇ 여러 가지 동기가 있겠지만, 첫째로는 당시의 주변 정세를 일반 국민들에게도 알려야겠다고 생각해서였습니다. 1890년 이후 10년간 조선 왕조는 강대국들 사이에서 암울한 정세에 둘러싸여 있었으니까요. 둘째로는 애국심이 무엇이며 왜 중요한지를 알려야 한다고 여겼기 때문이지요.

슬프다! 나라가 없으면 집이 어디 있으며, 집이 없으면 나와 부모, 처자, 형제자매, 그리고 후속들이 어디서 살며 어디로 가겠는가. 그러므로 나라의 백성이라면 신분이 높든 낮든 안녕과 복지가 순전히 나라에 달려 있다. 비유를 하자면, 바다를 항해하는 배를 탄 것과 같다. 바람이 잔잔하고 물결이 고요할 때는 돛 달고 노 젓는 일은 사공들에게 맡기고 모든 선객들은 마음 놓고 쉬거나 한가하게 구경이나 할 것이다. 그러나 만일 거센 풍랑으로 배에 탄 사람들이 죽느냐 사느냐 하는 위기에 처했을 때는 배에 탄 사람들이 모두 나서서 사공을 돕는다. 선객 모두가 각자의 이해관계를 떠나 합심하여 사공을 도와 배가 난파되지 않도록 할 것이다. 배가 침몰되면 배에 탄 사람은 모두가 위험을 피하기 어렵기 때문이다. 배에 값비싼 물건들이 실려 있다면 그것이 누구의 것이든 상관하지 않고 바다에 던져 배가 가라앉지 않게 할 것이다. 배가 가라앉으면 아무도 살아남을 수 없고 죽으면 재물도 아무 소용이 없기 때문이다. 이것이 자기 자신을 위하는 길이다.

◇◇ 한마디로 우리 스스로 정신을 차려야만 한다는 내용이지
요. 책 전반에 걸친 주제는 이렇습니다. 국가는 국민 각자
가 만든다. 필기구가 없는 감방에서 책을 쓸 수 있었던 것
은 말했듯이 엄비의 조력이 컸습니다.

— 요약하자면 국민 각자의 책임정신을 강조하시는 것이
군요.

◇◇ 정확합니다. 우리 동포들 역시 2천만 민족의 한 사람으로
서, 나라를 이 지경으로 만든 데에 일정 부분 책임이 있다
는 것을 깨달아야 한다고 생각했던 거죠. 관리건 백성이
건, 부자건 가난한 자건, 양반이건 천민이건 관계없어요.
그중에는 고관의 자리에 앉아 나라를 팔아먹는 데에 대놓
고 앞장선 이들도 있겠죠. 정세 변화를 기회로 보고 재물
을 끌어모으기에 급급한 자들도 많았을 겁니다. 말단 관
리 중에도 사악한 고관들의 손발로 놀아나놓고서는 자신
에게는 아무런 권한이 없었다고 발뺌하는 이들도 있었겠
죠. 고관부터 백성까지 누구건 자신은 나라의 기틀을 허무
는 데에 가담하지 않았다고 할 겁니다. 하지만 우리 모두
이 나라의 국민인 만큼, 나라가 기울어가는 것을 막지 못
한 책임을 면할 수는 없다고 여겼던 것입니다.

위임통치 청원 논란

— 그런데『독립정신』을 보면 '어떤 일이 있더라도 외국 국적을 갖지 말아야 한다.'고 강조하고 있습니다. 하지만 이승만 대통령님께서는 미국으로 망명하신 적도 있는 데다 미국에 계실 때, 그러니까 1919년 3월이었죠, 위임통치를 청원하게 됩니다. 이건 어떻게 받아들여야 합니까?

노인은 잠시 떨떠름한 표정을 지었다가 입을 열었다.

◇◇ 알다시피 나는 독립을 위해 외교적 성과가 가장 중요하다고 꾸준하게 주장해온 사람입니다. 그래서 강대국인 미국이란 나라로 가서 일을 해보려고 했더니, 여러모로 활동에 제약이 많더군요. 그래서 망명을 생각하게 되었습니다.

노인은 으흠, 하고 짧게 헛기침을 했다.

◇◇ 그리고 미국 대통령 윌슨에게 위임통치를 청원한 것은, 타협적 현실주의를 선택한 것이었습니다.『독립정신』에서도 서술했듯이, 나는 평소에 '외교가 나라를 유지하는 법이며, 외교를 친밀히 하는 것이 강대국 사이에서 국권을 보존하는 방법'이라고 주장했으니까요.
— 그것을 일종의 식민통치라고 받아들이고 거부감을 느끼

는 이들도 많던데요.

◇◇ 그럴 수도 있겠지요. 그래도 적어도 나는 무력을 사용한 투쟁보다는 나의 방식이 더욱 현실적이라고 생각했습니다. 1913년 초, '105인 사건'을 다룬 『한국교회 핍박』이라는 책자에서도 나는 무력항쟁이나 의열투쟁의 부질없음을 강조했습니다. '한국인들은 불평한 마음에서 우러나오는 혈기지용을 억누르고 형편과 사정을 살펴 기회를 기다리면서 내로는 교육과 교화에 힘쓰고 외로는 서양인에게 우리의 뜻을 널리 알려 동정을 얻게 되면 순풍을 얻어 돛 단 것같이 우리의 목적지에 도달할 수 있다.'고 했지요.

— 위임청원에 대한 일로 신채호 선생과 다툼이 있었다고 들었습니다.

◇◇ 1919년 4월 11일 제1회 회의 당시 신채호가 그 사건을 들먹이며 나를 못마땅하게 생각했던 것은 사실입니다. 그 전부터 나는 꾸준히 외교노선을 강조했는데, 원래 신채호는 그런 나의 전략을 탐탁지 않게 여겼어요. 내가 국무총리로 당선된 날 신채호는 회의장을 박차고 나가버렸습니다. 또 이동녕도 마찬가지 맥락에서 나와 견해 차이가 있었지요. 독립전쟁론을 주창한 박용만도 마찬가지였습니다.

— 그렇다면 위임청원 사건을 두고 다들 불만이 많았겠군요.

◇◇ 그렇습니다. 한편으로 나는 이 논쟁에는 독립노선의 차이에 따른 사상투쟁의 성격도 강하다고 보고 있습니다.

위임통치란 제1차 세계대전 후 국제연맹(LN)에 의하여 인정된 통치 형태다. 이는 승전국의 식민지를 강대국이 완전히 병합하는 것이 아니라, 일정 기간 통치하다가 장기적인 시점에서 독립시키는 제도를 뜻한다. 이러한 주장을 제기한 이는 미국의 대통령 우드로 윌슨(Thomas Woodrow Wilson)으로, 그의 주장에 따라 이후 패전국 독일의 식민지였던 터키령 아라비아인 거주 지역을 영국, 프랑스, 벨기에, 일본 등이 수임국으로서 위임통치를 하게 된다. 나중에 UN이 창설된 후 이 제도는 신탁통치로 심화된다.

이승만은 당시 윌슨 대통령에게 위임통치 청원서를 제출한 건으로 반대파들로부터 거센 비난을 받았고 탄핵을 당해야 한다는 주장에 시달리기도 했다. 이승만이 위임통치를 주장한 이유 중에는 파리강화회의에 참석했다가 일본의 훼방으로 성취 없이 돌아왔던 일의 비중이 컸던 것으로 짐작된다.

이와 관련 오영섭 교수의 논문 「대한민국 임시정부 초기 위임통치 청원 논쟁」에 다음과 같은 내용이 나온다.

위임통치청원서란 이승만·정한경·김규식 등이 3·1운동 직후에 윌슨 미대통령을 통해 파리강화회의에 제출하려던 문건이다. 여기에는 "장래 완전한 독립을 보장한다는 분명한 전제조건 하에" 한국을 일정 기간 동안 국제연맹의 위임통치 아래 두어달라는 구절이 들어 있다. 이승만과 정한경은 위임통치청원서를 윌슨 대통령에게 제출했다. 두 사람은 국제법에 정통한 외국인들의 도움을 받아 청원서를 작성한 후, 국민회 중앙총회장 안창호의 검토와 승인을 거쳤다. 또한 신한청년당 파리강화회의 대표 김규식도 위임통치청원서를 파리강화회의에 제출했다. 이것은 온건 성향의 독립지사들이 위임통치청원론을 독립 구상으로서 공유하고 있었음을 잘 보여준다.

1902년 크리스마스 때 기독교 귀의

— 다시 앞에서 하던 국민 책임 이야기로 돌아가서, 그렇다면 혹시 본인의 책임에 대해서는 어떻게 생각하셨나요?

◇◇ 나도 잘못과 책임이 있지요. 나 역시 2천만 백성 중 한 사람이었으니까요. 다른 사람들만 비난하려던 것은 아니었습니다. 『독립정신』을 쓴 것은, 누구도 다른 사람의 행실을 변명의 구실로 삼지 않고 우선 자신의 책임을 다해주기를 간절히 바라는 마음에서 비롯되었습니다.

— 『독립정신』에는 유교 이념을 비판하고 그 대안으로 새로운 종교인 기독교를 제시하고 있습니다.

◇◇ 당시 나는 몸은 감옥에 있어도 마음은 해방되는 듯한 기분을 느꼈습니다. 1902년 크리스마스 때 기독교에 귀의했지요. 나는 서양 문명을 이해하기 위해서는, 우선 그 토대를 이루고 있는 기독교를 알아야 한다고 생각했습니다. 그래서 교리를 공부하다 보니 빠져들게 되었어요. 이후 나는 열성적인 전도 활동을 펼쳐서, 40여 명의 죄수 뿐 아니라 간수까지도 개종시켰습니다. 감옥에서 나는 제 자신보다

는 하느님의 진정한 뜻을 위해 헌신하겠다는 사명감을 갖게 됐습니다. 비록 당장은 아무 일도 할 수 없다 해도, 앞으로는 무슨 일을 해나가야 할지 알게 되었지요.

— 교도소에서 독서와 집필활동 외에도 서예를 했다고 하던데요.

◇◇ 그렇습니다. 아마도 책을 읽는 시간 다음으로 많았을 겁니다. 붓글씨는 긴장을 푸는 데 좋았어요. 어렸을 때부터 부모님은 내게 훌륭한 학자가 되라며 서예를 연습시키셨습니다. 간수들이 내게 붓과 잉크를 사용해도 좋다고 허락을 내려주었어요. 나중에는 손가락이 굳을 정도로 자주 했지요. 죄수들 중 한시에 조예가 깊은 사람을 찾아내서, 같이 한시집인 『체역집(替役集)』을 엮어내기도 했습니다.

— 그때 쓴 시 한 수만 들려주시면 안 되겠습니까.

◇◇ 가만 있어보자. 감옥 생활을 한 지 얼마 되지 않았을 때 쓴 시가 떠오르는군요.

밤마다 긴긴 사연 닭이 울도록
이 해도 거의로다 집이 그리워
사람은 벌레처럼 구먹에 살고
세월은 시냇물처럼 따라가누나
어버이께 설술을 올려 보고파
솜옷을 부쳐준 아내 보고파
정치의 급무는 외교에 있고

일일랑 능한 분께 물어보소

그릇된 옛법은 선뜻 고치고

신식도 좋으면 받아들이소(인보길의 '이승만 다시보기'에서)

— 감옥에서 만난 동료들에 대해 이야기해주실 수 있습니까?
◇◇ 말하자면 끝이 없지요. 신흥우, 의정부 전 총무국장 이상
　　재, 전 승지 이원긍, 농상공부 전 회계국장 유성준, 전 참
　　사관 홍재기, 전 경무관 김정식, 강화진위대 장교 유동근,
　　이상재의 아들 이승인……. 그 외에도 많은 사람들이 개혁
　　을 외치다가 감옥으로 왔습니다.

　　신흥우는 1901년 덕어학교 재학 중 박영효를 영입해야 한다
는 발언을 했다가 수감되었다. 그 직전 1900년에 유길준이 쿠데타
를 일으켰다가 실패했는데, 당시 많은 지식인들이 사건에 연루되
어 투옥되었다. 이들 대부분은 1880년대 온건 개화파로 활동하다
1900년대에 기독교로 개종한 양반 출신 자제들이다. 즉, 정신적으
로는 독립협회를 중심으로 한 개화파이며 지역적으로는 경기 지
방과 호서 지방을 기반으로 삼았고, 계층적으로는 고급관리 출신
이었다. 그들은 양반 계층에서 처음으로 기독교 신자가 된 사람들
이며, 이후 조선 기독교계에서 핵심적인 역할을 했다. 그들은 특
히 1910~1930년대 국내에서 이승만을 핵심적으로 지지하는 세력
이 되었다.

◇◇ 당시 나는 감옥에서 정순만과 박용만을 만나 '3만 결의형
제'를 맺었습니다. 그런데 이건 내가 1913년 하와이로 망
명하게 된 계기가 되기도 했어요. 그 얘기는 조금 뒤에서
하도록 하죠.

민영환의 밀사로 미국에 가다

— 감옥에서 석방된 건 30세가 되던 1904년 8월이었죠.
◇◇ 그렇습니다. 러일전쟁에서 일본이 승리하자 한성감옥의
정치범에 대한 석방이 시작됐습니다. 그렇기 때문에 독립
협회 회원 대부분은 내심 일본이 이기기를 바라고 있었지
요. 나는 처음에는 석방자 명단에 없었지만 거의 마지막에
야 명단에 들 수 있었습니다.
— 그 뒤에는 어떤 활동을 하셨지요?
◇◇ 석방된 직후 나는 기독교 활동을 벌였습니다. YMCA에 참
여하여 '상동청년회'를 설립했어요. 그러다가 11월 미국
으로 떠났습니다. 출국 명분은 미국 유학이었지만 진짜 목
적은 따로 있었지요.
— 그게 무엇이지요?
◇◇ 나는 민영환과 한규설로부터 임무를 받아 밀사로서 미국
으로 떠났습니다. 내가 맡은 임무는 한미수호조약의 상호
방위 조문을 발동하도록 청원하는 것이었지요.

한성감옥 시절의 이승만(맨 왼쪽 서 있는 인물)

— 그 과정이 순탄하지 않았던 것으로 알고 있습니다.

◇◇ 여비 일부는 한성감옥의 부서장이던 이중진이 조달했습
니다. 1904년 11월 4일 인천으로 가 비밀리에 오하이오호
에 승선했습니다. 배는 목포와 부산을 거쳐 고베 항에 도
착했습니다. 한국인 친지들과 미국 선교사 로건이 저를 환
영하더군요. 11월 13일 저는 로건의 교회에서 연설을 했
어요. 신도들은 여비에 보태라며 돈을 꺼내 헌금함에 넣어
주었지요. 그리고 며칠 뒤에 호놀룰루로 출항하는 시베리
아호에 승선했습니다.

배는 11월 29일 아침에야 도착했어요. 미국 이민국의 통
역으로 있는 홍정섭이 나를 찾아와, 교민들이 기다리고 있
다고 전해주었습니다. 그곳에는 감리교 선교부의 감리사

로 있는 존 와드먼 박사도 와 있었어요. 이날 저녁 호놀룰루에서 20km 떨어져 있는 에와의 한국 농장으로 갔습니다. 그곳에는 200명 이상의 한인들이 모여 있었지요. 여기에서 밤 열한 시까지 다시 장시간 연설을 했어요. 그날은 윤병구 목사의 집에서 머물렀는데, 한국의 상황에 대해 의견을 나누다 보니 어느새 새벽이더군요. 다들 한 가지 사실에는 동의했습니다. 일본이 겉으로는 한국의 독립을 지지한다고 천명하면서도 그 속셈은 정반대라는 점 말이지요.

또, 그렇기 때문에 곧 있을 포츠모드 평화회담에 한국 대표가 반드시 참여해야 한다는 점에도 다들 이견이 없었어요. 하지만 한국 정부는 일본의 간섭 때문에 공식대표를 보낼 수 없었습니다. 그곳에 있던 한인들 중 누군가가 책임지고 가야만 했죠. 밤을 꼬박 새우면서 얘기한 끝에 그런 결론이 났습니다. 윤 목사는 잠시 하와이에 남아 모금 활동을 벌이기로 하고 나는 워싱턴으로 직행해 임무를 완수하기로 말이에요. 떠나는 날 아침에 호놀룰루로 돌아와 한인들이 모금한 30달러로 시베리아호 3등석 요금을 지불하고, 환송객들에게 작별인사를 하고 떠났습니다.

— 그때 미국에서의 외교활동에 대해 좀 더 설명해주시겠습니까?

◇◇ 1904년 12월 31일 나는 워싱턴에 도착했습니다. 그때부터 1905년 8월까지가 내가 시도한 최초의 대미외교였지요.

만난 사람들의 직급만 따지자면 임무는 성공이었어요. 먼저 전 주한 미국공사 딘스모어(Hugh A. Dinsmore) 상원의원의 소개로 국무장관 헤이(John Milton Hay)를 만났습니다. 그는 이미 중국이 일본에 의해 침략당하는 것을 저지한 적이 있으니, 한국에게도 마찬가지의 도움을 줄 거라고 기대한 것이지요. 국무장관을 만난 것만으로도, 사실상 내가 민영환으로부터 받은 외교 임무는 완수한 것이나 다름없었습니다. 특히 나조차도 예상하지 못한 것은, 그해 8월 4일 루즈벨트 대통령(Theodore Roosevelt)을 만나는 데에 성공했다는 겁니다. 나는 고종이나 조선 국민이 아니라 8천 명의 하와이 한인동포들의 대표로서 루즈벨트를 접견했어요. 그리고 한미수호조약에 따라 한국의 독립을 지켜달라고 호소했습니다.

노인은 한숨을 내쉬었다가 잠시 입을 다물었다.

◇◇ 그때 나는 이미 미국이 한국에 대한 일본의 종주권을 인정한 상태라는 것을 몰랐습니다.

루즈벨트 대통령을 만나 한국 독립 호소

— 결국은 독립 유지 외교는 실패한 셈이네요.

◇◇ 그렇지만 내게는 큰 경험이었습니다. 30세에 불과했던 내가 미국의 상원의원, 국무장관, 대통령 등 정관계 인사들을 만나보았으니 말이에요. 루즈벨트와 면담한 이후, 〈뉴욕타임스〉〈워싱턴포스트〉는 내 외교활동에 대한 기사를 냈습니다. 국내 〈황성신문〉은 '이승만은 한국 인민의 대표자요, 독립주권의 보존자요, 애국 열성의 의기로운 남자요, 청년지사'라고 칭찬했지요.

— 그 이후 미국에서 학업에 정진하셨지요.

◇◇ 은밀했던 외교활동을 마치고 나는 1905년 2월 조지워싱턴대학에 입학해 2년 만에 학사학위를 받았습니다. 다행히 공부는 수월했습니다. 수감 생활 때 축적한 학식이 있었기 때문이지요. 그 뒤로 하버드대학에서 석사학위를, 프린스턴대학의 박사학위를 취득했습니다. 대학에 진학한 뒤 5년 반 만에 미국에서 박사까지 딴 것이지요.

— 짧은 시간에 엄청난 성취를 하셨군요.

◇◇ 이는 주한 선교사를 비롯한 미국 기독교계의 전폭적인 지원이 컸습니다. 제임스 게일, 언더우드, 벙커, 존스 등 서울의 선교사들은 미국 교회 지도자들에게 저를 소개하는 추천서를 19통이나 써주었어요. 특히 게일은 '이승만은 한국 기독교계의 주도자가 될 것이니 2~3년 동안 공부를 더 한 뒤 귀국하게 해달라'고 했습니다. 1910년 7월에는 「미국의 영향을 받은 중립」이라는 제목의 논문으로 철학박사 학위를 받았습니다. 유학경비는 주로 교회 연설을 통

하버드대학 시절의 이승만(뒷줄 왼쪽)

해 조달했지요. 내 정치적 방향이 정해진 것이 바로 이때,
미국에 거주하던 시절입니다.

— 목표했던 박사학위를 받은 뒤로는 어떤 행보를 보이셨죠?

◇◇ 이대로 미국에서 망명을 할까 싶은 마음도 없진 않았지만,
나는 귀국의 길을 택했습니다. 미국 기독교계의 도움으로
학업을 마쳤으니 국내에서 선교사로 활동하는 것은 자연
스러운 일이었지요. 때마침 서울 기독교청년회의의 그레
그에게서 연락이 왔어요. 한국으로 돌아와 일을 맡아달라
고 말입니다. 하지만 나는 조선에 돌아가면 다시 투옥당하
지 않을까 불안했어요. 그래서 질레트 선교사가 조선통감
으로부터 나의 신변보장에 대한 언질을 받아주었지요. 그

제야 나는 6년 만에 귀국길에 올랐습니다. 1910년 9월 뉴욕에서 영국의 리버풀로 가는 배를 탔는데, 태평양 항로를 택하지 않고 대서양 항로를 택한 것은 유럽이란 나라를 보고 싶어서입니다. 나는 리버풀에 내려 런던과 파리를 구경했습니다. 그러고는 베를린과 모스크바를 거쳐 시베리아 횡단철도를 타고 만주에 도착했지요.

1910년 10월 나는 기차로 서울역에 도착했습니다. 우선 아버지께 인사를 드린 뒤, 이상재를 찾아갔어요. 이상재는 한성감옥 시절 기독교로 개종한 뒤 기독교청년회 활동을 하고 있었습니다. 그때부터 저는 서울 YMCA에서 학생부 간사와 청년학교 학감으로 일했습니다. 주된 일과는 강연을 하고 성경을 가르치는 것이었어요.

— 당시 조선인으로서 미국에서 박사학위까지 받은 지식인이었으니, 사람들이 많이 모여들었겠군요.

◇◇ 그런 소문이 퍼진 건 맞아요. 하지만 단지 그 이유만으로 몰려들지는 않았을 겁니다. 아무튼 수많은 청년들이 와서 내 강연을 듣고자 했습니다. 나는 봄과 가을 두 차례 전국을 다니면서 강연을 펼쳤어요. 한국인들에게 자유주의 사상을 불어넣고 민족의식을 일깨우는 데에 내가 작은 보탬이라도 될 수 있다면 싶었지요. 그때마다 일본 헌병들의 감시를 받곤 했습니다. 그러던 중 한일합방이라는 통곡할 소식이 들려왔지요.

미당 서정주 『우남 이승만 전』을 펴내다

— 미당 서정주가 이승만 박사의 전기를 쓴 것으로 압니다.

◇◇ 1947년인가 그래요. 여름과 가을 두 번에 걸쳐 미당에게
구술했습니다. 책을 발간할 때 해위 윤보선 선생이 많이
도와주었지요.

— 거기에 보면 한일합병 초기에 시간이 날 때마다 남산에
올라 연을 날렸다는 내용이 나오는데요, 무슨 심경이었는
지 좀 더 자세히 설명해주실 수 있으신가요?

◇◇ 물어볼 줄 알고 내가 메모를 해왔소.

노인은 품속에서 접은 종이 한 장을 꺼냈다. 다음은 『우남 이
승만 전』에 나오는 내용이다.

아직도 집집마다 통곡이 끊이지 않은 장안이 내려다보이는 언덕 위
에 올라서서 몇몇 어린이들도 더불어 한겨울 하늘을 쳐다보며 연만 날
리고 지냈다 하여도 우리는 그것을 이해할 수가 있다. 이 민족의 통곡
을 능히 대표할 감정과 의리를 가진 사람이라면 그 통곡의 때에 연 같
은 걸 날리고 있던 심정도 알 수 있단 말이다. 그렇다. 그는 1910년 합병
되던 해의 한겨울을 날마다 남산 마루턱에 올라 종이 연을 하늘에 띄
워 놓고는, 자새에 감긴 실을 풀었다 감았다 하며 수두룩이 짓밟고 있
는 조국의 혼을 모조리 그의 속에 불러들이기에 여념이 없었던 것이
다. 그와 동시에 그가 또 시행한 것은 통곡하는 동포들과 일종의 기도

와 어린이들에게 준 일종의 세례였다.

11월27일 서울시 YMCA동포들과 같이 기도.

12월11일 크리스마스 휴가에 세례를 받기 위해 32명이 성명과 주소를 알리러 왔다.

12월12일 어린 학생들이 세례받기를 신청해 왔다.

이상은 1910년 겨울의 그의 수첩의 기록 중 한 토막이거니와 이 기도와 세례를 역시 우리는 그의 이 무렵의 연놀이와 거진 비슷한 것으로 생각해서는 안 될까. 그의 이 무렵의 연놀이가 얼마나 많은 통곡과 민족애와 부동의 신념을 표현하는 것인가를 우리는 위에서 보았다. (1949년 공덕리 미당 서정주)

— 연이 지닌 의미는 무엇인가요?

◇◇ 독립투쟁을 위한 모든 준비를 끝내고 귀국했지만 결국 모든 것이 허사로 돌아갔어요. 한일합병의 현실을 보면 볼수록 가슴이 조여드는 것 같았지요. 그러한 심경을 다스리기 위해 연을 날렸습니다. 하늘 높이 떠오른 연을 보면서, 미래로 나아가는 마음을 포기하지 않기로 결의를 다졌지요.

— 서정주 시인과 개인적인 교분이 있으셨나요?

◇◇ 그 전에는 개인적으로 만난 적이 없습니다. 다만 내가 책을 많이 읽다 보니 한국 작가들에도 관심이 있기는 했어요. 우연한 기회에 한 지인이 말하길, 그동안 독립운동을 위해 고생도 많이 했으니 책 한 권을 남기는 것도 괜찮지 않겠냐는 겁니다. 오해를 살까 싶어 처음에는 반대를 했는

데, 한 작가로서 나를 어떤 시선으로 바라볼지 내심 궁금하기도 하여 결국 책을 써도 좋겠다고 해서 승낙을 했습니다. 그래서 내 경험들을 받아 적게 했고, 서정주 시인도 다른 몇 사람을 더 찾아가 얘기를 들은 것으로 알고 있습니다.

— 알겠습니다. 다시 당시의 상황으로 돌아가지요. 미국에서 돌아와 전국 강연을 다니면서 신변의 위협을 많이 느끼셨나요?

미국 망명길에 오르다

◇◇ 그렇습니다. 그래서 당장은 몸을 사린 채 종로학당 교장으로 있었지요. 5년 7개월의 감옥 생활을 겪었던 내게 체포의 악몽은 견디기 어려운 것이었습니다. 당시 나는 순전히 종교운동가로 지냈고 정치활동과는 아무런 연관을 맺지 않았습니다. 하지만 그런 처신도 오래가지는 못했어요.

1912년 일제는 '105인 사건'을 조작해서 개신교 세력의 민족운동을 타도하려고 했고, 무고한 사람들을 연루자로 지목한 뒤 고문을 통해 거짓 자백을 받아냈지요. 나도 그 파장에서 자유로울 수는 없었습니다. 나는 일단 몸을 피하기로 했습니다. 마침 미국 미네아폴리스에서 개최되는 국제감리교대회에 한국 평신도 대표로 참석한다는 명분이 주어졌어요. 나는 미국 선교사들의 도움을 받아 서울을 떠났습니다. 그때가 3월 26일, 내 37번째 생일이었지요."

— 그때 망명할 생각을 하신 건가요?

◇◇ 미국으로 향하던 중 일본에 잠시 들러 한인 유학생들에게 강연을 한 뒤 1912년 4월 10일 미국행 배를 탔습니다. 항해 도중 꽤 놀랄 만한 소식이 들렸어요. 그 유명한 여객선 타이타닉호가 북대서양에서 빙하와 부딪혀 침몰했다는 겁니다. 이러저런 소식에 마음이 착잡하던 차에, 차라리 망명을 해버리는 것이 낫겠다는 생각이 들었습니다.

국제감리교대회에 참석한 뒤 나는 뉴저지주 캄덴시(市)의 YMCA에서 잠시 일했습니다. 그러다 1913년 1월 말 교도소 동지였던 박용만이 나를 하와이로 초대했습니다. 그 친구가 강원도 철원 출신이었던 것 같은데, 여하튼 하와이에서는 〈국민회보〉 편집을 맡고 있더군요. 또 한인학교 건립을 위한 모금활동을 펼치고 있었습니다.

그곳에서 나는 옛 친구인 와드먼 박사를 만났는데, 그는 호놀룰루에서 한인 기숙학교를 운영하다가 교민들과의 갈등으로 곤란해하고 있더군요. 그는 내게 학교를 대신 맡아달라고 권유했어요. 그곳의 한국인들은 다들 제대로 자식을 가르칠 여유조차 없이 각박하게 살고 있었습니다. 심지어 여자아이들은 교육받을 기회를 철저하게 박탈당하고 있었어요. 나는 교포들의 도움을 얻어 '한인기독여학원'을 세웠습니다. 그리고 1916년에는 남녀공학인 '한인기독학원'을 열었지요. 학교의 정신은 한국 문화를 보급하고 이민자 2세들을 애국자로 양성하는 것이었습니다. 교민사회는 그 학교를 열성적으로 지원해주었어요. 개학한 지 얼마 되지 않아 학생 수는 140명 정도로 늘었습니다.

내가 가기 전부터 그곳에는 '대한인국민회'라는 한인 단체가 있었습니다. 내 교도소 동지인 박용만과, 서북(西北) 출신의 안창호가 주도하고 있었지요.

— 하와이로 초청받은 다른 이유가 있나요?

◇◇ 아마 내가 특별 초청된 이유는 하와이 교민들이 나를 지도자로 따르고 있었기 때문이었던 것 같아요. 독립협회에서의 활동과 그로 인한 수감 생활, 『독립정신』 집필, 미국에서 한인 최초로 박사학위 취득, 이런 이력들이 그곳에서 나를 유명하게 만들어준 것 같습니다. 특히 그들은 내가 조선의 독립을 끈질기게 주장한 점을 존경하고 있더군요.

— 당시 하와이에는 안창호를 지지하는 사람도 많았을 텐데요.

◇◇ 맞습니다. 그는 정규 교육을 받지는 않았습니다만 뛰어난 지성과 강인한 의지의 소유자였습니다. 나는 그와 기꺼이 협력하려고 했지만 그리 쉽지는 않았어요. 안창호는 '대한인국민회'의 산하단체인 흥사단의 지도자였습니다. 흥사단은 서북지방 출신들이 이끌고 있었지요. 그들은 이미 충성심으로 뭉쳐서 자신들만의 이해관계를 추구했습니다.

흥사단은 일제강점기와 군부독재시기를 견뎌내고 현재까지

존재하는 단체다. 지금은 주로 독립운동가의 후손을 돕는 활동을 하고 있다. 하지만 노인은 영 못마땅한 심기를 감추지 않았다.

◇◇ 나는 그들의 배타적인 태도에는 역사적 배경이 있다고 봅니다. 1392년 조선 왕조가 개국할 때 가장 강력히 반발한 게 서북 사람들이었지요. 그 뒤로 태조 이성계는 서북인들의 고위직 임명을 배제했습니다. 그때부터 시작된 원한이 한일합병 이후까지 계속된 겁니다. 나는 이해하려고 했어요. 그래서 과거의 불공정함을 청산하고 흥사단과 협조 관계를 구축하기 위해 최선을 다했습니다. 내가 할 수 있었던 노력은 다했다고 생각해요. 하지만 그들은 지배하지 않으면 견디지 못하는 부류더군요. 결국 하와이에서 나는 그들과 껄끄러운 관계를 유지할 수밖에 없었습니다. 특히 안창호는 영국과 미국의 위대한 민주주의의 전통을 도통 이해하지 않으려고 했어요. 그 친구의 말은 들으면 얼핏 가슴을 울리지만, 사실 구체적인 정치적 문제에 대한 내용은 영 부족했어요. 그저 감정적인 충성심에 치중한다고 할까요. 웅변술은 좋은 사람이었지요.

— 도산 안창호 선생은 1932년 윤봉길 의사의 의거에 연루되어 체포됐고 1937년 서울에서 다시 체포되어 고문 후유증으로 1938년 10월 숨을 거두었지요.

◇◇ 그랬지요. 그는 높은 존경을 받았지만 거국적이고 민주적인 독립운동을 함께 하기에는 잘 맞지 않았다고 봅니다.

내 생각은 변하지 않아요.

임시정부 대통령으로 추대

— 하와이에서 오래 머무르셨죠.

◇◇ 맞아요. 1913년부터 1941년까지 있었으니, 28년을 그곳에서 보낸 셈이지요. 나에게도 조국에도 격동의 시기였습니다.

— 그곳에서 암살당할 위기에 처한 적도 있다고 들었습니다.

◇◇ 그곳에서 나는 반복되는 좌절감을 견뎌내야 했어요. 내 자신이 해야 할 일을 방기하고 있는 기분이 들었지요. 무엇보다도, 조국에서 여러 사태가 급박하게 진행되고 있는데 내 자신은 아무런 영향력도 미치지 못한다는 무력감이 컸습니다. 더구나 교민사회의 파벌주의도 나를 괴롭게 만들었지요.

그러던 중 1915년 9월 한 남자가 박용만이 묵고 있던 샌프란시스코호텔 방에 침입했다고 하더군요. 괴한은 그를 저격했지만 다행히 부상을 입히는 것으로 끝났습니다. 괴한의 정체는 오진국으로, 안창호를 추종하던 극렬분자였어요. 그는 즉각 암살 타깃을 나로 바꿔서 하와이행 배를 탔지만 도중에 바다로 뛰어들어 자살했습니다. 아마도 도착 즉시 체포되리라는 것을 알고 있었던 것이지요. 나중에 그의 소지품에서 암살 계획의 증거들이 발견되었습니다.

— 교육에 대한 계획은 순탄하게 진행됐습니까?

◇◇ 그렇지 못했습니다. 하와이 정부가 1920년부터 사립학교 졸업생이 고등학교에 진학하려면 특별전형을 치러야 한 다는 새로운 규정을 발표했기 때문입니다. 이 규정은 모든 사립학교에 타격을 주었지요. 그 뒤로 부모들은 한인사립 학교에 자녀들을 보내는 것을 꺼렸습니다. 게다가 하와이 정부는 모든 지역에 공립학교를 세우고 신설 학교들의 재 정 지원을 위해 인두세를 거두어들었습니다. 엎친 데 덮친 상황이었지요. 결국 한인기독학원마저 문을 닫을 위기에 놓였습니다.

그때 국내에서는 3·1운동이 벌어졌고, 임시정부가 탄생 했지요. 그들이 나를 임시대통령으로 추대하자 상황의 타 개책이 보이더군요. 내게 다시 정치활동을 시작할 문이 열 린 겁니다. 하와이 교민사회도 나를 좀 더 존경하기 시작 했고, 문을 닫기 직전이었던 학교도 명맥을 유지할 수 있 었지요.

— 3·1운동 직후 국내와 중국 상하이, 러시아 블라디보스토 크에 임시정부가 생겨났는데요, 세 곳 모두 미국에 있는 이승만 박사를 수장으로 추대했습니다. 그 이유에 대해서 어떻게 생각하시나요?

◇◇ 그렇다고 내가 선거운동을 한 것은 아닙니다. 아마 우리 민족이 어떻게 나아가야 할지에 대해 모두들 공통적인 목

표를 고심하고 있었겠지요. 그중에서 역시 민족교육과 민주주의교육이 가장 중요하다고 의견이 모아졌던 것이 아닌가 싶습니다. 어쩌면 나의 자유주의 혁명사상에 다들 공감하기 시작했던 것일지도 모르고요.

— 상하이 임시정부 소식을 하와이에서 어떻게 알게 되셨죠?

◇◇ 1919년 3월 29일 '국민회'로 전보가 왔습니다.

전보를 보낸 발신인은 현순(玄楯)으로, 3·1운동 때 주도적으로 참여했던 독립운동가 중 한 명이다. 그는 이후로도 중국 상하이에서 열린 평화회의에 은밀히 파견되어 미국 대통령 윌슨에게 독립청원서를 전달했다.

이와 관련해 이주영 건국대 명예교수가 집필한 『이승만과 그의 시대』라는 책의 한 단락을 들여다보자.

3·1운동 직후 한반도 안팎에서는 여러 개의 임시정부가 나타났다. 이승만은 모든 임시정부에서 주요 지도자로 추대될 정도로 주목을 받았다. 또 1919년 3월 21일 러시아의 블라디보스토크에서 대한인국민회가 노령임시정부(露領臨時政府)를 선포했다. 노령임시정부는 대통령 손병희, 부통령 박영효에 이어 이승만을 국무총리 겸 외무장관인 국무경으로 추대했다. 뒤이어 4월 11일에 선포된 상하이임시정부에서는 이승만을 대통령과 부통령이 없는 국무총리로 지명해 사실상 정부수반이 됐다. 그리고 4월 23일 서울에서 선포된 한성임시정부는 최고 자리인 집정관 총재로 이승만을 뽑았다. 세 임시정부의 직책 가운데 이승만은

한성임시정부의 집정관 총재를 가장 마음에 들어 했다. 왜냐하면 한성 임시정부는 4월 16~23일에 전국 각지의 대표들이 비밀리에 모여 조직한 것으로 알려져 있어서 정통성이 있는 것으로 생각했기 때문이다. 그리고 그것은 이규갑을 비롯한 기독교인들에 의해 주로 조직되고 그 배후에는 아들처럼 아끼던 이상재가 있었던 것으로 알려졌기 때문이다. 그것에 근거해 이승만은 1919년 6월부터 대한공화국의 대통령으로 워싱턴에서 활동을 시작했다. 그는 미국, 영국, 프랑스, 이탈리아, 일본 등의 국가원수들과 파리평화회의 의장에게 한국인의 정부가 수립되었음을 알리는 공식 서한을 보냈다. 워싱턴에 대한공화국 공사관을 설치하고 그곳에 임시대통령으로서의 활동본부를 두었다.

당시에는 노령임시정부와 상하이임시정부 그리고 한성임시정부 등 세 임시정부가 자발적으로 생겨났는데, 이들은 하나로 힘을 합치고자 했다. 그 결과, 1919년 9월 통합 임시정부가 탄생했다. 그리고 그들은 대통령에 이승만을 추대한 뒤, 부임해달라는 전보를 보냈다.

시체운반선을 타고 상하이로

— 상하이에는 어떻게 가신 거지요?

◇◇ 당시 나는 일본 경찰에 의해 30만 달러의 현상금이 걸려 있어 함부로 움직일 수가 없었습니다. 더구나 멋대로 중국

으로 가는 배를 탈 수도 없었어요. 왜냐하면 중국으로 가는 배는 대부분 일본을 경유했기 때문입니다. 그런데 하와이에 있던 미국인 친구 중에 마침 보스윅이라는 자가 있었어요. 그 친구는 장의업체를 운영했는데, 내게 중국으로 직행하는 배에 몰래 올라타도록 주선해주었지요.

1920년 11월 15일, 나는 비서 임병직과 단 둘이, 배표도 없이 배에 올라탔습니다. 갑판 아래 창고에 숨어들었는데, 사방에서 심한 악취가 났어요. 말했듯이 그 배는 장의업체의 시체운반선이었고, 주변은 중국인 노무자들의 시체로 가득했으니까요. 그곳에서 하룻밤을 견뎠지만 결국 끝까지 모습을 숨길 수는 없었습니다. 선장은 돈이 없다면 몸으로라도 갚으라고 했어요. 어쨌거나 우여곡절 끝에 배는 한 달 뒤 상하이에 도착했습니다. 우리는 중국인 노무자들 틈에 섞여서 일본 경찰의 눈을 피해 육지에 무사히 상륙했지요.

— 1920년이라면, 대통령에 추대되고 나서 곧바로 상하이에 간 것이 아니라 거의 일 년 하고도 반이 지난 다음이로군요. 일정이 늦어진 이유는 무엇이었나요?

◇◇ 여러 이유가 있었습니다만, 내가 도저히 의심을 거둘 수가 없었던 것이 가장 컸습니다. 우선 내가 받은 전보는 발신인이 현순 개인의 명의로 되어 있었는데, 정작 그 현순의 신원이 분명치 않았기 때문입니다. 그래서 저는 국무경으로 행세하면서 우선 공채발행권과 신임장을 요구했습니다. 그러는 사이에 시간이 지났고 현순과는 한동안 연락이

끊겼습니다.

또 임시정부가 설립되었다면서 그 위치나 설립자에 대한 자세한 설명도 없었어요. 아마도 상하이 쪽에서 정보의 혼란이 있었던 게 아닌가 싶습니다. 상하이 임시정부가 수립됐다는 소식은 5월 말에야 미주 한인사회에 공표됐고 신임장도 그때 즈음에 도착했습니다.

이와 관련해 정병준 이화여대 사학과 교수가 쓴 『우남 이승만 연구』에 나오는 내용을 들여다보자.

1919년 5월 미주에서 이승만의 성과는 날로 높아갔다. 박용만에 이어 안창호가 상하이로 떠남으로써 미주에서 이승만과 정립했던 3대 세력 중 이승만 혼자 남게 됐다. 게다가 이승만이 대한공화국 임시정부 국무경, 상하이임시정부 국무총리에 이어 조선민국 임시정부 부통령 선출까지 보도되면서 그의 최고 지도자로서의 명성은 더욱 확고해졌다. 또한 샌프란시스코에서 간행되는 〈소년중국〉은 일본이 해외 한인 독립운동가인 이승만, 이완, 이위종에게 30만 원의 현상금을 걸고 자객을 파견했다고 보도했는데 이는 이후 이승만의 반일운동가로서의 면모를 보여주는 주요한 선전 재료가 되었다.

— 상하이 임시정부에서 해외활동을 벌일 때, 국내 인사들과의 연락은 어떻게 이루어졌나요?

◇◇ 우리는 인편을 통해 비밀리에 연락을 주고받았습니다. 국

내 인사들 역시 해외에서의 활동에 대해 잘 알고 있었고,
우리도 국내의 상황을 늘 주시하고 있었지요.

고종이 독살됐다는 소문

1919년 1월 20일 고종이 갑작스레 숨을 거둔다. 그런데 이 일
은 국내에 전례 없는 반일감정을 부른다. 왜냐하면 일본이 고종을
독살하였다는 소문 때문이었다. 그 전날까지만 해도 고종의 건강
에는 이상이 없었기에, 일본이 주장한 사인인 뇌일혈은 설득력이
크게 떨어졌다. 오히려 시신이 지나치게 빨리 부패했다거나, 궁녀
두 명이 의문의 죽음을 맞았다는 등, 미심적은 정황들만이 저잣거
리를 타고 풍문으로 퍼져나갔다. 결국 국민들의 억눌린 분노가 폭
발하고 독립운동의 기운은 한없이 고조되었다.

— 결국 고종의 사망은 3·1운동의 단초가 되었고, 이후로는
   상하이 임시정부의 탄생으로 이어졌다고 볼 수 있네요.
◇◇ 결과적으로 그렇게 된 셈입니다. 상하이에 온 박용만은 무
   장봉기를 주장했지만, 국민들이 선택한 저항 방식은 평화
   시위였습니다. 사상 처음으로 비폭력, 무저항 시위가 전국
   규모로 조직된 것이지요. 기독교인으로서 단언하건대, 나
   는 3·1운동이 그렇게나 전국을 휩쓴 이유는 종교인들이
   국민들의 애국심을 주도한 것도 크다고 봅니다.

— 3·1운동의 성과에 대해서 좀 더 설명해주시겠습니까?

◇◇ 3·1운동이 진압된 이후 우리는 저항의 구심점이 필요하다고 느끼게 되었어요. 그래서 4월 16일부터 23일까지 전국 각지 대표들이 비밀리에 서울에 모여 한성 임시정부를 조직했습니다. 그들은 대의정치를 채택하고 개인의 자유를 보장하는 헌법을 제정했어요. 그리고 나를 집정관총재로 선출했습니다. 비슷한 시기에 시베리아와 상하이에 망명한 애국지사들도 모임에 참석해 서울 대표들의 결정을 지지했습니다. 현대사에서 가장 긴 역사를 지닌 망명정부는 그렇게 탄생했습니다.

짧은 상하이 체류 기간

— 이승만 대통령님은 3·1운동 이후 국내 독립운동의 최고 지도자로 부상했습니다. 그 후로 1919년 9월 9일에는 상하이 임시정부에서 임시대통령으로 선출되기도 하셨지요. 그런데 상하이에서 체류하셨던 기간은 1920년 5월까지입니다. 그러니까 6개월 정도밖에 되지 않는 거지요. 왜 그렇게 짧았던 건가요?

◇◇ 임시정부에서 나는 아주 힘든 시간을 보냈습니다. 가장 큰 문제는 재정적인 궁핍이었지만, 그보다도 각자 지역과 이념을 갈라 싸우는 것이 모두를 괴롭게 했어요. 그중에서도

특히 국무총리 이동휘는 도통 내 말을 들으려고 하지 않았습니다. 나도 그 친구의 노선에 도무지 동의할 수가 없었고요. 이동휘는 함경도 출신의 공산주의자인데, 툭하면 소련의 도움을 받아 무장투쟁을 하자는 주장을 펴곤 했습니다. 그건 미국의 외교적 지원을 받아서 독립을 쟁취하자는 나의 외교독립론과는 정면으로 배치되는 것이었지요.

그 외에도 그는 툭하면 무장부대를 조직해 관공서를 폭파하거나, 일본 관리들을 암살하자거나 하는 극단적인 주장만을 펼쳤습니다. 또 임시정부 청사를 시베리아로 옮겨야 한다고 했지요. 내가 제일 골치가 아팠던 건 그런 말도 안 되는 주장에 적극 찬성하는 동지들이 많았단 겁니다.

— 무장투쟁 주장에 그렇게나 반대하신 이유가 뭐지요?

◇◇ 나는 무장투쟁은 별 효용을 거두지 못할뿐더러, 오히려 일제의 통치를 더욱 가혹하게 만들 위험성이 있다고 생각했습니다. 내가 보기에 무장투쟁은 불필요한 피만 흘릴 뿐이었어요. 결국 의견차를 좁히지 못한 이동휘는 1921년 1월 국무총리 자리를 내던지고 시베리아로 떠나버렸지요. 그 뒤로 학무총장 김규식, 군무총장 노백린, 노동국총판 안창호도 연달아 사임했습니다.

베이징에 있던 신채호는 나를 거세게 비판했습니다. 그는 이전부터 내 외교적 독립전략을 탐탁지 않게 여겼어요. 심지어 안창호와 여운형은 군중대회를 열어 날 공개적으로 비판하는 연설을 했어요. 지나치게 미국에 의존하려고만

한다고 말이지요. 내 뜻에 동의해주는 사람은 없고 사방에서 질책만 해대니, 이래저래 신경이 예민해졌습니다.

— 상하이 임시정부에 있는 동안 괴로움이 크셨군요.

◇◇ 맞아요. 그래서 빨리 상하이를 떠야겠다고 생각했지요. 모든 요원이 자기 파벌을 데리고 자기주장만 펼치니 대통령도 아주 못해먹을 짓이지 뭡니까. 특히 임시정부가 운영되는 자금은 동지들이 자발적으로 보내주는 지원금이었는데, 문제는 돈을 낸 사람 대부분이 자기 멋대로 임시정부의 정책 결정에 참견할 권리가 있다고 생각했다는 겁니다. 당시는 임시정부가 국제적인 승인을 받지 못하던 때였습니다. 그래서 요원 전부가 자기 파벌의 지위를 높이기 위해서 각축전을 벌였지요. 국제적인 인정을 받기 전에 자신의 위치를 확실히 해두어야 한다는 계산 때문입니다. 정책을 세우려고 할 때마다 여기저기서 다투기부터 시작하니, 일이 제대로 되겠습니까?

『이승만과 대한민국 임시정부』에 오영섭 연세대 현대한국학 교수가 쓴 당시 상황을 잠시 들여다보면 이렇다.

임정 초기에 대통령 이승만은 반대파의 비판과 지지세력의 요청에도 불구하고 임시정부의 소재지인 상하이에 부임하지 않았다. 1920년 12월부터 1921년 5월까지 약 6개월간 상하이에 체류한 것을 제외하면 그는 나머지 기간의 대부분을 워싱턴에 머물며 대통령직을 수행했다. 서

신과 직접 왕래를 하려면 적어도 3~4주 걸리는 워싱턴과 상하이 사이의 원거리에서 이승만은 어떻게 대통령직을 수행했을까. 이승만은 공간적인 차이를 극복하기 위해서는 어떠한 통치장치를 개발했으며 그의 통치구상은 임시정부와 어떠한 관계를 가지고 있는가. 이승만 통신원들의 활동을 깊이 들여다보면 이러한 의문들에 대한 해답을 다소나마 찾을 수 있을 것이다. 1919년 3·1운동 전후 동북아의 국제도시 상하이는 저명한 독립운동가들이 속속 모여들었다. 이들은 3·1운동 전부터 상하이에서 활동하던 동제사 및 신한청년단 임원들과 합류하여 프랑스조계 보창로에 임시 독립사무소를 정하고 임시정부 수립에 착수했다. 1919년 4월 10일~11일 양일간 29명의 독립운동가가 프랑스 조계 김신부로에 모여 회의를 가졌고 그 자리에서 이동녕을 임시의정원 의장에, 손정도를 부의장에 선출하고, 이어 대한민국의 국호, 연호, 관제, 정부관원, 임시헌장, 선서문과 정강 등을 결정하였다. 이로써 임시정부가 출범하였다. 임정은 출범 초부터 국제정세의 변화와 내부 경쟁의 격화에 따라 언제든지 대립하고 분화할 수밖에 없는 위태로운 처지에서 출발했다. 민족적 협력과 통합이 절실히 요구되던 임정 초기에 이승만이 자칫 정치적 분란이나 파쟁을 초래할지 모르는 통신원과 같은 비밀요원을 임명하거나 파견했을 것이다.

내부 경쟁의 대립과 분화

정리하자면, 임시정부 초기는 아직 모든 것이 제대로 정립되지 않은 시기라고 볼 수 있다. 1910~30년대 이승만의 활동을 살펴보기 위해서는, 당시 지도자들의 관계를 알아보도록 하자. 당시 임시정부를 이끈 주요 지도자는 박용만과 안창호 그리고 이승만으로, 이들은 모두 미주 지역에 거주하며 독립운동활동을 했다는 공통점이 있다. 이들은 각자 자신들의 독자적인 추종세력을 데리고 있었는데, 박용만은 국민군단, 안창호는 흥사단, 이승만은 동지회의 지지를 받았다. 이들은 3·1운동 이후 각 임시정부에서 요직을 맡아 명망을 떨쳤다.

당시 일제 자료에는 박용만은 하와이 '무단파(武斷派)'의 수령으로, 이승만은 문치파(文治派)의 수령으로 분류되어 있었다. 본래 대한제국 시절 이승만과 박용만은 옥중에서 형제결의를 맺을 정도로 절친한 사이였다. 하지만 1915년 하와이 한인사회의 분쟁으로 둘은 갈등을 겪게 된다. 그 밑바탕에는 독립노선의 차이뿐 아니라, 한인사회 지도권과 재정권 장악을 둘러싼 알력 다툼이 깔려 있었다.

이후 안창호의 개입으로 둘의 사이는 더욱 복잡해진다. 안창호는 외교론과 실력양성론에 공감했고 경제조직이 연계된 사조직을 이끌었다는 점에서 둘과 공통점을 가지고 있었다. 하지만 워싱턴 군축회의가 실패한 1920년대 중반부터 세 사람의 노선은 분명하게 갈라졌다. 그 뒤로 박용만은 1928년 암살되고 안창호는 일제에 체포돼 두 차례 감옥 생활을 하다가 1938년 병사하였다.

— 상하이에 머무는 5년여 동안 주로 무슨 임무를 수행하셨

지요?

◇◇ 첫째는 임시정부 요원들의 노선을 한데 모으는 것이고 두 번째는 국제무대에 임시정부의 당위성을 알리는 것입니다. 세 번째로는 재원 확보에 주력했습니다. 그런데 모두 원만히 이루어지지 않았지요.

1921년 초, 미국의 찰스 에반스 휴즈 국무장관은 윌리엄 보라 상원의원의 제안에 따라 태평양지역 이해당사국들의 워싱턴 군축회담을 제안했습니다. 나는 그 회담을 망명 애국자들의 의견을 결집하고 한국 문제에 국제적인 관심을 고조시킬 좋은 기회로 여겼어요. 회담은 11월 12일 미국, 영국, 프랑스, 이탈리아, 벨기에, 네덜란드, 포르투갈 그리고 중국과 일본 대표들이 참석한 가운데 열릴 예정이었습니다. 나는 동양에 항구적인 평화가 정착되려면 한국의 독립이 반드시 필요하다고 여겼습니다. 그리하여 한국이 동북아시아에서 완충국의 역할을 맡아야 한다고 여겼지요. 그런 주장을 들이밀며 열강 대표들을 설득해보려고 했습니다. 이성의 승리를 믿었던 겁니다.

1921년 5월 28일 나는 평화를 되찾기 위해 임정 요원들과 작별인사를 한 뒤, 컬럼비아호를 타고 상하이를 떠났습니다. 마닐라를 거쳐 6월 29일에 호놀룰루에 도착했지요. 교민들이 보내는 뜨거운 환영에, 상하이에서 받은 마음의 상처가 달래지는 느낌이 들었습니다. 그런 분위기를 등에 업고 지지자들을 모아 대한동지회를 조직했습니다. 그렇게 지인들과 유쾌한 시간을 보내다가 군축회담 준비에 착수했어요. 군축회담이 열리게 될 워싱턴에 도착한 것은 8월 27일이었습니다.

군축회담 참석 불발

— 군축회담을 위한 준비로는 어떤 것들이 있었습니까?

◇◇ 신경 쓸 일이 너무나도 많았어요. 우선 나는 내 활동을 공식적으로 인정받을 필요가 있었습니다. 당시에도 임시정부는 국제적으로 인정받지 못하고 있었고, 회의에 초청받지도 못했으니까요. 우선 나는 임시정부 전권대사 자격으로 한국의 독립청원서를 제출했습니다. 서재필도 대표단에 합류했어요.

그곳에서 나는 억압받는 한국 민족의 영웅적인 노력을 언론인들에게 알리려고 애썼는데, 나중에 내 평생 친구가 되는 제이 제롬 윌리엄스가 많은 도움을 주었습니다. 기자회견도 열렸는데, 나에 대한 비판적인 기사들도 보도되었더군요. 대강 훑어보니 '이승만은 지도자로 자처하는 인물들 중 한 사람에 불과하며 민족 전체를 대표하는 것도 아니'라는 내용들이었습니다. 그런 기사를 볼 때마다 몹시 괴로웠지요.

한편으로 나는 한국 독립 문제에 대해 미국의 관심을 불러일으키려면 시선을 끌 만한 기삿거리가 있어야 한다고 생각했습니다. 그래서 1년 전에 관짝 사이에 숨어 상하이까지 밀항한 일을 기사화했더니, 적지 않은 독자들이 흥미를 보여주더군요.

— 그 뒤의 일은 순조롭게 진행되었나요?

◇◇ 그렇지 못했어요. 나는 상하이 임시정부에서 공식 신임장을 받아서 휴즈 장관에게 전달했습니다. 하지만 아무런 반응이 없었어요. 차선책으로 회의에 참관이라도 하게 해달라고 요청했습니다. 하지만 그조차 거절당하고 말았어요. 그런 부질없는 노력 중 나는 가슴 아픈 사실을 깨달았습니다. 세계는 여전히 힘의 정치라는 낡은 체제를 받아들이고 있다는 것이었죠. 즉 강자가 약자를 지배하는 것이 당연한 상식이었던 것입니다. 3·1 독립선언문에서 꿈꿨던 '정의의 신세대'는 열강들의 편의에 의해 희생된 지 오래였습니다. 나는 약소국에 대한 강대국의 점령을 당연시하는 서구 열강들의 논리에 당황하고 분개했습니다. 그러한 태도가 이후 2차 세계대전을 부르게 된 것이겠지요.

특히 내가 절망했던 것은, 내가 만나는 외국인마다 일본의 입장을 지지한다는 것이었습니다. 그들은 일본이 늘어나는 인구를 먹여 살리기 위해 해외로 팽창할 수밖에 없다는 것을 이해한다고 했어요.

— 결국 군축회담에 참석하는 것은 불발되었군요. 그 뒤로 임시정부를 떠나게 된 건가요?

◇◇ 그래요. 결국 상하이에서는 이승만 퇴진운동이 벌어졌고,

결국 의정원(오늘날 국회에 해당)은 박은식을 국무총리 겸 대통령 대리로 선출했습니다.

— 그 뒤로는 어떤 활동을 하셨지요?

◇◇ 워싱턴 군축회의에서 외교독립노선이 별 효과를 거두지 못하자, 한국인들 사이에서 내 영향력도 크게 줄어들었습니다. 그래서 나는 하와이에서 '한인기독학원'과 '한인기독교회'의 운영에 전념했어요. 가끔은 미국 본토에 드나들면서 독립운동기구인 '구미위원부'의 일을 감독했습니다.

— 구미위원부 활동에 대해 좀 더 말씀해주시겠습니까?

◇◇ 나는 미국 워싱턴에 구미위원부를 설립했는데, 목표는 미국의 여론을 한국 편으로 끌어들이는 것이었습니다. 언젠가는 미국과 일본이 전쟁을 할 것이고 그때 한국이 독립할 것이라는 생각을 널리 알리는 일을 주로 했어요. 미국 전역을 돌아다니며 일본이 전쟁을 준비하고 있다고 계속 경고했지요. 그런데 그 무렵인 1925년 상하이 임시정부 의정원은 나에 대한 탄핵안을 통과시키고, 구미위원부도 폐지시켰어요. 그들은 구미위원부가 하던 일을 안창호 지지세력인 국민회 중앙총회에 넘기도록 했지요. 그렇게 해서 나와 상하이 임시정부의 공식적인 관계가 16년 동안 끊어지게 된 겁니다.

독립 호소를 위해 동분서주

— 그런 분위기에서 어떤 활동을 하게 됩니까.

◇◇ 내게 남은 공식적인 직함은 한성 임시정부 총재뿐이었습니다. 그 전부터 사실 한성 임시정부에 애정이 많았어요. 상하이를 떠나 미국으로 돌아갈 때 내 머릿속에 든 신념은, 독립을 위해 중요한 일을 하려면 외교 중심지에 있어야 한다는 것이었습니다. 워싱턴과 제네바에서 독립을 호소할 때도 다른 나라들의 외교적 지원이 절실하다는 것을 실감했지요. 그러던 1931년, 일본이 만주사변을 일으켰습니다. 그러자 이를 규탄하기 위해 국제연맹총회가 1933년 초에 열리게 됩니다. 나는 한국 독립을 호소하기 위해 지체 없이 스위스 제네바로 떠났습니다. 상하이 임시정부를 대신해서 간다고 생각했지요. 그즈음 김구가 이끌고 있던 상하이 임시정부와의 관계도 회복되었으니 말이에요. 그런 마음을 아는지 고맙게도 경비는 하와이 교민들이 지원해주었습니다.

회담이 시작되기 전인 1932년 12월, 런던을 거쳐 제네바에 도착했습니다. 그곳에서 각국 대표들과 기자들을 만나 한국 독립 문제를 의제로 채택해줄 것을 호소했어요. 한국이 일본에게 학대받고 있음을 알리고, 한국을 독립시켜 일본을 견제해야만 동양 평화가 유지될 수 있다는 점을 역설했지요. 이러한 주장은 〈주르날 드 주네브〉, 〈라 트리

뷴 도리앙〉 같은 유럽 신
문에 실리기도 했습니다.
나는 국제연맹 라디오 방
송을 통해서 연설을 하
고, 국제연맹사무총장에
공식서한을 보냈습니다.

― 결과는 어땠나요.

◇◇ 이 같은 호소는 회의장
주변에서 적지 않은 반응
을 불러일으켰습니다. 하

제네바에서의 이승만

지만 한국 문제는 끝내 총회 의제로 채택되지 못했습니다.
역시나 일본의 압력 때문이었지요. 나는 가는 곳마다 일본
의 방해에 부딪혔습니다. 게다가 미국, 영국, 프랑스는 극
동에서 공산주의 국가인 소련의 팽창을 막기 위해서는 일
본이 제 역할을 해주어야만 한다고 기대하고 있었어요. 이
런 분위기 속에서 결국 나는 쓰디쓴 좌절을 맛보아야 했
습니다. 일부 외국인들은 내 호소에 동정심을 품고. 소련
에 가서 대한 독립을 설득해보는 건 어떠냐고 권유하기도
했습니다. 당시 소련은 일본의 만주 침략에 내심 긴장하고
있었기 때문에 한국에 호의를 보일 수 있다는 얘기였죠.

― 그래서 소련으로 가게 됩니까?

◇◇ 맞아요. 하지만 비자를 얻는 건 쉽지 않았습니다. 고민하
던 중 나를 도와줄 사람이 떠올랐지요. 마침 나는 오스트

리아 주재 중국대사관의 대리공사인 동덕건 박사와 친분이 있었거든요. 그래서 1933년 7월 9일 신분을 숨긴 채 비엔나에서 기차를 타고 모스크바에 도착하는 데 성공했습니다. 그런데 역에 내리자마자 소련 관리들로부터 즉각 돌아가라는 명령을 받았어요. 이유를 알아봤더니 모스크바에 만주 동철도 운영권을 사기 위해 일본철도청 책임자가 와 있었다는 것입니다. 중요한 거래를 앞두고 소련은 일본의 비위를 건드릴 일을 벌이고 싶지 않았던 겁니다. 할 수 없이 다음 날 비엔나로 돌아가 프랑스 니스에서 뉴욕행 배를 탔지요.

프란체스카 여사를 만나다

— 프란체스카 여사를 만난 것도 그때 즈음이지요?

◇◇ 맞습니다. 내가 1933년 초에 제네바에 체류할 즈음이지요. 부인은 비엔나에서 아버지의 사업을 돕고 있었는데, 어머니와 함께 프랑스 여행을 마치고 제네바에 머물던 중이었어요. 그녀를 처음 만난 건 저녁식사 즈음인데, 호텔에 자리가 없으니 합석해달라고 지배인이 나를 그녀의 맞은편에 앉히더군요.

— 운명적인 만남이었군요.

◇◇ 맞아요. 그때 저는 58세였고 그녀는 33세였는데도 우리는

이상할 정도로 서로에게 끌렸습니다. 이후 저는 모스크바로 가던 중 다시 그녀와 재회했어요. 그때 나는 그녀에게 청혼했고, 그녀는 받아들여주었어요. 1년 뒤 우리는 뉴욕의 몽클레어호텔에서 결혼식을 올렸습니다. 존 헤인즈 홈스 박사와 윤병구 목사가 주례를 서주었지요. 그 뒤로 아내도 한국 독립운동에 헌신적으로 나서서 도왔습니다.

— 제네바에서 미국으로 돌아온 뒤에는 어떤 활동을 하셨지요?

◇◇ 나는 여전히 미국의 여론을 바꾸려고 애썼습니다. 동북아시아의 평화는 일본에 기대서는 결코 이룩할 수 없다고 알리고 다녔지요. 나는 미국의 잡지나 신문에 인터뷰를 하고 돌아다니면서 독립을 위해 외교적인 성취를 얻으려 했어요. 내가 미국의 여론을 이렇게나 신경 썼던 이유는 당시 강대국 중심의 위선적인 평화가 결코 오래가지 못할

이승만과 프란체스카

것임을 직감했기 때문입니다. 그리고 그 평화를 깨트릴 국
가는 당연히 일본이었지요.

— 당시 집필하셨던 영문서적 『일본내막기Japan Inside Out』는
이후의 전쟁을 예견한 것으로 유명해졌다면서요.

◇◇ 내게는 1938년 후반기에 이미 2차 대전으로 가는 움직임
이 보였어요. 당시 히틀러는 오스트레일리아와 체코슬로
바키아를 합병하면서 전쟁광의 면모를 서서히 드러내고
있었지요.

당시 워싱턴에 있던 나는 일본이 미국을 곧 공격할 것이
라고 경고하려 애썼습니다. 기자 에드윈 힐을 통해 여러
신문에 기고도 해보았어요. 하지만 내가 기대했던 것만큼
의 반향은 없었습니다.

1941년 6월 나는 임시정부의 주미 외교위원부 위원장으
로서 루즈벨트 대통령에게 서한을 부쳤습니다. 나는 조국
의 동포들이 일본을 상대로 얼마나 절박한 투쟁을 벌이고
있는지 설명했어요. 그리고 임시정부를 승인해줄 것과 무
기를 지원해줄 것을 요청했습니다. 하지만 답장은 역시 거
절이었지요.

그즈음 나는 국제정세에 대한 내 시각을 담은 책을 영어
로 집필했습니다. 내 글의 주요 내용은 둘이었습니다. 첫
째는 당시의 제국주의를 비판하는 것이었고, 둘째는 일본
이 머지않아 분명히 미국을 공격하리라는 것이었습니다.
그리고 몇 달이 지나지 않은 12월 7일 진주만 공습이 벌어

지면서 내 예상은 정확하게 들어맞았습니다.

― 정말로 놀라운 예측이로군요.

◇◇ 나는 일본이 군국주의를 포기하지 못하고 결국 태평양의
패권을 차지하기 위해 미국을 공습할 것이라고 확신했습
니다. 출판 초기에는 누구도 내 주장을 귀담아듣지 않았지
만, 진주만 공습이 터지고 나서야 『일본내막기』는 베스트
셀러가 되었지요. 이 책은 1941년에 처음으로 출간되었는
데, 당시는 미국인들을 독자로 염두하여 쓴 것이라 영어로
쓰였습니다. 한국에서는 1954년 박마리아가 번역했어요.

― 아. 그렇군요. 다시 상하이 임시정부 얘기로 돌아가겠습니
다. 올해로 임시정부 탄생 100주년을 맞아 그 시대를 재조
명하는 작업이 활발하게 이루어지고 있는데요. 그런데 자
료나 문헌들이 많이 남아 있지 않아 연구에 어려움이 있
다는 지적이 있습니다.

◇◇ 그래도 상하이 임시정부의 자료 중에는 그런대로 전해지
는 것이 많을 겁니다. 아마 국회도서관에 가면 그런 자료
들을 찾을 수 있겠지요. 또 1932년 말기 일제가 펴낸 『조
선민족운동연감』에도 임시정부 문서들의 목록이 적혀 있
습니다. 그런데도 자료가 부실한 이유는 당시와 그 이후의
불안정한 시대적 상황으로 유실된 탓이 크겠지요.

특히 1932년 윤봉길의 의거가 벌어진 직후, 일제가 임시
정부 청사에 들이닥친 적이 있었습니다. 이때 임시정부 요
원들은 부랴부랴 자리를 피하느라 미처 공식문서를 전부

챙기지 못했어요. 결국 여러 중요한 문서들이 일제에 강탈 당하게 되었지요. 또 6·25때도 비슷한 상황이 벌어졌습니 다. 다시 말해 임시정부의 자료들이 제대로 남아 있지 않은 것은, 일제가 강탈한 문서들과 6·25때 북한군이 가져간 것 으로 추정되는 문서들을 돌려받지 못했기 때문이지요.

일제와 6·25전쟁으로 임정 자료 분실

— 그렇다면 이승만 대통령님께서는 어떤 자료들을 주로 남 기셨나요?

◇◇ 임시정부 초기에는 외교활동에 힘을 쏟았기 때문에, 다른 기간에 비해 영문 자료들을 많이 남겼습니다. 대충 1919 년 4월부터 1920년 말까지의 시기가 되겠군요. 우선 임시 정부 대통령으로서 미국을 포함해 영국, 프랑스, 이탈리 아, 중국 등 조약 체결국의 지도자들과, 일본 천왕에게 보 낸 외교문서들이 있을 겁니다. 또 상하이 임시정부의 임시 의정원들에게 보낸 공문서들도 있겠지요. 서재필, 김규식, 정한경 등 미국에서 고등교육을 받고 구미위원부를 이끌 어갔던 인사들과 주고받은 서한들도 있고요.

그 외에도 이승만 전 대통령의 행적을 알 수 있는 사료들로는 「미국을 향한 호소」(1919년 4월 14일), 「3·1운동 때 일제의 만행에 대한 미국의 거중조정 요청」(1919년 6월 10일), 「1919년 4월 23일에 완벽한 자율정부가 수립된 사실 통고 및 신정부의 각료 소개」(1919년 6월 14일), 「독립운동 지속선언서」(1919년 8월 27일) 등이 남아 있다.

이 가운데 주목할 필요가 있는 것은 미국을 향한 호소문이다. 다음은 유영익 전 연세대 국제대학원 석좌교수가 쓴 「대한민국임시정부 수반 이승만의 초기 행적과 사상」에 게재된 내용에서 부분 발췌했다.

일본의 군국주의적 정책 밑에서 차마 형언할 수 없는 고난과 야만적인 불법대우를 당하고 있는 1천8백만 한국 민족의 대표로서 1919년 4월 14일부터 16일까지 필라델피아에 소집된 대한인회의에서는 이제 관후(寬厚)하고 위대한 미국에게 아래와 같이 호소합니다.

우리나라는 4천 년간 완전한 자치를 누려왔습니다. 우리에게 당당한 역사와 국어와 문화가 있습니다. 또 우리는 일찍이 세계열강과 조약을 맺었고 열강은 우리의 완전한 독립을 승인하였는데 그중에는 일본도 포함돼 있었습니다. 1904년에 러일전쟁을 개시할 때 일본은 한국과 동맹조약을 체결하면서 한국의 영토적 안전과 정치적 독립을 담보하고 서로 힘을 합쳐 러시아를 대적하기로 했습니다. 따라서 한국은 일본군에게 길을 빌려주며 여러 방면으로 많이 협조하였습니다. 전쟁이 종결되자 일본은 한국과 체결한 조약을 유명무실한 휴지장으로 돌리고 한국을 합병하여 마치 정복한 영토처럼 다루었으며 급기야 한국을 병탄하여 무단적 전제정치로 통치하였습니다. 일본이 자행한 이러한 악정의 원형은 벨지움 및 프랑스 북방에서 독일이 행한 악정에서 찾아볼 수 있습니다.

한인들은 지난 10여 년간 일본의 압박 밑에서 인내력을 가지고 곤란을 겪다가 지금은 그 곤란이 극도에 이른 까닭에 금년 3월 1일에 예수교도, 천도교, 유교도, 불교도 및 각 선교학교 학생 등을 포함한 3백만 명이 한인 교회 목회자들의 주도하에 대한독립을 선포하고 만주 접경에 임시 신정부를 조직하였습니다. 사사로이 접수한 전보와 통신에 의하면 3만2천여 명의 독립시위운동자들이 일본에게 체포되어 투옥됐고 또 10만 명의 남녀노소가 죽거나 부상을 당했습니다. (중략) 따라서 우리는 인도주의, 자유 및 민주주의 이름으로, 조미조약의 이름으로, 그리고 세계 평화의 이름으로 미합중국 정부가 거중조정의 호의를 베풀 것을 요청하는 바입니다. 원컨대 호의를 발하여 자유를 갈망하는 우리 동족의 생명을 건지며 또 미국 선교사들과 그 자녀들의 생명 및 재산이 위태로운 것을 보호하십시오. 미국 선교사들은 우리 민족을 사랑하며 그리스도에게 신실하였기 때문에 저와 같은 고난을 당하고 있습니다. 우리는 위대한 미국 국민이 도의적 내지 물질적 원조를 우리에게 베풀 것을 요청합니다. 그리하면 한국에 있는 우리 동포들은 귀 국민의 동정이 저들과 함께 있다는 것과 귀 국민은 참으로 자유와 국제정의의 선봉임을 알게 될 것입니다.

유 교수는 이 호소문의 의미에 대해 "이승만이 3·1운동 후 한국 독립운동의 지도자로서 부상하는 과정에서 처음 작성한 글로서 그의 친미 외교독립노선을 잘 요약하며 추후 대한민국 임시정부의 국무총리 내지 대통령으로서 작성한 다른 외교문서들의 원형을 이룬다는 점에서 역사가들의 주목을 요한다.”고 평가하고 있다. 또한 유 교수는 “이승만이 대한민국 임시정부 대통령 명의로 작성, 발송한 외교문서 가운데 연구자들의 특별한 관심을 끌 만한 것은 1919년 6월 18일에 작성된 일본 천황에게 보내는 통고문이다. 이 공문은 한국독립운동사를 다루는 학자들과 이승만 전기 저술가들에 의해 간간이 논급되었지만 그 내용이 어떠한 것인지는 알려진 바 없다.”라고 하면서 다음과 같이 소개했다.

천황폐하

본인은 우리들이 일본 국민과 한국 국민 간에 영구한 평화와 선의 및 협력관계를 수립할 진정한 의도가 있음을 폐하와 일본 국민에게 확언하고자 합니다.

본인은 한국 국민이 본인에게 부과한 의무에 따라 한국이 1919년 4월 23일을 기해 완전하게 조직된 자율국가가 되었음을 아무런 노여움, 증오심 혹은 공격적 의도 없이 공식적으로 폐하에게 통고하는 바입니다. 대한민국 건국과정에서 모든 형식적 절차가 엄격히 준수되었습니다. 1919년 3월 1일에 한국민의 동의와 의지에 따라 마련된 대의원 선출 요구와 독립 선언서가 한국의 300여개 장소에서 동시에 봉독되고 반포되었습니다.

이 선언서와 요구에 따라 대의원들이 13개도에서 국민들에 의해 선출됐습니다. 대의원들은 1919년 4월 23일에 서울에서 회동하여 그곳에서 그 날 한국을 통치할 대의 입법기구로서 대한민국 의정원을 창설했습니다. 대한민국 의정원은 그 날 회의에서 영광스럽게도 본인을 대통령으로 선출했으며 다른 행정 각료들도 선출했습니다. 기왕에 한국과 거중조정을 약속한 조약을 맺은 열강들에게는 위 사실이 정식으로 통보됐습니다. 의문의 여지없이 폐하도 다른 정보망을 통해 이미 이 사실을 잘 알고 계시리라 믿습니다.

한국은 이제 스스로 원하는 대로 자치(自治)하는 입장에 놓였습니다. 한국 국민은 정상적이고 질서정연한 절차에 따라 주권이 인민에게 부여된, 인민에 의한 대의제 정부 형태를 선택했습니다. 본인은 대한민국의 명의와 권위에 입각하여 일본이 한국에 모든 무장된 군대와 모든 일본인 관리 및 민간인 등을 철수시킬 것을 요구합니다. 이는 본인에게 부과된 의무이며 한국인의 바람입니다. 우리는 폐하가 대한민국을 분명히 독립된 주권국가로 정식으로 인정하고 아울러 이 취지에 위배되는 모든 조약 조항들은 무효임을 인정할 것을 요구합니다.

이제 한일 양국은 지난날의 이견과 분쟁들을 조절 내지 제거하고 영구한 평화와 선의가 지배하는 새로운 시대로 함께 진입합시다.

이승만은 위의 통고문을 비서 임병직을 통해 워싱턴 주재 일본대사관에 접수시키려고 시도했으나, 일본대사관 정문에서 1등 서기관 히로다 코오이치에 의해 거부당하고 만다. 유 교수는 이승만의 이후 행적에 대해, "통고문이 거부되자 이승만은 미 국무성을 상대로 일본의 부당하고 악랄한 신민지의 종식을 위해 거중조정을 요구하기로 결심하고 폴크 국무장관 서리 앞으로 공문을 보내게 됐다."고 설명한다.

임시정부의 군사활동

— 초창기 임시정부의 군사활동은 어떻게 진행되었나요?

◇◇ 초창기 임시정부의 군사활동은 주로 시베리아와 만주 일대의 독립군 단체에 의지했습니다. 왜냐하면 임시정부로서는 직접 독립전쟁을 수행할 처지가 되지 못했기 때문입니다. 당시 임시정부의 수립 목적은 제1차 세계대전을 마무리 짓는 국제회의에 대응하는 것이었고. 요원들의 관심사 역시 그 회의에 비중을 두고 있었으니까요. 따라서 임시정부는 무장독립군을 많이 거느린 단체들에게 그 역할을 맡기기로 했습니다. 임시정부는 출범 이후, 만주지역의 독립군들과 협의를 거쳐 그들을 아래 조직으로 받아들였습니다."

— 그러한 무장단체들로는 어떤 조직이 있었나요?

◇◇ 대표적으로는 한족회와 서로군정서, 북로군정서, 대한민국회와 대한군정서가 있지요. 또한 육군주만참의부는 임시정부의 직할단체로 활동했으며, 대한청년단연합회와 대한광복군총영 역시 임시정부와 밀접한 관계가 있었습니다.

— 많은 단체들이 임시정부의 독립활동을 돕기 위해 나서주었군요.

◇◇ 맞아요. 안창호가 1920년을 '독립전쟁의 원년'으로 선포했던 까닭도 여기에 있겠지요.

— 임시정부에서 자체적인 독립군을 조직할 계획은 없었
나요?

◇◇ 1920년에 들어서 임시정부 스스로도 독립군을 조직하거
나 군사력을 길러야 한다는 의견이 힘을 얻었습니다. 따라
서 직할부대를 편성하거나 만주와 연해주에서 활약하던
군사조직을 산하로 재편하는 정책들이 추진되었죠. 무관
학교 설립이나 비행대 편성 시도 역시 그런 노력의 일환
이에요.

— 당시 독립군 단체의 규모는 어느 정도였나요?

◇◇ 1920년 상하이 임시정부에서 만주에 파견된 최동오의 보
고에 따르면 독립군 단체는 모두 22개에 달하고 무장군인
이 2천 명이 넘는다고 했습니다. 당시 독립전쟁을 수행하
는 단체 중에서 대한광복군총영은 유일하게 임시정부의
직속기관이었지요. 대한광복군총영은 1920년 5월 7일 상
하이에서 안창호, 김희선, 이탁 등의 주도로 설립이 추진
되다가 6월 남만주에서 대한독립단과 대한청년단엽합회
의용대의 세력과 합쳐져서 결성됐습니다.

— 외국에서는 독립전쟁에 참전하려는 움직임이 없었나요?

◇◇ 물론 있었지요. 미국 캘리포니아주에서는 비행사 양성소
를 설치하여 비행대 편성을 시도했습니다. 그들의 목표는
비행기를 이용해 국내에 선전 전단을 뿌린다는 것이었어
요. 이를 실천에 옮긴 인물은 군무총장 노백린과 캘리포니
아주 북쪽 글렌카운티의 월로스에 있던 김종림이었습니

다. 김종림은 쌀농사로 벌어들인 거금을 독립운동에 쏟아부어서 '쌀의 왕'으로 불리기도 했지요. 이들은 1920년 2월 윌로스 농장 부지에 한인 비행사 양성소를 설치했습니다. 하지만 결국 재정적인 어려움에 부딪혀 동포들의 지원이 줄어들자 문을 닫고 말았습니다.

미국에서는 그 밖에는 딱히 특기할 만한 독립전쟁 기록이 보이지 않지만, 중국 관내 지역의 독립운동세력은 임시정부와는 뗄 수가 없는 관계였습니다. 주로 난징, 광저우, 텐진 등에서 독립운동조직들이 탄생했는데, 이들은 대한민국 임시정부와 긴밀한 연락망을 가지고 움직였습니다. 한편, 러시아 지역의 독립운동세력도 임시정부와 밀접한 관계를 유지했어요. 이동휘가 임시정부에서 국무총리로 부임하면서, 이들은 자연스레 임시정부와 세력을 통합했습니다. 하지만 이후 이동휘가 연해주로 돌아가면서 임시정부는 이들 단체에 대한 영향력을 거의 잃게 되었지요.

— 나라 밖의 독립운동조직들과 임시정부는 끝까지 순탄한 관계를 이어나갔나요?

◇◇ 임시정부 수립 초기에는 독립운동조직들과 활발한 관계를 유지했습니다. 그러다가 1920년이 지날 즈음부터 독립운동세력들을 이끌어가는 데 한계가 드러나기 시작했어요. 조직 안팎에 얽힌 문제들이 터지기 시작한 겁니다. 내부적으로는 임시정부 요원들의 노선 갈등을 비롯한 난관들에 부딪혔고, 외부적으로는 일제의 정책에 가로막혔습니

다. 일제는 임시정부의 생명줄을 차단하기 위해, 국내의 지원 연결망을 모조리 잘라버렸습니다. 이는 임시정부에 심각한 재정난을 초래했어요. 엎친 데 덮친 격으로 일본이 만주지역을 침공하면서 독립군 조직이 크게 위축되었습니다.

— 그렇다고 가만히 있을 수많은 없었겠지요.

◇◇ 그랬죠. 다들 암담한 상황을 타개하기 위해 많은 노력을 기울였습니다. 돌파구를 찾고자 벌인 수많은 시도 중에 다음과 같은 것들이 기억에 남네요. 1923년에는 국민대표회의를 열었고, 1926년에는 국무령제로 체제를 바꾸었습니다. 1927년에는 국무위원제를 채택했습니다. 그리고 1930년에는 한국독립당을 조직하고 한인애국단을 중심으로 의열투쟁을 벌여나갔지요. 그 뒤로 흩어졌던 독립군과 다시 연계하면서 활로가 보이기 시작했습니다. 남만주 군정부로부터 자신들을 인정하고 지휘해달라는 요청을 받기도 했지요. 이에 임시정부는 그들을 직할조직으로 받아들이고 조직명을 '대한민국 임시정부 육군주만참의부'로 바꾸었습니다. 1923년 1월 상하이에서 국민대표회의를 열어서 대한민국 임시정부와 국외 독립운동세력 간의 관계를 과시하기도 했지요.

대통령 탄핵의 과정

― 그런데 이 시기에 이승만 대통령님에 대한 탄핵이 이루어
지게 되지요.

◇◇ 그렇습니다. 그들은 1924년 6월에서 1925년 3월까지 오랜
시간에 걸쳐 나의 대통령직을 박탈했습니다. 탄핵을 주도
한 세력은 개조파였어요. 박은식 내각의 외무총장 겸 재무
총장 이규홍이 안창호에게 보낸 편지에서 이들은 '삼방연
합(三方聯合)'이라고 언급되는데, 나는 그들을 지역연합적
성격을 띤 정치세력으로 여기고 있습니다.

― 어떤 조직인지 좀 더 구체적으로 말씀해주실 수 있나요?

◇◇ 그들은 개조파, 창조파, 임시정부파로 구성되어 있습니다.
다시 말해 평안남북도인, 황해도인으로 구성된 '국민대표
파', 함경북도인으로 구성된 '공산당파', 경기 충청인으로
구성된 '임시정부파'로 나눌 수 있지요. 이들이 나를 탄핵
시키는 주요 과정을 주도했습니다.

― 그들이 이승만 대통령님을 탄핵시킨 이유는 무엇이었
나요?

◇◇ 개조파 그룹은 위원제를 중심으로 한 헌법개정을 목표로
추진하고 있었습니다. 나는 그들에게 반대파였지요. 만약
헌법개정안이 통과되더라도 나는 끝까지 위원제에 찬성
하지 않을 작정이었으니까요. 그래서 그들은 내가 개입할
여지를 봉쇄하기 위해 대통령 유고안을 통과시켰습니다.

그들이 자신들의 목표를 추진할 수 있었던 것은 임시 의정원을 장악했기 때문입니다. 1924년에 들어오면서 의정원의 판세가 달라졌거든요. 3월 28일, 부의장이었던 조상섭이 의정원 원장에, 여운형이 부위원장에 당선이 됐습니다. 그 뒤로 5월 8일에 여운형이 의장, 최창식이 부의장에 당선되었으며, 이들은 회기를 1925년 2월까지 연장했습니다.

— 대통령 유고안을 제출한 의원은 누구인가요?

◇◇ 내가 알기로는 조상섭, 김붕준, 최석순, 박진, 강경섭, 임득산, 박계천, 김문회 등 여덟 명입니다. 이들은 '이승만은 속히 임소로 귀환해야 하며 귀환일까지 국무총리가 직권을 대행해야 한다.'는 내용을 의정원에 제의하고 가결시켰습니다. 나는 유고안에 대해 재의결을 요구했지만 1924년 8월 17일자로 재의결을 받아들이지 않겠다는 결정이 떨어졌습니다.

이러한 과정을 거치며 1925년 3월 11일 '임시대통령 이승만 탄핵안'이 발의되었다. 당시 탄핵안을 제출한 요원은 임정부 의정원 의원인 곽헌, 최석순, 문일민, 강창제, 강경신, 나창헌, 김현구, 임득신, 채원개다. 또한 임시대통령 심판위원장에 나창헌, 심판위원에 곽헌, 채원개, 김현구, 최석순이 선임됐다. 이후 심판위원회의 심의를 거쳐 임시의정원에서 '임시대통령 이승만 심판서'를 의결한 뒤 '임시대통령 이승만을 면직한다.'고 공표했다. 이렇게 해서 이승만은 1919년 44세에 임시정부 대통령이 된 지 6년 만에 면직되었다.

다음은 〈독립신문〉 3월 23일자에 게재된 면직 사유의 일부다.

이승만은 외교에 언탁(言托)하고 직무지를 떠나 원양 일우에 격재하면서 난관수습과 대업진행에 하등 성의를 다하지 않았을 뿐만 아니라 허무한 사실을 제조 간포하여 정부의 위신을 손상하고 민심을 분산시켰음은 물론 정부의 행정을 저해하고 국고 수입을 빙의하며 의정원의 신성을 모독하고 정부의 행정과 재정을 방해하고 임시헌법에 의하여 의정원의 선거에 취임한 임시대통령으로서의 자기 지위에 불리한 의결이라 하여 의정원의 결의를 부인하고 한성조직 계통이라 운운함과 대한민국의 임시헌법을 근본적으로 부인하는 행위이다. (중략)

작년에 의정원 회의에서 이승만 대통령의 유고안이 통고된 후로 대통령의 행동은 더욱이 위법적 과실이 많은지라 이로 인해 의정원 내에서는 대통령에 대한 의론이 불일(不一)하던바 마침내 대통령 탄핵안이 상정되어 면직안이 결의로 통과됐다.

두 번의 탄핵

다음은 김삼웅의 『독부 이승만 평전』에 나오는 내용이다.

대한민국은 헌법전문에서 대한민국 임시정부의 법통을 계승한다고 명시하고 있다. '법통'이란 '법과 전통'을 의미할진대 임시정부 초대 대통령이 탄핵당한 것은 불행하고 부끄러운 일이었다. 그런데 더욱 부끄러운 것은 이로부터 35년 뒤인 1960년 4월 시민의 궐기로 정식 대통령직에서 다시 쫓겨난 사실이다. 임시정부에서 탄핵된 이승만은 하와이에서 머물면서 활동하고 두 번째 탄핵 후에도 역시 하와이에서 망명생활하게 됐다.

임시정부는 이승만을 탄핵하면서 다음과 같이 '이승만의 범과(犯過) 사실'을 적시했다.

1. 임시대통령 이승만이 그 직임에 피선된 후 선서를 이행하지 않았으며 정부 행정을 집정하지 않았고 직원들과 불목하여 정책을 세워보지 못했다.

2. 임시대통령 이승만이 대미 외교사업을 목적으로 설립한 구미위원부를 가지고 국무원과 충돌했고 아무 때나 자의로 법령을 발포하여 질서를 혼란하게 하였으니 정부의 처사가 자기의 의사에 맞지 않으면 동조자들을 선동하여 정부에 반항했다.

3. 임시대통령 이승만은 그 직임이 국내 13도 대표가 임명한 것이라 하여 신성불가침의 태도를 가지고 임시의정원 결의를 무시하며 대통령 직임을 황제로 생각하여 국부라 하며 평생직업을 만들려는 행동으로써 민주주의 정신을 말살했다.

4. 임시대통령 이승만이 미주에 앉아서 구미위원부로 하여금 재미동포의 인두세와 정부 후원금과 공채표 발매금을 전부 수합하여 자의로 처리하고 정부에 재정보고를 하지 않아서 재정범위가 어느 정도까지 달했는지 알지 못하게 했다.

5. 임시대통령이 민중단체의 지도자들과 충돌하여 정부를 고립상태로

만들고 재미 한인사회의 인심을 선동하여 파장을 계속하므로 독립운동에 막대한 지장을 주었다.

임시의정원은 탄핵의결서를 이승만에게 송부하면서 이의가 있으면 공소하라고 했으나 그는 끝내 대응을 거부했다. 그리고 워싱턴에서 1924년 10월 25일 하와이로 귀환한 뒤에는 임시정부를 신랄하게 비난했다.

이승만은 불신임과 탄핵을 당한 후 상하이 임시정부와의 관계를 단절했다. 또 안현정, 이종관, 민찬호 등과 함께 조직했던 동지회 세력을 공고히 하는 한편, 구미위원부 등의 조직을 완전히 개인 조직화 하고 한인사회의 여러 단체들을 자기중심으로 개편했다. 그 외에도 이승만은 하와이에 거주하면서 독자행등으로 일관해 교포사회의 분열을 심화시켰다. 그러자 임시정부 의정원은 1925년 4월 10일 이승만이 주도하고 있던 구미위원부의 폐지령을 공포했다.

이승만의 독재적인 기질은 윤치영이 초안을 작성했다는 동지회 규정이나 구미위원부 규약에 잘 나타나 있다.

"본회의 사명은 총재의 명령을 절대복종하며 상하이임정의 위신을 타락시키거나 불충불의한 국민이 있으면 본회가 일심하여 상당한 방법으로 조치한다." (동지회 규정)

"집정관총재 이승만은 직권으로 구미위원부를 조직, 구미 각지에서 실행한 정부행정을 대행하고 미주에서 출납되는 정부재정을 관리하여 집정관총재의 승낙을 얻어서 이행한다. 또 구미위원부 위원의 임기와 출척은 집정관총재가 자의 처단한다." (구미위원부 규약)

헌법개정을 앞두고 의견충돌

준비해둔 질문들이 끝나갈 무렵 노인이 벤치에서 일어났다. 나도 노인을 따라 자리에서 일어선 뒤 조심스럽게 말을 꺼냈다.

— 이승만 대통령님에 대해 오늘날의 세대는 독재자에서부터 민족의 영웅까지 엇갈린 평가를 내리고 있습니다. 이를 어떻게 생각하십니까?

◇◇ 물론 후대의 평가는 일관되지 않을 수 있습니다. 사람마다 각자 견해가 다를 테니까요. 내가 상하이 임시정부에 있던 시절에도 그랬습니다. 나와 전혀 다른 가치관을 가진 사람들이 많았고, 그래서 내가 어떤 일을 하려고 하던 반대 세력에 부딪혔지요. 내가 추진하려던 정책들이 가로막히고 좌절된 적도 많았지만, 그래도 나는 임시정부 시절 미국과 유럽을 오가며 대한민국의 독립을 위해 분주히 움직였습니다.

— 탄핵된 이후 사실상 임시정부와 관계가 끊긴 셈입니다. 그렇다면 독립운동 활동을 하는 데도 제약이 생길 텐데 관계를 회복하려는 노력은 없었나요?

미국 측에 무기대여 요청

◇◇ 스위스 제네바에서 국제연맹 회의가 열리자, 그들은 공식적인 외교를 위해 다시 나를 필요로 하게 되었어요. 그래서 나는 1932년 국제연맹에 탄원할 전권대사로 임명되고, 1933년에는 임시의정원에서 국무의원 아홉 명 중 한 명으로 선출되었습니다. 당시 김구와 개인적인 친밀관계도 어느 정도는 영향을 주었겠지만, 아마 그들도 나 외에는 보낼 사람이 없다는 것을 인정했던 것이겠지요. 여하튼 제네바행이 끝난 후 1933년 12월 30일 나는 다시 국무위원직에서 물러났습니다.

1934년 초에는 임시정부의 주미외무행서 위원으로 선임되었습니다. 외무행서는 외교를 담당하는 외무부 산하기관인데, 나를 미주 책임자로 임명한 것이지요. 이후 1939년에는 미국 본토로 건너가 대한국민위원부라는 기관에서 활동했습니다.

— 그러니까 외교활동의 역할을 맡기 위해 임시정부와 다시 관계를 맺었다는 말이군요.

◇◇ 임시정부와 관계를 회복한 것은 1941년 4월 즈음으로, 당시 재미한족연합위원회에서 나를 주미외교위원부 위원장으로 임시정부에 추천한 것이 그 계기입니다. 재미한족연합위원회는 하와이와 미주 9개 단체가 참가한 해외한족대회의 결과로 결성됐습니다.

이때부터 본격적인 대미외교에 나섰지요. 임시정부의 신임장을 직접 백악관과 국무부 등에 보내서 임시정부를 승인해달라고 청원했어요. 또 독립운동을 위한 무기를 대여해달라는 요청도 했습니다. 그런 요청을 보낸 것이 1942년부터 1945년까지 무려 30여 차례 정도 되는군요. 한편으로는 한미협회, 기독교친한회 등 외곽 단체를 조직해 국무부에 압력을 행사했습니다. 또 미국 정보기관을 상대로 한인 게릴라부대의 창설과 대일 무장투쟁의 전면화를 지속적으로 주장했습니다.

— 성과는 있었나요?

◇◇ 국무부를 상대로 했던 임시정부 승인 요청은 그리 성공적이지 못했어요. 반면 정보기관을 상대로 한 시도는 적지 않은 성공을 거두었습니다.

연세대 출판부에서 펴낸 『이승만과 대한민국 임시정부』라는 책에서 정병준 이화여대사학과 교수는 다음과 같이 정리하고 있다.

이승만은 임정 외교부 산하 주미외교위원부 위원장에 선임됨으로써 임시정부와의 공식적인 연계를 재개할 수 있었다. 나아가 김구 등 임정 핵심과의 긴밀한 연대를 맺음으로써 해방 후 스스로를 임정계 인물로 부각시킬 단초를 마련하였다. 엄밀하게 보면 이승만은 임정 외교부 산하의 부서장에 불과했지만 다른 임정 인사들보다 한 달 빨리 귀국함으로써 국내 정계에서는 임정의 최고 지도자로 부각될 수 있었다. 급변하는 해방정국에서 한 달이라는 시간은 이승만에게 충분한 정치적 공간 확보를 가능케 했다. 이승만은 해외에서 최초로 귀국한 독립운동가였고 우파는 물론 좌파 역시 지지하고 있던 임시정부의 전직 대통령이었으며 같은 맥락에서 남한 주둔 미군정의 영접을 받은 유일한 인물이었다. 주미 외교위원부는 단순히 임정과의 관계를 회복시킨 차원에 그친 것이 아니라 이승만이 해방 직후 임정의 명의를 활용할 수 있는 근거를 제공한 것이다.

인터뷰를 마친 이승만은 한복 바지를 툭툭 털어낸 뒤 자리에서 일어섰다. 노인은 청와대 쪽을 바라보면서 나직이 중얼거렸다.

◇◇ 여러 대통령이 저곳을 거쳐갔지요. 참 어렵고 힘든 곳입니다. 뭉치면 살고 흩어지는 죽는다는 말이 생각납니다.

'뭉치면 살고 흩어지면 죽는다.'는 이승만이 대통령 시절 자주 인용한 구절 중 하나다. 특히 그는 6·25전쟁 중 1950년 10월 27일 평양 탈환 때 그 말을 자주 입에 담았다고 한다.

노인은 멀리 북악산을 건너 낙산이 있는 쪽을 바라보았다. 까마귀 두 쌍이 까악, 까악, 울어대는 소리가 들려왔다. 나도 노인을 따라 하늘을 바라보다가 문득 옆자리를 돌아보았다. 이승만 대통령의 모습은 온데간데없었다.

다음과 같은 자료를 참고 인용했다.

- 로버트 올리버, 황정일 옮김, 『신화에 가린 인물 이승만』(건국대학교출판부, 2002)
- 이주영, 『이승만과 그의 시대』(기파랑, 2011)
- 정병준, 『우남 이승만 연구』, (역사비평사, 2005)
- 이승만, 『독립정신』(동서문화사, 2010)
- 유영익 외, 『이승만과 대한민국임시정부』(연세대학교출판부, 2009)
- 김자동, 『영원한 임시정부 소년: 김자동 회고록』(푸른역사, 2018)
- 인보길, 『이승만 다시 보기』(기파랑, 2011)
- 김삼웅, 『독부 이승만 평전』(책보세, 2012)
- 김희곤, 『임시정부 시기의 대한민국』(지식산업사, 2015)

이승만 주요 연보

- 1875년 3월   황해도 평산에서 태어났다. 아버지는 양녕대군 15대손 이경선이다. 딸과 두 아들이 있었으나 천연두로 어릴 적에 죽는 바람에 나중에 독자로 태어났다. 두 살 때 서울로 이사하여 남산 아래 도동에서 자랐고 일찍 서당에서 동양 학문에 통달했다.

- 1895년 4월   배재학당에 입학해 서양 학문을 배우고 배재학당에서 미국식 토론모임인 '협성회'를 결성했다.

- 1898년 1월   한글판 주간신문 〈협성회보〉를 발간하고 주필이 됐다. 그해 4월 〈협성회보〉를 한국 최초 일간지 〈매일신문〉으로 발전시키고 주필 및 사장이 됐다.

- 1899년 1월   박영효 일파의 고종 폐위 음모에 가담했다는 이유로 체포되어 종신형을 언도받고 한성감옥에 갇혔다.

- 1904년 2월   감옥에서 『독립정신』을 집필했다. 8월 민영환의 도움으로 특별사면됐다. 11월 독립 보전에 대한 미국 지원을 호소하기 위해 고종의 밀사 자격으로 미국으로 출국했다.

- 1905년 2월   조지워싱턴대학 2학년 장학생으로 입학했다.

- 1907년 6월   조지워싱턴대학을 졸업하고 하버드대에 석사과정 후 프린스턴대 박사과정에 입학했다. 3년 뒤 박사학위를 취득했다.

- 1912년 3월   일본총독부가 기독교 지도자들을 체포한 '105인 사건'

후 체포될 위험이 높아지자 미국으로 망명했다. 이때 워싱턴 등지를 다니면서 한국의 독립을 호소했다. 1913년 2월 하와이 도착 후 감리교회 소속 '한인기숙학교' 교장 직을 맡아 '105인 사건'을 폭로했다.

- 1919년 3월 　러시아 지역 한인 임시정부에서 국무경으로 추대됐고 4월 11일 상하이 임시의정원에서 국무총리로 추대됐다.

- 1920년 11월 　상하이 임시정부 임시대통령에 부임하기 위해 하와이에서 비서 임병직과 함께 상하이에 도착했다.

- 1921년 5월 　상하이를 떠나 하와이에 도착해 민찬호 등과 '대한인동지회'를 조직했다.

- 1925년 3월 　상하이 임시정부에 의해 오랫동안 자리를 비웠다는 이유로 임시대통령에서 면직됐다.

- 1932년 12월~1933년
　1월 국제연맹 본부가 있는 제네바에 도착해 한국의 독립을 요구하는 공한(公翰)을 국제연맹 각국 대표들과 기자들에게 배포했다. 2월 21일 제네바호텔 식당에서 프란체스카 도너를 만났으며 이듬해 10월 뉴욕에서 결혼했다.

- 1935년 1월 　하와이로 돌아와 부인과 함께 독립운동을 했다.

- 1942년 1월 　임시정부 승인과 무기 획득을 목표로 미국인 중심으로 한미협회 등을 창설했다. 1945년 10월 33년 만에 김포공항에 도착해 귀국담화를 발표했다.

- 1948년 7월 　국회에서 대통령으로 선출됐다.

- 1960년 4월   대통령직을 사임하고 이화장에 머물렀다가 5월 3개월
             계획으로 정양 차 하와이로 출국했다
- 1965년 7월   90세 나이로 하와이 마우나라니 요양원에서 서거했다.
             정종 제일교회에서 영결예배를 마친 뒤 서울 동작동 국
             립현충원에 안장됐다.

INTERVIEW 2

김원봉과의
인터뷰

현상금 300억 원의 사나이

'그들의 생활은 밝음과 어둠이 기묘하게 혼합된 것이다. 그들은 언제나 죽음을 눈앞에 두고 있었다. 그러므로 살아 있는 동안이라도 마음껏 즐기려 했던 것이다. 그들은 놀라울 정도로 멋진 친구들이었다. 사진 찍기를 아주 좋아했으며, 언제나 이번이 죽기 전에 마지막으로 찍는 것이라 생각했다.'

위의 구절은 미국의 작가인 님 웨일즈(Nym Wales, 1907~1997)가 『아리랑』이라는 책에서 의열단의 모습을 묘사한 것이다. 닐 웨일즈는 필명이고, 본명은 헬렌 포스터 스노(Helen Foster Snow)다. 그는 남편인 미국의 저널리스트 에드거 스노와 함께 1930년대 격동기의 중국 혁명가들을 취재하여 저서로 남겼으며, 그중에서 특히 옌안에서 조선인 독립운동가 김산을 취재하여 남긴 『아리랑』이 주목할 만하다. 그는 격변하는 아시아에서 한 시기를 보내면서 중국과 한국에 관하여 많은 글을 집필하였고, 그러한 과정 중에 의열단에 대해 알게 됐다.

약산 김원봉은 밀양 출신 독립운동가로 의열단을 조직했으며, 백범 김구와 함께 중국 땅에서 독립운동계의 양대 거장으로서 투신했다. 김원봉은 중국어, 독일어에 능통하고 위장에 능해 일본 경찰들을 농락하고는 했다. 그러한 과정에서 그는 수없이 사선을 넘나들며 투쟁에 임했다. 그럼에도 그동안 독립운동가의 행적에 대해 다룰 때 김원봉은 유독 대중의 관심 밖으로 밀려나 저평가된 경향이 있다. 아마 광복 이후 월북했다가 김일성에 의해 숙청당한 그의 정치적 행보 탓일 것이다.

하지만 다행스럽게도 최근 들어 대중매체에서 김원봉에 대한 재조명이 늘고 있는 추세다. 2015년 7월 개봉해 1000만 관객을 넘긴 영화 〈암살〉에서 김원봉(조승우 분)은 비록 비중은 적었지만 비장한 장면들로 관객들의 이목을 집중시켰다. 김원봉은 이후 2016년 영화 〈밀정〉을 통해 다시 스크린에 등장했다(이병헌 분). 이 영화는 실제 역사적 사건인 '황옥경부폭탄사건'을 중심으로 진행되는데, 당시 의열단의 계획은 상하이에서 경성으로 폭탄을 밀반입하여 일제의 주요 시설을 파괴하는 것이었다. 위의 두 영화만으로도 대중들에게서 한동안 완전히 잊혔던 김원봉에 대한 재평가가 상당히 이루어지고 있음을 알 수 있다. 이뿐만이 아니다. 대한민국 임시정부 수립 100주년을 맞아 김원봉을 다룬 드라마 역시 속속 제작되고 있다. MBC에서는 첩보극 〈이몽〉을, KBS에서는 대하드라마 〈임정〉을 기획해 2019년 내로 방영할 예정이다.

이와 같은 대중매체에서 김원봉은 신출귀몰하게 작전을 수행

의열단

하는 레지스탕스로 묘사된다. 실제로 김원봉은 변신에 능숙했으며, 정체를 감추기 위해 열두 개가 넘는 이름들을 번갈아 사용했다. 그중 알려진 이름들은 다음과 같다. 김국빈(金國斌)·김세량(金世樑)·김약산(金若山)·김약삼(金若三)·암일(岩一)·왕석(王石)·왕세덕(王世德)·운봉(雲峰)·이충(李沖)·진충(陣沖)·진국빈(陳國斌)·최림(崔林).

김원봉이 의열단을 창시한 것은 1919년 11월 9일로, 이때 그의 나이는 스물두 살이었다. 당시 열세 명의 동료들이 그와 뜻을 함께하였다. 이후 김원봉은 치열한 무장투쟁을 통해 조국독립에 투신했다. 당시 그에게 부과된 현상금을 지금의 가치로 환산하면 320억이 넘는다고 하니, 일제가 그를 잡기 위해 얼마나 이를 갈았는지 잘 알 수 있다. 지금은 북한의 어딘지도 모를 땅에 묻혀 있을 약산 김원봉. 그를 고향인 밀양에서 만났다.

그는 시원시원한 인상을 지닌 청년 시절의 모습으로 내 앞에 서 있었다. 즐겨 입던 검은 양복 차림으로 주머니에 손을 넣은 채였다. 김원봉은 절벽 너머를 내다보고 있었는데, 그 눈에는 이글거리는 것 같기도 하고 냉정한 것 같기도 한 묘한 기운이 서려 있었다. 그를 마주하자 중국 벌판을 돌아다니며 일제의 간담을 서늘케 했던 모습이 연상됐다. 갑자기 노래 한 곡조가 뇌리를 스쳤다.

> 광막한 광야에 달리는 인생아
> 너의 가는 곳 그 어디이냐.
> 쓸쓸한 세상 험악한 고해에
> 너는 무엇을 찾으려 하느냐.
>
> 눈물로 된 이 세상에 나 죽으면 고만일까
> 행복 찾는 인생들아 너 찾는 것 허무
> 웃는 저 꽃과 우는 저 새들이
> 그 운명이 모두 다 같구나.
> 삶에 열중한 가련한 인생아
> 너는 칼 위에 춤추는 자도다.
> 허영에 빠져 날 뛰는 인생아

너 속였음을 너 아느냐

세상에 것은 너에게 허무니

너 죽은 후는 모두 다 없도다.

위 노래는 〈사(死)의 찬미〉로, 일제강점기 시절에 조선 최초의 여성 성악가인 윤심덕이 가사를 붙여 부른 곡이다. 원곡은 루마니아 작곡가 이바노비치(Iosif Ivanovici)의 왈츠곡 〈도나우 강의 잔물결〉인데 윤심덕의 편곡으로 분위기가 더욱 스산해졌다. 1926년 윤심덕은 배에서 뛰어내려 고작 서른 살의 나이로 생을 마감한다. 내가 문득 이 노래를 떠올린 이유는, 광막한 낯선 광야에서 외롭게 독립운동을 했을 의열단 단원들의 삶과 잘 어울린다고 생각했기 때문이었다.

— 오랜만에 밀양에 오셨습니다. 감회가 남다르실 텐데요.

◇◇ 북한으로 건너가 묻혀 지냈으니 그럴 만도 하지요. 처음에는 이곳이 내 고향이라는 것조차 알아보지 못했습니다. 지하철도 생기고, 병원과 법원, 검찰청 등 여러 행정기관도 들어섰군요. 무엇보다 거리에 사람들이 많아졌습니다. 내가 여기 살 때에는 거리가 한산했습니다. 대신에 나라 잃은 현실을 개탄하는 사람들이 분을 삭이며 몰래 술잔을 기울이고는 했지요.

— 지역적으로 독립의 혈기가 왕성했다고 볼 수 있겠네요.

◇◇ 그럴 겁니다. 선생님들도 학생들에게 독립 정신을 앞장서

서 깨우치려고 했고, 나라를 빼앗긴 억울함에 자결하는 사람들도 있었습니다. 또한 밀양은 3·1운동 때 적극적으로 만세운동에 동참한 지역들 중 하나지요.

— 그러한 영향으로 독립운동가들이 많이 탄생했다고 볼 수 있겠군요.

역사적으로 따졌을 때 밀양은 평화로운 시기에는 별다른 존재감을 드러내지 않았지만, 나라가 위기에 처하면 분연히 일어나는 고장이기도 했다. 임진왜란 때 밀양부사 박진이 군민을 이끌고 치열하게 항전했던 장소가 바로 이곳이며, 승려 군대를 이끌고 일본을 상대로 연거푸 대승을 거두었던 사명대사 역시 밀양 출신이었다. 그 증표는 오늘날까지도 표충사와 표충비각으로 남아 있다.

인터뷰를 하는 장소는 영남루였다. 영남루는 우리나라 최고의 누각 중 하나로 1963년 대한민국의 보물 147호로 지정되었다. 영남루의 역사는 신라시대로까지 거슬러 올라가는데, 법흥왕 때 지어졌다가 이후 고려시대 때 허물고 다시 지었고, 이후 화재로 소실되었다가 조선 후기인 1844년에 재건했다고 한다. 영남루가 세워진 절벽에서 내려다보니 밀양강이 주위를 타고 흐르고 있었다.

— 저기 보이는 밀양강은 어디로 흘러가는 걸까요?

◇◇ 울주군 고현산에서 발원하여 삼랑진에서 낙동강 본류와 합류하지요.

— 강을 보니 '역사의 강물'이라는 비유가 생각나네요.

◇◇ 삼국지 첫대목에도 나오지요. '장강은 뒷물이 앞물을 밀치면서 유유히 흐른다.'라고.

김원봉은 시선을 먼 산으로 옮겼다. 그 모습이 마치 지나온 과거를 회고하는 것 같았다. 수없이 지나쳤던 생사의 갈림길. 중국 벌판을 누비며 독립운동의 뜻을 함께했던 동지들……. 그의 표정이 점차 가라앉는 것만 같아 나는 얼른 질문을 던졌다.

의열단이란 무엇인가

— 의열단(義烈團)이라는 조직명에는 어떤 뜻이 담겨 있나요?
◇◇ 글자 그대로 '의로움(義)을 맹렬(烈)하게 실행하는 단체'라는 뜻입니다.
— 사실 오늘날 의열단의 활동은 일반 대중들에게는 잘 알려져 있지 않습니다. 의열단이 행했던 수많은 의거 중에서 사람들의 기억에 남아 있는 사건은 손에 꼽을 정도지요. 이러한 현실에 착잡하지는 않으신가요?

의열단의 활동이 일반 대중들에게 제대로 알려지지 않은 데에는 광복 이후 김원봉이 북으로 건너가 행동했기 때문일 것이다. 하지만 김원봉은 해방 이후 고국으로 귀국했을 때부터 제대로 된 대접을 받지 못했고, 좌파 인사로 몰려 미군정 치하에서 여러 수난을 겪어야만 했다. 1947년에는 파업의 배후로 지목되어 친일 경찰에게 체포되기도 했으며, 증거 불충분으로 석방된 이후에도 계속된 수난과 모욕을 겪었다. 더구나 자택 습격 등 여러 번 테러의 표적이 되기도 했다. 결국 신변의 위기와 굴욕감을 견디다 못한 김원봉은 1948년 월북한다.

◇◇ 나는 그렇다 치더라도, 같이 작전을 수행하다가 희생된 동료들 역시도 잊힌 것은 많이 아쉽군요. 무엇인가를 기대했던 적은 없습니다. 그래도 다들 조국이 해방된다면 누군가는 자신을 기억해줬으면 하는 바람 정도는 품고 있었을 텐데…….

김구나 이승만, 안창호와 같은 독립투사들과 달리, 김원봉은 여전히 대한민국 정부로부터 독립유공자 서훈을 받지 못한 상태다. 또한 생애를 다룬 단행본 역시 그 활약상에 비해 지극히 적다. 그의 잘 알려지지 않은 삶을 가장 충실하게 다룬 자료 중 하나는 현재로서는 2013년 전(前)독립기념관장 김삼웅이 펴낸 『약산 김원봉 평전』이라고 볼 수 있을 것이다. 다음은 『약산 김원봉 평전』에서 발췌한 의열단에 대한 설명이다.

우리 독립운동사에서 의열(義烈)투쟁은 수많은 독립운동 방법 중에서 가장 돋보이는 투쟁노선이었다. 가장 적은 희생으로 가장 많은 효과를 올린 것이 바로 의열투쟁이다. 또 수단과 방법, 시간과 장소, 인물과 기관을 가리지 않고 활용할 수 있는 방법이기도 하다.

외침과 내우가 유난히 심한 우리나라는 오래전부터 '의열'의 전통이 이어져왔다. '의열'이란 흔히 의사(義士)와 열사(烈士)를 가리키거나 그들의 특징적인 행동을 의미하는 용어로 쓰인다. 국난기에 관군이 일패도지(一敗塗地: 싸움 한 번에 패하여 땅에 떨어짐)하거나 적군에 투항할 때 백성들이 궐기하여 침략자들을 물리치거나 전세를 바꾼 경우가 적지 않다. 물론 여기에는 장렬한 자기희생이 따랐다.

의열투쟁은 정규전이 불가능한 상황에서 전개되는 경우가 대부분이다. 한국사의 의열투쟁이 최근 세계 각처에서 나타나고 있는 테러와 다른 점은 국권회복과 민주화를 요구하는 정의의 실현 방법으로 자신을 희생한 데 있다. 즉, 지극히 도덕적인 수단이었다는 점이다.

— 의열단의 행동지침은 무엇이었나요?

◇◇ 우리는 조직을 운영하기 위해 공약 10조를 만들었습니다. 그중 첫 번째 공약은 정의를 실천하자는 것이었고, 두 번째 는 조선의 독립을 위해 몸을 사리지 말자는 것이었습니다.

— 정의를 실천하는 행동이라면 정확히 어떤 행동을 말씀하 시는 것이죠?

◇◇ 당연히 무장투쟁입니다. 자유는 피로만 쟁취할 수 있을 뿐, 남의 힘으로 얻어지는 것이 아니니까요. 이승만 같은 이들은 외교론을 주장했지만, 그것도 결국 미국의 손에 기 대는 것에 불과합니다. 하지만 우리 힘으로 독립을 얻어내

야 나중에 다른 나라들 앞에서도 자존심을 지킬 수 있는 것이겠죠.

— 같은 독립운동가들 중에는 먼저 자립할 힘을 키우자며 실력양성론을 주장하는 이들도 있었는데요.

◇◇ 당장 외세에 의해 짓밟히고 있는데 자립할 실력을 언제 키울 수 있겠습니까? 조국이 강탈당한 뒤 부조리한 일들이 주위에서 지나치게 많이 벌어졌고, 우리는 무력투쟁을 해서라도 조국의 주권을 되찾는 것이 급선무라고 여겼습니다.

— 그렇군요. 주로 어느 시기에 어떤 활동을 하셨나요?

◇◇ 우리는 주로 1920년대에 활동을 펼쳤습니다. 당시 우리는 테러활동으로써 일제 식민지배에 저항하는 뜻을 보이려고 했지요.

그중 뚜렷하게 기록이 남은 행적은 다음과 같다.

1920년 9월 14일, 박재혁이 부산 경찰서장을 폭탄으로 암살.

1920년 12월 27일, 최수봉이 밀양경찰서를 폭파.

1921년 9월 12일, 김익상이 조선총독부에 폭탄을 투척.

1922년 3월 28일, 김익상, 이종암, 오성륜이 일본 육군대장 다나카 기이치를 저격.

1923년 1월 12일, 김상옥이 종로경찰서에 폭탄을 투척.

1924년 1월 5일, 김지섭이 도쿄의 궁성 정문 앞에 폭탄을 투척하였으나 불발.

1925년 3월 30일, 일제 첩자 김달하를 처단.

1926년 12월 28일, 나석주가 동양척식주식회사와 조선식산은행 습격.

이러한 의열단의 투쟁은 민족운동의 발전에 뚜렷한 족적을 남겼다. 따라서 당시 일제 입장에서 김원봉과 의열단은 제일가는 골칫거리였다.

— 당시 명성이 자자하다 보니 의열단을 사칭하는 사건도 많았다면서요?

역사학자 염인호가 집필한 『김원봉과 무정』에는 다음과 같은 일화들이 나온다. 강도들이 재물을 빼앗으며 '나는 의열단원인데 군자금으로 가져가니 그리 알아라.'라는 명분을 댔다거나, 충청도의 한 지방에서 경찰에게 체포된 좀도둑이 '나는 의열단이다.'라고 외치자 주변 순경들이 도망을 쳤다는 것이다. 역설적으로 이는 당시 의열단의 활동이 일반 백성들에게도 상당히 유명했음을 시사한다.

◇◇ 어딜 가나 소인배는 있는 법입니다. 우리는 정작 독립활동을 하느라 바빠서 누가 우릴 사칭하건 신경 쓸 겨를이 없었어요.

의열단의 조직

— 의열단의 조직 과정은 어떠했습니까?

◇◇ 우리가 뜻을 함께하기로 한 것은 1919년 11월 9일 밤이었습니다. 그날도 우리는 지린(吉林)에 위치한 화성여관에 모였지요. 그곳은 중국인 반(潘) 씨로부터 세낸 곳이었는데, 평소에도 우리는 그곳에 모여 조국독립의 결의를 다지고는 했습니다. 그날 그곳에 있던 사람은 열세 명이었습니다. 윤세주, 이종암, 이성우, 곽경, 강세우, 한봉근, 한봉인, 황상규, 김상윤, 신철휴, 배동선, 서상락. 다들 나라를 위해 죽기로 결심하고 있었지요. 우리는 전부 10대 후반에서 20대 중반의 청년들이었습니다. 나 역시 스물두 살이었고요. 그날 우리는 밤새 토론을 벌였어요. 우선 지침으로 삼아야 할 공약 10조를 세우기로 했습니다. 그리고 선거를 통해 의백((義伯), 그러니까 단장을 뽑기로 했어요. 그렇게 해서 내가 단장으로 뽑혔습니다.

다음은 공약 10조의 내용이다.

1. 천하의 정의의 사(事)를 맹렬히 실행하기로 함.
   (천하의 정의로운 일들을 맹렬히 실행하기로 한다.)
2. 조선의 독립과 세계의 평등을 위하여 신명(身命)을 희생하기로 함.
   (조선의 독립과 세계의 평등을 위해 목숨을 다하도록 한다.)

3. 충의의 기백과 희생의 정신이 확고한 자라야 단원이 됨.

  (의로운 기백과 확고한 희생정신을 지닌 사람만을 단원으로 받아들인다.)

4. 단의(團義)에 선(先)히 하고 단원의 의(義)에 급히 함.

  (단의 뜻을 우선시하고 신속히 실행한다.)

5. 의백 일인을 선출하여 단체를 대표함.

  (한 명을 의백으로 선출하여 단체를 대표한다.)

6. 하시하지에서나 매월 일차식 사정을 보고함.

  (언제 어디서나 매월 한 번씩 사정을 보고한다.)

7. 하시하지에서나 초회(招會)에 필응(必應)함.

  (언제 어디서나 모집에 응한다.)

8. 피사(被死)치 아니하여 단의에 진(盡)함.

  (죽지 않고 살아서 단의 뜻을 이루도록 한다.)

9. 일(一)이 구(九)를 위하여 구가 일을 위하여 헌신함.

  (한 명은 모두를 위하여, 모두는 한 명을 위하여 헌신한다.)

10. 단의에 반배(返背)한 자를 척살함.

  (단의 뜻을 배반한 자는 처단한다.)

— 비장한 결의가 드러나는 행동강령이로군요. 그렇다면 테
  러활동의 표적은 주로 누구였지요?

◇◇ 우리는 불필요한 피는 흘리지 않기로 결의했어요. 그래서
  처단 대상을 명확히 하기 위해 '칠가살(七可殺)'을 규정지
  었습니다.

— '죽어 마땅한 일곱 가지 대상'이라는 뜻이군요. 그들은 누

구지요?

◇◇ 조선총독과 일제 고관들, 일본군 간부들, 대만총독, 매국노, 친일파 수장, 일본 스파이, 악덕 대지주들입니다.

— 한 가지 의문이 있습니다. 조선도 아닌 대만의 총독은 왜 포함되지요?

◇◇ 대만 역시 우리나라와 마찬가지로 일본의 식민통치하에 있었기 때문입니다. 같은 처지에 놓인 약소민족으로서 그들의 독립을 지원하는 것이 정의라고 생각했지요.

— 그렇군요. 그 외에 '오파괴(伍破壞)'도 정해져 있다고 들었는데요.

◇◇ 조선총독부, 동양척식회사, 매일신보사, 경찰서, 일본의 기타 주요 기관들을 뜻합니다. 우리가 파괴공작에 나서야 할 대상이지요.

— 테러활동의 표적이 정말로 철저하게 구분되어 있었네요.

◇◇ 우리가 처단해야 할 대상은 조선총독부 고관이나 친일파들이지, 그 밖의 무고한 사람들이 아니었어요. 상대가 일본인이라고 해도 민간인을 죽이는 짓은 하지 않았습니다.

의열단은 창단 직후에는 공약 10조 외에는 성문화된 강령을 지니지 않았다. 그들은 1923년 단재 신채호가 「조선혁명선언」(의열단선언)을 쓰기 전까지 오직 4대 목표만을 이상으로 삼았다. 이는 '일제와 친일파를 몰아내고' '조국을 광복하여' '계급을 타파하며' '토지소유를 평등하게 한다.'는 것이었다. 이러한 점을 미뤄볼

때, 의열단은 단순한 독립만이 아니라 사회개혁을 지향했음을 알 수 있다. 이는 대한광복회의 진보적 노선을 한층 더 발전시켰다고 평가할 점이다.

다음은 님 웨일즈가 자신의 저서에서 의열단에 대해 서술한 구절이다.

의열단 단원들은 일종의 결사대 대원들이었다. 적진에 들어가 적을 죽이거나 기관을 파괴하고 장렬하게 전사하는 것이 맡은 소임이었다. 천우신조로 살아날 수 있으면 다행이지만, 그렇지 못한 경우가 대부분이었다. 그래서 활동이나 행동거지 하나하나가 무척 조심스럽고, 어느 측면에서는 청교도적인 순결한 모습을 보여주었다.

소설가 박태원과의 만남

— 그럼 이제부터 김원봉 선생님의 개인적인 이야기들을 듣고 싶은데요, 우선 출생과 유년 시절에 대해 질문을 드리겠습니다.

◇◇ 소설가 박태원 씨를 압니까?

— 네.「소설가 구보씨의 일일」을 쓴 작가지요.

◇◇ 그이가 나를 찾아와 의열단 활동에 대해 들려달라고 하더니, 1947년 5월 『약산과 의열단』이라는 제목으로 책을 출간했습니다. 그 책을 보면 개인사에 대한 것들도 상세히

기록하고 있어요.

— 맞아요. 그리고 2005년에는 소설가 이원규 씨가 전기소설
『약산 김원봉』을 출판했고, 2016년에는 한상도 씨가 『대
륙에 남긴 꿈』을, 2013년에는 김삼웅 씨가 30년간 모아온
자료를 정리해 『약산 김원봉 평전』을 내기도 했지요.

김원봉이 무뚝뚝하게 말했다.

◇◇ 그렇게 나에 대해 이미 자료가 나와 있으면 그걸 보면 되
지 않습니까? 굳이 나한테 다시 물을 필요가 있습니까?

김원봉은 의열단의 활동이라면 몰라도 자신의 개인사에 대해
말하는 것은 그다지 내켜하지 않는 듯했다. 나는 슬쩍 눈치를 보
며 다시 말을 건넸다.

— 그래도 김구 선생님이나 이승만 박사에 비해서는 생애가
잘 알려져 있지 않아서, 이번 기회를 통해 다시 조명해보
는 것도 좋을 것 같습니다.

김원봉은 흠흠 헛기침을 했다. 나는 다시 질문을 던졌다.

— 혹시 소설가 박태원 씨와는 안면이 있었나요?
◇◇ 당시 최고의 작가 중 하나였던 것으로 알고 있습니다. 그

때 박태원 씨는 의열단에 대한 책을 쓰려고 했어요. 그래서 의열단 단원들끼리 주고받았던 편지나 신문기사, 재판 기록, 일본 경찰이 남긴 기록 등을 찾다가 내게 인터뷰를 요청했습니다.

— 태어난 곳이 밀양 내이동이라 적혀 있던데요.

◇◇ 맞아요. 1989년 8월 13일 오전이었지요

— 혹시 탄생에 대해 특별한 일화 같은 게 있지 않으셨나요?

◇◇ 아버지께서 들려주신 일화가 있긴 합니다. 어머니는 새벽부터 몇 시간 동안 진통을 겪으시다가 나를 낳았다고 해요. 아버지는 결혼 1년 만에 아들을 보았다며 매우 기뻐하셨다고 합니다. 그리고 아버지께서 집 앞 개천으로 가서 세수를 하시는데, 커다란 뱀장어 한 마리를 발견하셨다고 했어요. 아버지는 고생한 부인을 위해 잡아서 탕으로 만들어주려고 하셨지만, 곧 오늘만큼은 살생을 금해야겠다며 그만두셨습니다.

그때 옆집에 살던 윤희규 아저씨가 찾아오셨다고 합니다. 그분은 무과 병과에 급제하여 정3품인 통정대부로서 시종원의 시종직 벼슬까지 올랐었는데, 아버지와는 이웃사촌 지간이었습니다. 아버지는 친한 친구에게 자기 아들의 이름을 부탁했지요. 윤 씨 아저씨는 얼른 집으로 가서 주역을 꺼내 아이의 사주를 풀어보았습니다. 그리고 잠시 후 그분이 아버지를 찾아오더니, 아버지한테 '이렇게 좋은 사주는 처음 보네. 장상(將相)이 될 팔자일세. 장남이기도 하니 으뜸 원(元)을 넣어 원봉이라고 하게'라고 말을 했다는 것이었습니다.

김원봉은 짧게 웃고는, 곧 어두운 어조로 말을 이었다.

◇◇ 내가 어렸을 적에 아버지는 반쯤 농담으로 그 얘기를 자꾸만 들려주시곤 했습니다. 하지만 그 말대로 되지는 않았지요. 내 열 살 즈음에 나라를 일본에 강탈당했으니 말입니다.

어쨌거나 윤 씨 아저씨도 3년 후에 넷째 아들을 낳았습니다. 그가 독립투쟁운동을 할 때 평생 내 곁을 지켜준 동료 윤세주지요.

다음은 김삼웅이 기록하고 있는 김원봉의 집안 내력이다.

김해 김씨 73세(世) 참판공파 42세손인 김원봉의 아버지는 김주익이고 어머니는 이경염이다. 어머니는 차남 경봉을 낳고 병사했다. 그러자 아버지는 천연이(千蓮伊)와 재혼했고 장녀 복잠과 6남 봉철, 7남 봉기, 8남 덕봉, 9남 구봉, 차녀 학봉을 낳았다. 또 아버지는 박순남이라는 여인을 별도로 두고 3남 춘봉, 4남 용봉, 5남 익봉을 낳았다. 넷째 아들 익봉만 어렸을 때 죽었다. 해방 후 김원봉이 월북하자 보도연맹사건 등으로 봉철, 봉기, 덕봉, 구봉 등 친동생 4형제가 처형되고 아버지는 굶어 죽었다.

김원봉은 고향의 명소인 영남루 앞을 유유히 흐르는 남천강과 유서 깊은 표충사, 마을 뒷산인 재약산을 놀이터 삼아 석전(石戰)놀이를 하면서 성장했다. 어린 나이였지만 을사늑약에 대해 어른들로부터 들었고 조상 대대로 가꿔온 논밭을 동양척식주식회사에 빼앗겼다는 것을 알게 됐다. 1910년 8월 29일 나라가 일본에 넘어갔다는 소식을 듣고는 뒷날 큰 뜻을 함께 펼칠 윤세주 등 마을 친구들과 눈물을 흘리며 복수를 맹세했다.

김원봉은 8세 때 서당에 들어갔다. 여느 아이들처럼 『통감』을 읽으면서 한학을 공부했다. 11세 때에는 밀양공립보통학교에 편입해 한학 대신 신식 교육을 받게 됐다. 그러나 이때는 조선총독부의 지침에 따라 일본어와 일본역사 교육이 강요됐다.

일장기를 변소에 꽂다

— 언제부터 일본식 교육을 받게 된 것이죠?

◇◇ 3년 동안 서당을 다니다 보통학교라는 곳에 들어갔더니 교사가 뭐라고 떠들더군요. 너희들은 천황폐하의 은덕으로 자랑스러운 일본식 교육을 받게 되었으니 감사히 여기라고 말입니다. 하지만 일본어 수업시간에는 들어가지 않았습니다. 어렸긴 해도 우리나라를 빼앗은 원수라는 자각은 있었지요.

그러던 중 1911년 4월 29일 일왕의 생일을 축하하는 천장

절 행사가 학교에서 거행되었습니다. 학생 모두에게 강제로 일장기를 나눠주더군요. 나는 짜증이 치밀어 윤세주와 함께 일장기를 학교 화장실에 처박아버렸습니다. 학교가 발칵 뒤집혔고, 결국 나와 윤세주는 자퇴해야만 했어요. 하지만 내심으로는 후회하지 않았습니다.

그 뒤로 나는 밀양 읍내에 있는 동화중학교 2학년에 편입했습니다. 그곳에서 나는 훌륭한 선생님을 만나게 되었습니다. 전홍표 교장선생님은 애국정신이 강한 분이셨어요. 허리에 맨 칼을 은근 자랑스럽게 여기던 이전 학교 교사들과는 다른 분이셨지요.

— 그분으로부터 어떤 가르침을 받았지요?

◇◇ 그분은 이런 말씀을 자주 했습니다. '우리가 목숨이 붙어 있는 한 강도 일본과의 투쟁을 단 하루도 게을리해서는 안 된다, 빼앗긴 국토를 다시 찾고 잃어버린 주권을 회복하기 전에는 우리는 언제나 부끄럽고, 언제나 슬프고, 비참한 것이다. 미래는 너희들 것이다. 너희들이 분기하지 않고 대체 누가 조국 광복의 대업을 이룰 것이랴.' 잠들기 전에도 교장선생님의 말씀이 가슴 깊이 들어와 떠나지를 않았습니다. 남몰래 심장이 쿵쿵 뛰었지요. 그때부터 나는 그 말씀을 기억하면서 항일투쟁에 적극 나서게 되었습니다. 그 뒤로 나는 윤세주와 '연무단'이라는 모임을 조직해 체력단련에 힘썼습니다. 앞으로 어려운 일을 이뤄내려면 체력이 중요할 테니까요. 한겨울에도 우리는 새벽마다 만나

마을 뒷산을 달려 올랐습니다. 종종 냉수욕으로 서로의 담력을 겨루기도 했죠. 지치지는 않았어요. 언젠가 조국을 구할 것이라고 생각하니 들떴습니다. 당시에는 지금 같은 축구공은 구할 수 없었습니다. 새끼줄을 꼬아서 만든 공으로 축구를 했어요. 밤에는 교장선생님이 구해주신 책을 몰래 읽으며 한국의 역사와 지리를 공부했습니다. 그중에 특히 재미있던 건 중국의 병법에 대한 책들이었죠. 개천절이 오자 우리는 개천가를 부르며 교정을 행진했습니다. 그리고 동네 어른들에게도 같이 동참하자고 떠들어댔죠.

어린 시절을 회상하며 김원봉의 얼굴에도 얼핏 즐거움이 스치는 것 같았다. 하지만 그의 눈빛은 다시 가라앉았다.

◇◇ 하지만 이런 행동들은 곧 일본 경찰의 눈에 걸렸습니다. 그들은 전홍표 교장을 위험인물로 지목하고 학교를 폐쇄했어요. 눈물을 머금고 교장선생님과 이별을 하고 서울로 올라갔습니다. 하지만 얼마 되지 않아 도로 고향으로 돌아왔어요.

— 그 이유는 무엇이었죠?

◇◇ 서울에는 할머니의 언니 되시는 분이 계셨습니다. 그분은 여승으로서 커다란 집에서 살고 계셨어요. 옷도 침대도 좋은 것만 있었고, 제게 비싼 과자도 쥐어주셨지요. 하지만…… 내가 아는 다른 사람들은 당장 끼니를 걱정하던

처지였단 말입니다. 그런데 이 집의 사람들은 완전히 다른 세상에서 살고 있었습니다. 속이 울렁거렸어요. 내가 여기서 뭘 하고 있는 거지? 하는 생각이 계속 들었습니다.

결국 저는 고향으로 내려와 표충사에서 1년 동안 머물렀습니다. 그곳에서 저는 『손자병법』이나 『오자병법』 같은 책들을 읽으며 시간을 보냈어요. 그리고 조국광복을 위해서는 무장투쟁 이론을 공부해야겠다고 생각했습니다.

— 그러다가 다시 서울로 올라가게 되지요.

◇◇ 1915년에 두 번째로 서울로 가서 중앙학교 2학년에 편입했습니다. 그때는 집안 사정이 좋지 않아서 고모부가 저를 도와주셨지요.

김원봉의 고모부인 황상규는 대한제국 시기에 창신학교와 밀양 고명학교를 설립하였다. 또한 그는 대한광복회를 창설하고 의군부의 중앙의원으로 선출되기도 했다. 그는 1919년 '대한독립선언서'에 서명을 한 인물 중 하나이기도 하다.

◇◇ 존경할 만한 분이셨어요. 의열단이 결성될 때도 주도적인 역할을 하셨지요.

— 고모부에 대해 또 기억나는 일화가 있으신가요?

◇◇ 네. 저는 중앙학교에 다니던 중에 '사회발전은 종교에 있느냐, 교육에 있느냐'라는 주제로 웅변대회에 나간 적이 있습니다. 나중에 제게 와서 연설이 감명 깊었다고 하더군요.

일제는 조선을 합병한 후, 독립 세력의 뿌리를 뽑기 위해 1911년 신민회 사건을 날조하고 700여 명의 민족운동가들을 구속했다. 당시 검거된 이들은 주로 평안도와 황해도를 비롯한 서북지역의 기독교 인사들이었는데, 이 중 105명이 5년 이상의 유죄판결을 받았다. 이 사건에 대해 조선국권회복단과 대한광복회는 일제를 격렬하게 비판하며 저항하였다.

― 학창시절 중에 거의 한 푼 없이 전국 여행을 떠난 적도 있다고 하던데요.

◇◇ 당시 나는 계룡산, 지리산, 경주, 부여 등을 돌아다녔어요. 빼앗긴 나라의 역사를 직접 느껴보고 싶었지요. 사람들은 대체로 친절했고 자고 가라고 권하는 분들도 많았습니다. 그렇게 여행을 계속할수록 결심 하나가 더욱 강해졌습니다. 나라의 주권을 되찾기 위해서는 군대가 필요하다는 점 말이지요.

나는 하루라도 빨리 군대를 조직해서 훈련을 하고 싶었습니다. 그러기 위해서는 제 자신부터 군사학을 알아야 했어요. 당시에 가장 강력한 군대를 가진 국가가 독일이었기 때문에, 가능한 한 독일에서 공부하고 싶었습니다. 그래서 먼저 독일어를 공부할 방도를 찾았지요. 그러던 중 중국 톈진(天津)에 독일인이 경영하는 중학교인 덕화학당(德華學堂)이 있다는 것을 알게 되었지요. 그래서 일단은 톈진에 가보기로 했습니다.

― 여비와 학비는 어떻게 마련하셨어요?

◇◇ 한봉인이라는 친구가 많이 도와줬습니다. 그는 내 얘기를 듣더니, 며칠 뒤 절 다시 불러서 돈뭉치를 쥐어주더군요. 알고 보니 그 돈은 그가 벌던 급료에 친척집 금고에서 몰래 가져온 돈을 더한 것이었습니다.

― 돈을 훔쳤다는 건가요?

김원봉은 피식 웃음을 흘렸다.

◇◇ 엄밀히 말하면 그렇지요.

― 결국 의도하신 대로 덕화학당에 입학하셨네요.

◇◇ 맞아요. 1916년 10월. 내가 열아홉 살 때였지요. 우선은 독일어보다 그곳의 언어인 중국어를 배워야 했습니다. 이듬해 여름방학 때 고국으로 돌아오는 길에 중국 안동현에서 예상하지 못했던 분들을 만났어요.

― 안동현이라면 지금은 단둥(丹東)이라고 불리는 곳 말이군요. 그곳에서 누굴 만나신 거지요?

◇◇ 나는 그곳에서 손일민, 김좌진 등의 독립운동가들을 만났습니다. 그분들은 광복회에서 활동하다가 만주로 망명하고 나서도 투쟁을 계속하고 계셨지요. 나는 그분들로부터 여러 얘기를 들으면서 투쟁 의욕을 되새겼습니다.

― 고국으로 돌아온 뒤에는 어떤 일들이 있었지요?

김원봉은 다시 잠시 침묵하며 어두운 표정을 지었다.

◇◇ 내가 한국에 있는 동안 국제정세가 급격하게 변했습니다.
　　1914년 벌어진 제1차 세계대전 때문이지요. 중국은 연합
　　군 측에 서서 독일에게 선전포고를 했습니다. 그리고 국
　　내의 독일인들을 모두 추방했어요. 그런 상황에서 독일어
　　를 가르치던 덕화학당을 폐쇄하지 않을 리가 없었지요. 독
　　일에서 군사학을 공부하려던 내 계획도 수포로 돌아갔습
　　니다.

김원봉은 어금니를 아득 물었다가 다시 태연한 목소리로 말을
이었다.

◇◇ 그때 나는 김약수, 이여성과 재회했습니다. 둘 다 내가 중
　　앙학교에 다녔을 적의 친구들이었지요. 우리는 새로운 계
　　획을 세웠어요. 중국으로 건너가 무장단체를 조직해 일제
　　에 대항하는 겁니다.
─　정확히 중국 어디를 생각하고 계셨나요?
◇◇ 우리는 난징(南京)으로 향했습니다. 그날이…… 전쟁이
　　끝나가던 1918년 9월이었지요. 그 뒤로 광복을 맞을 때까
　　지 27년간 우리는 귀국하지 않았습니다.
─　긴 시간이었군요. 난징에 도착한 뒤로는 어떤 활동을 하셨
　　습니까?

◇◇ 우선은 금릉대학에 입학했습니다.

— 오늘날에는 난징대학이라고 불리는 곳이군요. 당대에도 최고의 대학 중 하나였지요.

◇◇ 그런가요. 여하튼 우리가 그곳에 입학한 이유는 영어를 배우기 위해서였어요. 앞으로 국제 질서를 미국이 주도할 것이라는 예상이 들었기 때문입니다. 그해가 지나기 전인 11월 1일, 독일의 패배로 제1차 세계대전이 종결되었어요.
국제정세에 발맞춰서 우리는 몇 가지 일을 벌여보기로 했습니다. 그중 가장 중요한 것은 서간도로 가서 군대를 조직하는 것이었지요. 무장독립투쟁은 우리가 오래전부터 준비해왔던 일이니까요. 또 상하이에서 〈적기(赤旗)〉라는 잡지를 발행해 독립투쟁의 신념을 그곳 동포들에게도 전하기로 했습니다.

— 적기(赤旗), 붉은 깃발이라……. 혹시 그 전년도에 러시아에서 일어났던 프롤레타리아혁명과 관련이 있나요? 후대에 김원봉 선생님은 대표적인 좌파 인사로 평가받으니까요. 그냥 여쭤본 질문입니다.

◇◇ 글쎄요. 난 그냥 빨간색이 유혈투쟁에 어울리는 색이라서 마음에 들었는데 말입니다. 여하튼 우리는 그 외에도 파리강화회의에 대표를 파견하기로 했어요. 하지만 잘 되지 않았습니다. 우린 너무 어렸고 마땅히 보낼 사람도 없었어요.
그즈음 우리와 같이 금릉대학을 다니던 서병호가 상하이

에서 돌아왔습니다. 그는 자신이 그곳에서 들었던 일을 설명했어요. 상하이에서도 파리강화회의에 사람을 보내려는 시도가 벌어지고 있다고 하더군요.

— '신한청년당' 말씀이시군요. 여운형, 이광수 등이 조직해 김규식을 파리강화회의로 파견했지요.

◇◇ 맞아요. 그런데 그들의 방식을 듣던 도중 우리는 생각이 바뀌었습니다. 그들은 각 국 대표들을 만나서 약소국으로서 받는 설움을 호소하는 계획을 추진 중이었어요. 한마디로 강대국들의 동정심을 자극하자는 것이었죠. 하지만 우리가 생각하기에 그런 식으로는 독립을 얻어낼 수 없을 것 같았습니다. 별로 현실적이지 못했어요. 강대국들이 승전국인 일본을 두고 우리의 손을 들어줄 리가 없지 않습니까.

김원봉은 절벽 끝의 지평선을 바라보았다.

◇◇ 그러다 보니 애초에 국가의 존망을 외국에 기댄다는 것 자체가 글러먹었다는 생각이 들더군요. 그렇다면 우리가 독립을 위해 무엇을 할 수 있을까. 우리는 한참을 고심했습니다.

김원봉이 느리지만 분명한 목소리로 내뱉었다.

◇◇ 그리고 우리는 결론을 내렸어요. 외교사절이 아니라 자객을 보내 일본 대표를 암살해서 조선 민족의 투쟁정신을 세계에 알리겠다고 말입니다.

나는 나직하게 내뱉은 한숨 소리를 들었다고 생각했다. 하지만 내가 고개를 돌렸을 때, 그는 입을 다문 채 덤덤하고 고요한 눈빛을 하고 있었다. 내겐 그의 눈에 일렁이는 깊은 감정들이 보이는 듯했다. 자신들은 그 시대가 허락하는 최선의 방식으로 투쟁을 했으며, 당시로서 다른 방도는 결코 존재하지 않았다는 얼굴이었다.

— 그렇다면 자객으로 누가 가기로 했지요?

◇◇ 김칠성이 가기로 했습니다. 그는 권총과 여권을 챙겨서 파리로 향했어요. 며칠간 일본 대표를 미행했습니다. 하지만 정작 기회가 왔을 때, 그는 누군가 권총을 훔쳐갔다는 걸 깨달았습니다. 결국 아무런 성과 없이 돌아올 수밖에 없었지요.

김원봉이 한쪽 입매를 비틀고는 덧붙였다.

◇◇ 나중에 안 일이지만 그때 권총을 빼돌린 사람은 파리에 있던 동료였습니다. 같은 민족이라고 마음을 놓았다가 뒤통수를 맞은 것이지요.

대한독립선언서

1919년 2월 1일 우리나라 최초의 독립선언서인 '대한독립선언서'가 중국 지린(吉林)에서 선포되었다. 이는 이후의 '기미독립선언서'와 구분하기 위해 '무오독립선언서'라고도 불린다. 또한 이 발표는 곧 있을 3·1운동의 전초가 되기도 했다.

당시 독립선언서를 발표한 인사들은 김규식, 신채호, 안창호, 이동휘, 이승만, 김좌진 등 해외에 망명해서 활동하던 독립운동가 39명이었다. 무오독립선언서의 주요 골자는 해외에 독립운동기지를 건설하고, 독립군을 창설해 무력항쟁으로 독립을 쟁취하자는 것이었다.

— 독립선언을 듣고 난 뒤의 심경은 어떠셨나요?

◇◇ 우리는 기분이 한껏 고조되었습니다. 그 선언문이 우리가 평소 지향하던 것과 같은 내용을 담고 있었으니까요.

— 그런데 그걸로 끝이 아니었지요. 얼마 뒤 '기미독립선언서'가 발표되면서 전국적으로 3·1운동이 일어납니다. 무수한 시민들이 거리로 뛰쳐나가 우리는 일본으로부터 독립했다고 선언했지요. 그 소식을 들은 기분은 어땠습니까?

질문에 대답하는 대신 김원봉은 잠시 눈을 감았다.

◇◇ 처음에는 가슴 하나로는 주체하지 못했습니다. 중국의 신문들도 대대적으로 그 기사를 내보냈어요. 하지만 며칠 뒤 독립선언서를 읽어보니 우리가 생각했던 것과는 전혀 다르더군요. 지나치게 온건하고 낙관적이었습니다. 무력투쟁에 대한 내용은 전혀 없고 오로지 인도주의에 기댈 뿐이었지요. 심지어 우리는 일본의 지난 잘못을 꾸짖으려는 게 아니라는 구절을 읽을 때는 손이 바르르 떨렸습니다. 나는 그들에게 가서 소리치고 싶었지요. 일제에 맞서기 위해 필요한 건 조직적이고 강력한 무장단체라고 말입니다. 당장 저들은 백성들을 총검으로 억압하고 있는데 말로만 평화를 구걸하는 게 무슨 소용이 있습니까?

김원봉은 길게 그리고 천천히 한숨을 내쉬었다. 그는 다시 담담한 태도로 돌아와 말을 이었다.

◇◇ 내가 김약수와 이여성과 결별한 것도 그때 즈음이었습니다. 김약수는 국내로 돌아가 대중들과 독립운동을 같이하자고 했어요. 그 전에 우리는 군대를 훈련시킬 땅을 사들이려고 했는데, 그 일도 뜻대로 돌아가지 않던 참이었습니다. 하지만 나는 국내에서는 뜻하는 대로 무장투쟁을 하기 어렵다고 판단했습니다. 어디서건 일본 경찰의 감시가 따라붙을 테니까요. 결국 두 친구는 나를 두고 조선으로 돌아갔습니다.

— 만주에 혼자 남겨진 것이군요.

◇◇ 그런 셈이죠. 광복 전까지 그 둘을 다시 만나지 못했습니다.

— 그 뒤로는 어떻게 하셨지요?

◇◇ 나는 혼자 지린(吉林)으로 향했습니다. 그곳에서 김좌진
을 비롯한 다른 독립투사들을 만나 앞으로 어떻게 해야
할지를 논의했지요. 그중에는 고모부인 황상규도 있었습
니다. 그들은 나를 환영하며 뜻을 같이하자고 말해주었습
니다. 하지만 내가 그들에게 딱히 도움이 될 것 같지는 않았
어요. 당시 그들은 무기 부족을 비롯해 여러 고난에 시달리
고 있었습니다. 결국 나는 며칠 후 그들과 작별했습니다.

그 전까지 내 목표는 독립군 창설이었습니다. 하지만 그때
까지도 계속 현실적인 어려움에 부딪히기만 했어요. 며칠
동안 고민한 끝에 나는 노선을 변경했습니다. 폭력에 기반
을 둔 유혈투쟁이라는 신념은 그대로 하되, 좀 더 현실적
인 방식으로 타협하는 것이지요. 그때부터 나는 적의 주요
시설을 파괴하자는 계획을 세웠습니다.

다음은 박태원이 쓴 『약산과 의열단』에 나오는 내용이다.

그로부터 몇 개월이 지나 약산은 새로 얻은 몇몇 동지들과 더불어 지
린을 떠나 서간도로 향했다.

일행 가운데 한 명의 중국인이 끼여 있었다. 그는 호남 출신의 주황(周
況)이라는 사람으로 폭탄제조기술 교관이었다. 약산은 자기의 새로운

설계를 위해 동지들과 함께 우선 폭탄제조법부터 배우려 한 것이다.

주황은 단순한 기술자가 아니었다. 그도 저의 나라를 근심하는 혁명가의 한 사람이었다. 당시의 그의 나이 40. 멀리 상하이로부터 그를 초빙하여 지린에 이른 것은 김동삼이란 사람이다. 그도 지사였다.

당시 서간도에는 조선인 자치기관으로 부민회라는 것이 있어 정부 행사를 하고 있었다. 이 부민회에서 신흥학교를 경영했다. 합방 후에 창립된 무관학교였다. 뜻 있는 청년들이 많이 이 학교를 찾아와서 군사교육을 받았던 것이다. 이때의 신흥학교장은 이천민으로 충무공의 종손이었다.

약산은 이곳에서 여러 동지와 만났다. 그리고 그들과 더불어 폭탄제조법을 주황한테 배운 것이다. 그해 11월 9일 밤 의열단이 탄생하게 됐다.

― 좀 더 구체적으로 말해주실 수 있습니까?

◇◇ 우리의 목표는 일제 식민지 통치의 근간을 하나씩 제거하는 것이었습니다. 그리고 그 구체적인 방법은 폭탄과 총을 사용한 파괴와 암살이었지요. 식민지 지배를 가능하게 하는 정치기관과 수탈기구, 선전기관, 폭압기구들을 남김없이 파괴하고, 그 수뇌부와 요원들, 민족반역자들을 계속해서 암살 응징함으로써, 마침내 일제가 식민지 지배를 스스로 포기하게 하는 것이 우리가 세운 전략이었습니다.

단지(斷指)의 피

— 만약 그런 전략이 먹혀들지 않으면 어떻게 할 생각이었
지요?

◇ 일제가 식민지 지배를 끝내 포기하지 않더라도, 우리의 투
쟁이 대중을 각성시킬 것이라는 희망을 품었습니다. 그들
이 대대적인 폭동을 일으킨다면 결국 일본을 타도할 수
있으리라고 믿었지요.

— 그렇게 의열단이 탄생한 것이군요. 의열단의 탄생에 대해
좀 더 이야기해주실 수 있으신가요?

◇ 의열단을 창립한 단원은 모두 열세 명이었습니다. 그중 이
종암이 품속에서 단검을 꺼내 테이블 위에 올려놓았지요.
그리고 맹세 의식을 하자고 했습니다. 첫 번째 순서는 단
장인 나였어요. 나는 단검을 쓰는 대신 무명지를 깨물어서
피를 찻잔에 떨어트렸습니다. 부단장인 이종암이 뒤를 이
었고, 그다음에는 나이순으로 무명지를 깨물어 피를 찻잔
에 넣었습니다. 우리는 그 피를 각자 조금씩 나눠 마셨어
요. 그러면서 생사를 함께하고 단의 규율을 목숨 바쳐 지
킬 것을 맹세했지요.

한상도가 지은 『대륙에 남긴 꿈』에서는 김원봉에 대해 이렇게
기록하고 있다. '보기에는 우유부단한 것 같으나 성질이 지극히
사납고 또 치밀하여 오안부적(午岸不適: 어떤 상황에도 굴하지 않

음)의 기백을 가졌고 행동도 극히 경묘하여 신출귀몰한 특기를 가졌다.' 한편 김산은 그에 대해 '김약산은 확실히 구분되는 두 개의 개성을 가지고 있었다. 그는 자기 친구들에게는 지극히 점잖고 친절했지만 적에게는 지독히 잔인하기도 했다.'고 평가한다.

— 의열단은 어느 장소를 거점으로 삼았나요?

◇◇ 우리는 주로 베이징(北京)과 상하이(上海)를 오가며 숨어 다녔습니다. 한곳에 오래 머물렀다간 적에게 들킬 가능성이 크니까요.

— 단원들마저도 김원봉 선생님의 정확한 거주지를 몰랐다고 하던데요.

◇◇ 그럴 수밖에 없었지요. 나는 근처 단원들의 처소를 오가며 매일 다른 장소에서 잠들었으니까요.

— 역시 27년을 숨어 지내면서도 한 번도 체포되지 않은 비결이 거기에 있었군요. 그렇다면 의열단이 가장 먼저 시도한 거사는 무엇입니까?

◇◇ 당연히 조선총독부를 폭파하는 것이었습니다. 식민 지배 그 자체나 다름없는 기관이었기 때문입니다.

— 그 작전은 어떻게 진행되었나요?

◇◇ 작전에는 곽재기, 이성우를 포함해 스무 명이 참여했어요. 하지만 작전을 시작하고 얼마 되지도 않아 이들은 친일파 경부 김태석에게 체포되었습니다. 작전에 불필요하게 많은 요원들을 투입하다 보니 정보가 샌 것이지요.

김원봉의 입매가 일그러졌다.

◇◇ 당시 우리는 테러나 암살에 대한 전문 교육을 받지 못했습니다. 너무 허술했어요. 좀 더 치밀하게 준비했어야 했는데 경솔하게 일을 벌여서 동료들만 희생되었습니다.

— 하지만 이 일은 국내의 신문들에서 크게 보도되면서 국내 독립투쟁세력들을 크게 고취시켰지 않습니까? 하나도 아니고 여러 개의 폭탄과 탄환 수백 발을 교묘하게 국내로 들여보내는 데에 성공했으니 말이에요. '조선총독부를 파괴하려는 폭발탄대 대검거'라고 큼지막하게 헤드라인이 났다고 하던데요.

◇◇ 그 일로 많은 단원들이 붙들려 고문을 받고 재판에 넘겨졌습니다. 곽재기와 이성우는 각 8년형을 언도받았고, 나머지 단원들도 실형을 선고받았어요. 다행히 강상진과 곽영조, 최성규는 증거 불충분으로 풀려났고, 김상윤, 서상락, 한봉근 등 세 명도 검거망을 피해 중국으로 도망칠 수 있었습니다. 붙잡히지 않은 이종암과 이수택은 국내에 남아 다음 거사를 준비하기로 했어요.

하지만 곽재기, 이성우, 김수득, 윤세주, 이낙준, 신철휴, 황상규, 윤치영, 김병환, 배중세, 김재수, 이주현은 교도소에 수감 당했습니다.

— 거사가 실패한 원인은 무엇이라고 생각하십니까?

◇◇ 첫 번째는 무기를 국외에서 들여와야만 했기 때문입니다.

우리는 정확한 발신인과 수신인을 알 수 없도록 중간인을
여럿 거치거나 가짜 수신인을 지어내고는 했어요. 그런데
그 과정이 번거로울수록 일제 경찰의 조직망에 걸리기 쉬
웠지요. 두 번째는 자금 부족이었습니다. 거사에 필요한
자금을 제때에 마련하지 못해, 거사가 지연되는 바람에 단
원들의 신분이 노출되고 만 것이지요.

김원봉은 차가운 미소를 지으며 말을 이었다.

◇◇ 어쨌든 우리는 보복을 결심했습니다. 구속된 단원들을 생
각하면 가만히 있을 수가 없었지요. 그래서 부산경찰서를
폭파하기로 계획을 세웠습니다.

부산경찰서 폭파 작전

― 누가 임무를 맡았나요?
◇◇ 부산 출신의 박재혁입니다. 내가 임무를 맡겼을 때는 싱가
포르에 있었지요. 1920년 8월 내 전보를 받은 그는 상하이
로 돌아와 지시를 받고 떠났어요. 그는 일본 나가사키(長
岐)와 쓰시마 섬(對馬島)을 거쳐 부산으로 잠입하는 데에
성공했습니다.
박재혁은 부산경찰서장 하시모토가 고서 수집에 취미가

있다는 정보를 이미 입수한 상태였습니다. 그래서 중국인 고서상인으로 위장했지요. 그리고 9월 14일 아침 중국인 신분으로 부산경찰서에 찾아가 서장의 면회를 요청했습니다.

— 서장이 순순히 만나주었나요?

◇◇ 그렇습니다. 그때 박재혁이 메고 있던 보따리에는 고서적들뿐 아니라 폭탄이 들어있었어요. 박재혁은 서장에게 고서를 차례로 보여주는 척하다가 폭탄을 터트렸습니다. 서장은 죽고 박재혁은 그 자리에서 체포되었지요. 박재혁도 크게 다쳤지만 일경 두 명도 중상을 입고 부산경찰서의 일부도 부서졌습니다. 그것이 우리 거사의 첫 성공이었지요.

성공이었다고 말하면서도 얼굴빛은 조금도 유쾌해 보이지 않았다. 오히려 울분을 억누르고 있는 것처럼 보였다.

다음은 이와 관련 박태원이 약산과 했던 인터뷰를 토대로 쓴 내용이다.

제1차 계획이 사전에 발각되어 다수 유능한 동지가 왜적의 손에 검거당한 것을 알았을 때 상하이에 남아 좋은 소식을 기다리던 약산의 슬픔과 노여움은 지극한 것이 있었다.

그간 수개월에 걸쳐 동지들은 모든 곤란과 장애에도 불구하고 오직 이번 일을 위하여 준비하고 계획하여 왔다. 단총, 작탄, 선전문의 수송, 동지들의 입국, 국내동지와의 연락, 모든 난관을 돌파하고 이제 바야흐로

수일 내에 일을 결행하려던 때 가증한 왜경의 손에 동지들이 일망타진되고 말았다. 왜적의 손에 잡히어 사랑하는 동지들은 지금 바로 이 순간에도 온갖 고문과 악형에 고초를 겪고 있을 것이다.

무엇보다도 먼저 생각되는 것은 그들 불운한 동지를 위한 복수였다.

"오냐! 부산경찰서장을 죽이자, 죽여서 동지들의 원한을 풀어주자."

부산경찰서는 사건을 앞두고 동지의 대부분이 검거당한 곳이다. 곧 곽경(곽재기)은 부산을 근거삼고 동지들과 연락하며 모든 준비의 완성을 기다리던 중에 비밀이 발로되어 많은 동지와 더불어 적의 손에 체포된 것이다.

약산은 즉시 싱가포르로 전보를 쳐서 그곳에 가 있는 동지 박재혁을 불렀다. 전보를 받자 박재혁은 곧 상하이로 달려왔다. 약산은 그를 보고 동지들의 복수를 위해 곧 부산으로 향할 것을 명했다. 그러면서 한마디 붙였다. "죽이되 그냥 죽여서는 안 되오. 제가 누구 손에 무슨 까닭으로 하여 죽지 않으면 안 된다 하는 것을 알도록 단단히 수죄(數罪)를 한 다음에 죽이시오."

박재혁이 상하이를 떠나기 전에 그는 적지 않은 중국 고서를 사들여 한짐 만들어 등에 지고 나섰다. 완연한 산동의 서적상이었다. 그러나 그 짐 속에 고서들 말고 따로이 폭탄이 감추어져 있을 것을 누가 뜻하였으랴.

그는 일본 수선(輪船)에 몸을 싣고 황해를 건너 일본 나가사키로 갔다. 그의 본래 예정은 나가사키에서 다시 하관(下關)으로 가서 그곳에서 연락선을 타고 부산으로 건너올 생각이었다. 그러나 나가사키에 상륙하여 알아보니 그 길 말고도 또 나가사키에서 곧장 대마도를 거쳐 부산으로 가는 배편이 있었다.

부산에는 그의 본가가 있었다. 여러 해 만에 돌아온 자기 집에서 하룻밤을 지내고 이튿날 아침 박재혁은 부산경찰서를 찾아가 서장에게 면회를 구하였다. 서장은 흔쾌히 응락한다. 박재혁은 안내를 받아 2층에 있는 서장실로 들어갔다.

작은 탁자 하나를 두고 서장과 마주앉은 그는 몇 마디 오고간 뒤 진기한 고서를 구경시켜주마 하고 마침내 봇짐을 풀었다.

이 책 저 책 꺼내 들고 보여주다가 그 밑에 감추었던 폭탄과 전단이 드러났다. 그는 곧 전단을 집어 왜적 앞에 던지고 유창한 일어로 꾸짖었다.

"나는 상하이에서 온 의열단원이다. 네가 우리 동지를 잡아 우리 계획을 깨트린 까닭에 우리는 너를 죽이는 것이다."

말을 마치자 그는 곧 폭탄을 들어 둘이 서로 대하고 앉은 탁자 한가운데에 메어다 붙이니 이때 두 사람은 광연한 폭음과 함께 쓰러졌다. 소리를 듣고 사람들이 소스라쳐 놀라 그 방으로 달려들었을 때 조금 전에 서장을 찾아온 중국인 서적상은 몸에 중상을 입고 쓰러져 꼼짝을 못하였고 서장은 선혈이 임리(淋漓: 좍 말림)한 가운데 정신을 잃고 쓰러져 마지막 목숨을 모으고 있었다.

— 체포된 박재혁은 어떻게 되었나요?

◇◇ 박재혁은 사형이 확정되어 대구교도소에 수감되었습니다. 그는 고문을 받으면서도 우리에게 위협이 될 정보는 아무것도 말하지 않았어요. 그는 입을 닫고 단식에 돌입했습니다.

물 한 모금도 마시지 않은 채 9일 만에 목숨을 끊었지요.

김원봉은 입을 꾹 다물었다. 어금니를 꽉 악물고 있는 것처럼 보였다.

― 그 거사가 성공한 것이 1920년 9월 13일이었지요?
◇◇ 맞아요. 그리고 박재혁이 사망한 날짜는 1921년 5월 27일 입니다. 그의 나이 27세일 때였지요.

김원봉은 양복 안에서 단정하게 접힌 종이 한 장을 꺼내 펼쳤다.

◇◇ 그가 나가사키를 떠나기 전에 보내온 엽서입니다.

김원봉이 펼친 종이에는 이렇게 쓰여 있었다.

어제 나가사키에 잘 도착했습니다.
상황이 뜻대로 되어가니, 이 모든 것이 그대가 염려해준 덕분인 듯합니다.
초가을 서늘한 바람에 몸과 마음이 상쾌하니 아마도 좋은 일이 있을 듯합니다.
그대의 얼굴을 다시 보기는 어려울 것 같습니다.

밀양경찰서 폭탄 사건

─ 그리고 고작 두 달이 지났을 때에 밀양경찰서 폭파작전을 실행하셨지요?

◇◇ 맞아요. 이번에는 밀양에서 자란 최수봉이 거사를 맡았습니다. 어렸을 때부터 나와 같은 동네에서 자라온 사이였지요.

─ 왜 하필 밀양이었던가요?

◇◇ 나뿐만 아니라 여러 단원들이 밀양 출신이었으니까요. 다른 지역에 비해 익숙해서 거사를 벌이기가 비교적 쉬웠지요.

─ 거사는 어떻게 진행되었죠?

◇◇ 최수봉은 여러 번의 시행착오 끝에 폭탄 두 개를 만들어 내는 데에 성공했습니다. 기회를 살피던 그는 1920년 12월 7일 거사를 실행했습니다. 밀양경찰서장이 연말 특별 경계를 당부하기 위해 모든 경찰들을 한자리에 부른 날이었지요. 최수봉이 던진 첫 번째 폭탄은 순사부장의 어깨에 맞았지만 불발되었습니다. 그러자 곧장 두 번째 폭탄을 던졌고, 이번에는 제대로 폭발했습니다. 하지만 부상자는 있어도 사망자는 없었어요. 최수봉은 준비했던 칼로 목을 찔렀지만 자결에 실패했습니다. 결국 체포되고 사형이 확정되어 1921년 7월에 대구형무소에서 순국했습니다.

다음은 1921년 2월 13일 〈매일신보〉에 보도된 1심 판결 기사 내용이다.

1921년 2월 3일 부산지법에서의 첫 공판에서 재판장이 거사 후 도주의 이유를 묻자 최수봉은 "내가 그때 정말 목적을 달성했으면 즉시 자결했을 것이고 그랬으면 네놈들에게 욕을 보이지도 않을 텐데, 일이 그렇게 안 되어버렸으니 어찌 운명이라 하지 않겠는가?"라고 통박하였다. 또한 최수봉은 "세계 대세나 동양 대국상(大局上) 조선의 독립은 가능할 뿐 아니라, 이러한 행동은 조선 국민이 된 자의 당연한 의무"라고 당당히 외쳤다. 이에 검사는 "조선역사를 알지 못하는 음모 선인(鮮人)으로 독립을 망상하고 죽음을 결단하였으니 사형에 처하는 것이 지당함"이라고 논고하였다. 그러자 최수봉은 "좋소!"라는 한 마디로 태연히 응수하였다.

조산총독부를 폭파하라

건조하게 거사 사실을 읊으면서도 김원봉의 눈은 점차 흐려지고 있었다. 하지만 내가 다시 질문을 던지자 그는 덤덤하게 말을 이었다.

— 그다음 거사는 어떻게 진행되었지요?
◇◇ 우리는 이미 실패했던 조선총독부를 다시 목표로 삼았습니다. 이번에는 김익상이 자진해서 나섰어요. 이번 일은 경성 출신인 자신이 가는 것이 옳다고 말이지요. 아주 능청맞고 민첩한 친구였는데, 그런 기질 때문인지 동료들 중

몇은 그를 정말로 믿을 수 있는지 의심하기도 했습니다. 게다가 그는 한동안 일제 치하의 공기업에서 기계감독으로 일하기도 했으니까요.

결국 그들은 김익상을 시험해보기로 했습니다. 단원 중 송호가 몰래 김익상의 방에 들어간 것이지요. 그는 자고 있던 김익상의 위에 올라타서 얼굴에 총을 들이밀었습니다. 아마 그런 말을 했겠지요. '몇 년이나 일본 놈들 밑에서 봉급 받아먹던 놈이 혁명에 투신할 리가 없다. 네가 간첩이라는 걸 이미 알고 있다. 그렇기 때문에 널 죽이러 온 거다.' 김익상은 킬킬 웃으며 대답했다고 합니다. '장난 그만치고 내려가. 갑갑하니까.' 김익상도 동료들이 자신을 의심하고 있다는 것을 어느 정도는 눈치챘던 것 같습니다.

어쨌건 김익상은 9월 10일 폭탄 두 개와 권총 두 자루를 품고 떠났습니다. 열차에 탑승한 그는 옆자리에 앉은 일본 여자와 실없는 대화를 나누고 아기를 안아주기도 하면서 경관의 눈을 피했지요. 그리고 국내로 잠입하는 데에 성공했습니다.

전기수리공으로 위장하고 총독부 침입

— 경비가 삼엄한 조선총독부에 들어가기는 쉽지가 않았을 텐데요.

◇◇ 김익상은 전직을 살려 전기수리공으로 변장했습니다. 고장난 전등을 고치러 왔다고 말하자 검문하던 헌병도 그를 안으로 들여보내주었지요. 그는 곧장 2층으로 올라갔습니다. 그리고 자신이 총독실이라고 생각한 방의 문을 열고 곧장 폭탄을 던졌지요. 하지만 그곳은 비서실이었고, 폭탄도 불발되었습니다. 그리고 다음 방에 또 폭탄을 던졌는데, 이번에는 폭탄이 터졌지만 그곳에는 아무도 없었습니다. 폭음을 들은 헌병들이 뛰어 올라오자 김익상은 '2층에 큰일이 벌어졌으니까 올라가지 말라'고 경고하고는 유유히 총독부를 빠져나갔습니다.

그 뒤로 그는 일본 목수로 위장하고 경의선 열차를 타고 경성을 빠져나갔습니다. 그리고 평양에서 친구 집에 하룻밤 묵고는 신의주를 거쳐 북경으로 돌아왔지요.

— 도중에 검문소를 어떻게 통과한 것이죠? 쉽지 않았을 텐데요.

◇◇ 말했듯이 그는 능청스러운 친구였습니다. 기차에서는 일부러 일본 승객들이 있는 칸에 타서 자연스럽게 일본인들 사이에 스며들었습니다. 국경 검문소에서 경관이 의심할 때도 '이 국경을 지키는 경관이 일본인과 조선인 하나 분간을 못 한단 말이오?그래 가지고 어떻게 막중한 소임을 감당하겠소? 어제 서울에는 대사건이 일어났소. 정신 좀 차리시오.'라고 일침을 놓으며 검문을 통과했지요. 그렇게 김익상은 북경을 떠난 지 일주일 만에 임무를 완수하고

무사히 돌아왔습니다.

물론 서울은 왈칵 뒤집혔습니다. 범인은 온데간데없고 단서조차 없으니 헌병들로서는 허둥댈 수밖에요. 그 후 7개월이 지나 일본군 육군대장 암살 시도가 벌어질 때까지 일제는 누가 이 일을 벌였는지조차 전혀 모르고 있었지요.

— 육군대장 암살 시도에 대해서 좀 더 설명해주시겠습니까?

◇◇ 1922년 3월 하순 무렵 우리는 솔깃한 첩보를 들었습니다. 일본의 육군대장 다나카 기이치가 필리핀에 갔다가 돌아가는 길에 상하이에 들른다는 것이었지요. 그때까지 우리는 주로 일본의 기관을 파괴했는데, 이번에는 암살이라는 점에서 이전의 임무들과는 달랐어요. 우리는 이번 일이 조선 독립에 영향을 줄 수 있을지 잠시 토론을 벌였습니다. 하지만 성공하면 독립투쟁의 새로운 국면을 열 수도 있겠다고 생각했습니다. 어쨌건 정보를 들은 이상 침략자를 그냥 보낼 수 없다는 데에 의견이 모아졌지요. 우리는 실패할 경우를 대비해서 오성륜, 이종암, 김익상 세 명을 보내서 암살을 시도하기로 했어요. 오성륜은 다나카가 배에서 내릴 때를, 김익상은 일본영사관에서 보낸 차를 타를 향해 걸어갈 때를, 이종암은 그자가 자동차에 오를 때를 노리기로 결론이 났습니다.

김익상이 이번 거사에 투입된 것은 그의 강력한 의지 때문이었어요. 사실 우리는 김익상에게 의열단에서 빠져도 좋다고 했습니다. 이미 조선총독부에 폭탄을 던지는 임무를 완수했고, 또 살아 돌아왔으니 앞으론 제2의 인생을 얻은 셈 치고 자유롭게 살라고 말이지요. 하지만 그는 계속해서 조국을 위해 투신하겠다고 했고 이번 임무에도 자발적으로 나섰습니다.

일본군 대장이 아닌 미국인 여인을 쏘다

— 결과는 어떻게 됐나요?

◇◇ 1922년 3월 28일, 표적이 탄 배가 황포탄 부두에 도착했습니다. 다나카가 배에서 내렸고, 오성륜이 다가가 권총을 쏘았어요. 하지만 총을 맞은 사람은 금발의 여성이었습니다. 아마 다나카에게 악수를 하려고 다가간 것 같았어요. 총알은 여자의 등에 직격했고 그녀는 그 자리에서 죽었습니다. 저격이 실패하자마자 곧바로 김익상이 일어나 두 발을 쏘았습니다. 하지만 이번에도 운이 나쁘게 다나카의 모자를 맞췄어요. 다나카는 자동차 안으로 뛰어들었고, 이종암이 군중을 헤치고 나가 폭탄을 던졌지만 불발이었습니다. 그곳에 있던 영국 해병이 폭탄을 발로 차서 바다로 던져버렸습니다.

이종암은 입고 있던 외투를 벗어던지고 군중 속으로 몸을 숨겼지만, 두 동지는 달아나지 못하고 체포당하고 말했습니다. 특히 김익상은 죽은 영국인의 남편이 쏜 총에 맞아

부상을 당했어요. 둘은 체포되어 일본영사관 경찰서로 인도되어 심문을 받았습니다. 그리고 이전에 있었던 총독부 폭파 사건의 범인이 김익상이라는 것도 드러났지요.

— 그 뒤는 어떻게 되었습니까?

◇◇ 신문들은 이번 테러사건의 주범이 의열단의 단원들이라고 대대적으로 보도했습니다. 다나카 대신 총을 맞은 여인은 스나이더 부인이라고 했어요. 영국에서 신혼여행을 왔다고 하더군요. 단속이 심해지자 우리는 일단 북경으로 근거지를 옮겼다가, 한 달 후에 상하이로 다시 돌아왔습니다. 그때 즈음 오성륜이 탈옥했다는 것을 알았어요. 우리는 동지들을 보내 그를 도왔습니다. 그는 탈옥 열흘 만에 중국군 장교로 변장해 조선을 떠났지요. 6개월이 지나서야 지린(吉林)에서 그와 재회해 자초지종을 들을 수 있었습니다.

오성륜이 유치장에서 자책하고 있을 때, 죽은 영국 여인의 남편인 톰슨 스나이더가 면회를 왔다고 하더군요. 그 남자는 자신의 아내를 죽인 것을 용서하겠다고 했습니다. 조국 독립을 위해 투쟁하다 벌인 짓이니 이해한다고 말이지요. 나중에 톰슨은 범인들을 관대하게 처리해달라고 일본 당국에 진정서를 넣기도 했다고 합니다. 그 뒤로 오성륜은 모스코바로 유학을 떠났습니다.

— 김익상은 어떻게 되었지요?

◇◇ 김익상은 사형을 언도받은 뒤 20년 형으로 감형되었습니

다. 부상당하고 고문당한 채로 교도소에서 긴 고역을 치르고 출옥했지만, 일본인 형사들이 찾아와 그를 데리고 간 뒤 소식이 영영 끊어졌습니다.

김원봉의 얼굴에 조용한 분노와 쓸쓸함이 떠올랐다.

◇◇ 아무래도 그 악독한 놈들은 김익상을 그대로 놓아줄 생각이 없었던 것 같습니다.

헝가리에서 온 폭탄 제조자

— 거사가 실패하건 성공하건 결국 의열단에 대한 관심은 더욱 높아졌겠네요. 일제 당국의 감시가 더욱 심해졌을 텐데요.
◇◇ 맞아요. 하지만 일제의 정보기관은 우리의 규모가 어느 정도인지조차 제대로 감을 잡지 못했습니다. 중국에 있는 한국인 독립운동가들은 전부 의열단원인 것이 아닌지 의심하기도 하고, 반대로 나 혼자 행동하고 있는 게 아닌지 추측하기도 했지요.
— 맞아요. 당시 일제 정보기관이 남긴 기록을 보면 '의열단의 진상을 아는 사람은 김원봉 한 사람뿐일 것이다'라고 적고 있지요. 그런데 거사가 실패한 원인을 보면 폭탄이

불발한 경우가 많은데요, 폭탄 제조에 문제가 있던 건 아니가요?

◇◇ 유능한 동지들이 거사를 거의 성공하고도 폭탄 불발 때문에 허무하게 희생당하는 것이 너무 화가 났습니다. 좀 더 폭탄의 성능이 좋았다면 위력이 더 컸을 테고, 세밀하게 제조했다면 불발되지 않았을 테니까요.

잠시 자책의 기운이 김원봉의 눈을 스쳤다.

◇◇ 우리는 좀 더 전문적으로 폭탄을 제작할 필요를 느꼈습니다. 그래서 1921년 6월부터 영국인 코브럴로부터 폭탄 제조를 배웠어요. 하지만 여전히 부족했지요. 마침 그즈음에 이태준이 의열단에 가입했는데, 내가 폭탄 제조 기술자를 찾고 있다고 하자 그는 헝가리인 마잘을 추천했어요. 그리고 자신이 그를 데려올 수 있다고 했지요. 하지만 이태준은 그를 외몽골에서 데리고 오는 도중 일본에 걸려 처형당하고 말았습니다. 그런데 마잘은 들키지 않고 베이징에 도착해 우리를 찾는 데에 성공했어요.

당시 헝가리에서도 혁명이 벌어지고 있었는데, 마잘 역시 혁명정신에 동참하던 젊은이였습니다. 자신의 조국은 아니더라도 도울 수 있는 데까지 힘을 다하겠다고 하더군요. 마잘은 폭탄 제조에 우수한 지식들을 지니고 있었고 정말 큰 도움이 되어주었어요. 그의 도움으로 우리는 상하이 열두 곳에 폭탄 제조소를 비밀리에 설치했습니다.

— 단재 신채호를 만나신 것이 이때쯤이셨던 걸로 알고 있습니다.

◇◇ 맞아요. 그 전에 나는 유자명을 만났어요. 유자명은 이론을 이해하는 데 매우 머리가 좋은 사람이었지요. 나는 그에게 의열단 활동에 대해 이야기했고 그는 아나키즘에 대해 설명해주었습니다. 대화를 나눈 뒤 유자명은 의열단에 가입해서 우리 동료가 되었어요.

유자명은 내가 만나봤으면 한다면서 단재 신채호를 소개시켜주었습니다. 당시 신채호는 이승만을 반대해 임시정부와 인연을 끊고 베이징에 머물고 있었어요. 그곳에서 한국 고대사에 대한 책들을 집필하고 있었지요. 그의 저서들을 읽어본 나는 단재의 필력과 정신에 감탄했습니다. 마침 그 당시의 나는 암살과 테러공작만이 전부가 아니라는 생각을 하고 있었어요. 그 명분을 알리는 선전이 없다면 일반 대중들은 우리의 행동을 이해하지 못할 테니까요. 그래서 의열단의 정신을 글로 쓸 필요성을 느꼈습니다. 그리고 단재 신채호는 그 작업의 적임자였지요.

나는 신채호를 상하이로 초청했습니다. 우리는 그에게 폭탄제조시설 등을 보여주고, '의열단선언'을 써달라고 부탁했어요. 신채호는 곧장 승낙한 뒤 여관방에 틀어박혀 글을 쓰기 시작했습니다. 얼마 뒤 그가 써준 글을 읽은 우리는 전부 감동했습니다. 그리고 앞으로 거사를 벌일 때마다

'의열단선언'을 배포하기로 했습니다.

단재 신채호와 만남

— 그가 써준 글이 도대체 어떤 내용이기에 그랬지요?

◇◇ '의열단선언', 즉 '조선혁명선언'은 5개의 부문으로 구성
되어 있습니다. 첫 번째는 일본을 조선의 국권을 박탈해간
강도로 규정하고, 이를 타도하기 위한 혁명이 정당함을 천
명했습니다. 두 번째는 3.1 운동 이후 국내에 대두된 자치
론, 내정독립론, 참정권론, 문화운동론을 일제와 협력하는
적으로 규정하고 매섭게 규탄했지요. 세 번째는 임시정부
의 외교론, 실력양성론, 준비론 등과 같은 다른 독립운동
방식의 허점을 비판했습니다.

네 번째로 일제를 몰아내려는 새로운 혁명이념으로서 민
중과 유혈투쟁의 두 요소를 결합한 아나키즘적 민중혁명
을 제시했지요. 다섯 번째로는 오파괴(伍破壞)와 '오건설
(伍建設)'에 대해 설명했습니다.

— '오파괴'와 '오건설'이 뭐지요?

◇◇ 각각 우리가 파괴해야 할 다섯 가지와, 쌓아나가야 할 다
섯 가지를 뜻합니다. 우선 다섯 가지 파괴란 외세에 의한
통치, 특권계급, 경제약탈제도, 사회적 불평등, 노예적 문
화사상입니다. 반대로 다섯 가지 건설은 고유적 조선, 자

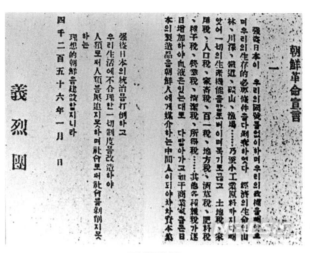

朝鮮革命宣言

一

強盜日本이 우리의國號를없이하며 우리의 政權을撤廢하고 우리 生存的 必要條件을다剝奪하였다. 經濟의生命山林·川澤·鐵道·礦山·漁場……乃至小工業原料까지 一切의生産機能을칼로버이며독기로끊고 土地稅·家屋稅·人口稅·家畜稅·百一稅·地方稅·酒草稅·肥料稅·種子稅·營業稅·淸潔稅·所得稅……其他各種雜稅가連日增加하야 血液은있는대로 다빠라가고 如干商業家들은 日本의製造品을 朝鮮人에게 媒介하는 中間人이 되야 차차資本集

우리 生活에不合理한 一切制度를改造하야 人類로써人類를壓迫지못하며 社會로써社會를剝削지못하는 理想的朝鮮을建設할지니라

義烈團

四千二百五十六年 一月 日

조선혁명선언

유적 조선민중, 민중적 조선, 민중적 사회, 민중적 문화이
지요.

— 아나키스트로서 민중이 주도해나가는 사회를 꿈꾸었던
단재 신채호 선생답군요.

◇◇ 맞아요. 우리는 이 선언문을 필독서로 지정해 모든 단원들
에게 보냈습니다.

— '의열단선언문'이 작성된 이후로도 무력투쟁을 이어나가
셨지요?

◇◇ 그렇습니다. 1923년 1월 12일 밤 김상옥이 종로경찰서에
폭탄을 던졌습니다. 곧바로 도망쳐 며칠간 숨어 다니는 데
에 성공했지만 결국에는 일제 경찰에게 걸리고 말았지요.
그는 세 시간 넘게 경찰과 총격전을 벌였습니다. 경찰 경부를 포함해 여러 명을 사살했지만 총알이 떨어지고 말았지요. 결국 그는 '대한독립만세'를 외치고 마지막 남은 탄환으로 자결했습니다.

김원봉이 말을 끊었다. 도리질하듯 고개를 흔들고는 잠시 후 다시 입을 열었다.

◇◇ 나석주는 1926년 12월 28일 동양척식회사와 조선식산은행에서 의거를 벌였습니다. 지금의 명동 을지로에 위치한 곳이지요. 그는 은행으로 들어가 폭탄을 던졌지만 불발되었습니다. 그는 은행 밖으로 나가 성큼성큼 동양척식주식회사로 들어가 직원들을 권총으로 사살했습니다. 그리고 다시 폭탄을 던졌지만 역시 불발했지요. 경찰과 총격전을 벌이던 그는 자신의 가슴에 총을 쏘아 자결을 시도했지만 실패했습니다. 이후 병원으로 옮겨져 심문을 받았는데 자신이 나석주라는 것 외에는 아무것도 실토하지 않았어요. 그리고 조국을 위해 순국했습니다. 그 뒤로도 거사활동은 계속되었지요.

임시정부와 의열단의 관계

— 여기에서 궁금한 것이 하나 있습니다. 의열단은 당시 임시

정부와는 어떤 관계를 유지했지요? 둘 다 상하이에서 주로 활동했다는 공통점이 있는데요.

◇◇ 그렇게 우호적인 관계는 아니었습니다. 물론 방법은 달라도 조국독립에 투신하고 있다는 점은 같으니 서로 적대적이었던 건 아닙니다. 하지만 임시정부와 우리는 몸집도 성격도 많이 달랐어요. 임시정부는 다양한 세력이 모여 파벌을 다툴 정도로 세력이 컸고, 우리는 그저 오로지 한 가지 목적에 투신하고 있었지요. 게다가 그들은 우리와 다른 노선을 걷고 있었습니다. 그래도 지속적으로 연락 정도는 유지했습니다.

김원봉은 고개를 까닥하더니 나직하게 말했다.

◇◇ 1922년 육군대장 암살 시도 사건 때 임시정부는 자신들과는 하등 상관이 없다고 발표했습니다. 우리로서는 그들에게 다소 실망하게 되는 계기가 되었지요. 그런 상황에서 신채호가 '조선혁명선언'을 집필해주자 그들과 우리의 관계는 더욱 멀어졌습니다.

신 채 호 의 조 국 을 향 한 선 언

— 의열단은 1923년에 벌어진 국민대표회의에 참석하지 않

았는데요. 무슨 이유였지요?

◇◇ 우리에게 그 회의는 국내와 국외 세력들이 주도권을 다투는 자리로밖에 보이지 않았습니다. 그래서 대표를 파견할 가치를 느끼지 못했어요. 회의가 결렬되었다는 소식을 들었을 때도 그럴 줄 알았다고 여겼습니다.

국민대표회의는 대한민국 임시정부의 향후 행동 방향을 결정하기 위해 열린 회의다. 1923년 1월 3일부터 6월 7일까지 총 74차례나 회의가 개최되었지만, 결국 서로 다른 입장을 가진 파벌들의 노선 갈등으로 별다른 성과 없이 막을 내리고 말았다. 회의가 실망스럽게 끝나자 수많은 독립투사들이 의열단을 대안으로 다시 생각하게 되었다.

다음은 김삼웅의 『약산 김원봉 평전』에 나오는 내용이다.

의열단의 명성이 높아지고 세력이 강화되면서 상하이 임시정부의 한 계열이 제휴를 시도해왔다. 개조파였다. 개조파 측은 국민대표회의가 실패한 것은 창조파의 독선 탓이라고 지탄하면서 의열단과 제휴하여 창조파 세력을 몰아낼 것을 제의해 왔다. 의열단은 이 제의를 받아들였다. 그리고 개조파가 고수파와 협조하여 임시정부를 개편했고 본거지를 북경에서 상하이로 옮겼다. 이로써 의열단은 상하이에 확실하게 자리잡게 되었다. 임시정부의 한 축이 된 것이다.
이 무렵 김원봉은 임시정부청사로 임정 내무총장 김구를 방문해 향후 독립운동방향 등을 협의하고 적기단(赤旗團)과의 연합을 통한 국내활동 강화를 모색했다. 적기단은 1920년대 북만주와 간도지방에서 활동하던 사회주의 계열의 항일운동 조직이었다. 연안현에 본부를 두고 단원이 한때 130여명에 달할 정도로 세력이 컸던 조직이다. 적기단은 의열단의 활동을 모방하고 일제요인의 암살과 기관 파괴를 목적으로 활동했다. 적기단은 1924년 초봄에 의열단원들과 손을 잡고 결사대를 일본에 파견했다. 그리고 왕세자 히로히토를 비롯한 일제 군정 최고 수뇌부를 일거에 폭살시키고 주요 건물을 폭파할 계획을 은밀히 세웠다. 김원봉은 국내외 항일단체뿐만 아니라 대만의 항일단체와도 국제적 연대를 시도했다. 또 의열단원을 모집하기 위해 몽골지역을 주목하고 그곳에 단원을 파견하기도 했다. 당시 몽골에는 다수의 한국 청년들이 모여 독립운동의 기회를 엿보고 있었다.

일왕 저격 김지섭

— 도쿄에서 일왕을 암살하려고 시도한 것이 그때쯤인가요?
◇◇ 맞아요. 당시 도쿄에서 '제국회의'가 열려 총독 이하 고관들이 대부분 참석한다는 소식을 들었습니다. 그래서 그곳에 폭탄을 던지기로 했죠. 거사를 실행할 단원으로는 김지섭을 보내기로 했습니다. 그는 일본어에 능통했기 때문에 그 임무의 적격자였죠.

— 그때가 1923년 말이었지요?
◇◇ 그렇습니다. 당시 9월 1일 관동에서 대지진이 일어났는데

일본 정부는 민심을 잡기 위해 조선인이 우물에 독을 풀었다는 둥 유언비어를 퍼트렸어요. 이에 일본인 자경단이 조직되어 조선인들을 살육하였고, 일본 군대도 뒤에서 학살을 주도했습니다.

— 관동대학살 말씀이시군요.

◇◇ 맞습니다. 그 소식을 들은 단원들도 분노를 누르지 못했지요. 우리는 일왕을 암살하여 죽어간 동포들의 복수를 하기로 했습니다.

— 거사는 어떻게 진행되었나요?

◇◇ 김지섭은 우선 일본으로 향하는 배에 숨어들었습니다. 폭탄을 가지고 있으니 정상적인 방법으로 입국할 수는 없었지요. 그는 갑판 아래 창고에 열흘간 숨어 견뎠습니다. 하지만 도쿄로 가던 중 '제국회의'가 취소되었다는 소식을 들었습니다. 그래서 김지섭은 일왕의 궁전으로 표적을 바꾸었어요.

그는 폭탄 세 개를 몸에 숨기고 궁성 앞 이중교(二重橋)까지 잠입했습니다. 그리고 보초병들과 싸우는 와중에도 폭탄 두 개를 던졌어요. 하지만 모두 불발되었습니다.

— 또 불발되었군요……. 정말 안타깝습니다.

◇◇ 아마도 배 밑 창고에 숨어 지낼 때 폭탄이 습기를 먹어 제대로 작동하지 않은 것이 아닐까 싶습니다. 김지섭은 곧장 체포되어 재판에 회부되었습니다. 그는 재판장에서도 일제의 악행에 대해 질타하고는, 자신은 조선 민중의 생명과

재산을 지키기 위해 의거를 행했다고 웅변했습니다. 김지섭은 무기징역에 처해졌고, 4년 후인 1928년 2월 22일에 옥중에서 순국했습니다.

다음은 김삼웅의 『약산 김봉원 평전』에 나오는 내용이다.

의열단의 의열투쟁은 김지섭의 도쿄 거사로 사실상 막을 내렸다. 그 이후에도 국내외에서 의열단원들에 의한 암살. 파괴활동이 일어났지만 이것은 의열단 지휘부의 체계적인 투쟁이 아니었다. 개별적, 부차적 투쟁이었다고 할 수 있다.

김원봉은 계속되는 의열투쟁이 단원들만 희생된 채 큰 성과를 내지 못한 것을 지켜보면서 의열단의 노선을 재정립하고 방향을 전환할 것을 신중하게 검토했다. 김원봉은 이 무렵 이념체계에 있어 다소 방황했던 흔적이 보인다. 임시정부 개조파나 적기단과 협력한 것, 그리고 국내는 물론 중국에서 급속하게 전파되고 있는 사회주의 운동에 정신적으로 적지 않은 갈등을 겪게 된 것이 그 증거이다. 새로운 이데올로기인 사회주의 운동이 동양 각국에서 활발하게 전개되면서 국내의 한 신문이 1925년 초 '사회운동과 민족운동=차이점과 일치점'이라는 기획난을 만들고 한용운, 최남선, 현상윤, 주종건, 김찬, 조봉암 등 저명한 민족주의자와 사회주의자들의 글을 실었다. 또 해외에서 민족해방운동을 지도하는 신채호, 이동휘, 안창호, 김규식과 김원봉의 글도 게재했다. 김원봉의 위상은 대표적인 민족 지도자들과 같은 반열에서 자신의 소신을 밝히게 될 만큼 성장했다.

장제스와의 인연

이야기가 진행될수록 김원봉의 말끝은 우울하게 가라앉았다. 그 전부터 단원들 얘기를 할 때마다 안색이 좋아 보이지 않았다. 그는 잠시 손으로 이마를 짚고 눈가를 가렸다.

— 괜찮으십니까?

◇◇ 다들 자랑스럽고 유쾌한 삶을 살다가 자기가 선택한 방식으로 죽음을 맞았습니다. 결국 고국이 독립되어서 다들 자유롭게 살고 있다는 걸 알면 기뻐할 겁니다"

— 투쟁을 하다 보니 고뇌가 크셨겠군요.

◇◇ 단원들은 계속해서 희생되는데 큰 성과는 내지 못했어요. 우리의 거사가 기대만큼 민중을 자극하지도 못했습니다. 그 뒤로 나는 노선을 재정리할 필요성을 느꼈습니다.

그즈음 나는 쑨원을 만났습니다. 중국 국민당 대회에 참석하러 그가 상하이로 왔다는 얘기를 듣고, 조언을 듣기 위해 찾아갔지요. 그는 독립운동을 하려면 군사적 지식이 필요하니 '황포군관학교'에 입학하는 것이 어떻겠냐고 제의했습니다.

나와 동료들은 그 제의를 받아들이기로 했습니다. 그래서 1926년 교장 장제스를 찾아갔지요. 우리는 입학시험을 치르고 자격을 따냈습니다. 우리는 그곳에서 체계적인 군사교육과 이론교육을 받았어요.

— 단원 중 몇 명이나 입교했나요?

◇◇ 1926년 1월에는 우선 주요 단원들 15명만 입교했습니다. 그리고 3월에는 80명이 입교했지요.

— 그렇다면 본거지를 상하이에서 광저우로 옮긴 셈이네요.

◇◇ 그래요. 하지만 1927년 8월 황포군관학교는 폐쇄되었습니다. 원래 황포군관학교는 국민당 정부와 중국공산당 간의 '국공합작'의 결과로 세워졌는데, 그 협력이 깨지며 당연하게 폐쇄된 것이지요.

— 저런. 그 다음에는 어떻게 하셨지요?

◇◇ 장제스의 지원을 받아 조선혁명간부학교를 세웠습니다. 설립 목표는 당연히 '한국의 절대독립'이었습니다. 백범 김구 선생님이 방문해 학생들의 기개를 북돋기 위해 연설을 해주기도 하셨지요.

수인번호 264, 이육사

— 졸업생 중에는 민족시인 이육사도 있었다고 하던데요.

◇◇ 그이는 일찍부터 의열단 단원 중 하나였습니다. 이육사는 서울로 잠입해서, 조선혁명간부학교에 입학할 학생을 모집했어요. 하지만 1934년 3월 일경에게 체포되고 말았습니다.

이후 김원봉은 1935년 9월까지 약 3년 동안 조선혁명간부학교를 이끌었다. 이에 대해 김삼웅은 다음과 같이 말한다.

당시 중국지역 한국독립운동 진영은 인적 자원이 고갈되어가고 있었다. 일제의 식민통치 20여 년이 지나면서 혹독한 탄압과 좌절로 인해 해외에 망명하여 독립운동 진영에 가담한 청년의 수가 해마다 줄어들었다.

이러한 상황에서 125명에 달하는 정예 혁명분자 양성은 대단한 인적 기반이 아닐 수 없었다. 당시 중국 관내에서 김구 진영을 제외하고 김원봉이 가장 막강한 인력을 거느리게 된 것이다. 김원봉은 이로써 의열단장이라는 일개 독립운동단체의 리더에서 중국 관내 독립운동 지도자의 위치에 올라서게 됐다. 김구가 1930년대 중반 이후 민족주의 우파세력의 지도자였다면 김원봉은 좌파세력의 한 축을 이룬 지도자였다.

— 좀 더 사적인 이야기로 질문을 돌리겠습니다. 아내 분과는 어떻게 만나게 되셨지요?

김원봉은 잠시 시선을 피하더니 깊게 숨을 들이마셨다가 짧게 내쉬었다.

◇◇ 내가 아내를 처음으로 본 것은 1930년 4월이었습니다.
— 봄이었군요.

◇◇ 처소에서 모처럼 독서를 하고 있었습니다. 러시아 작가 투르게네프의 소설 『첫사랑』의 영문판이었습니다. 한참 책에 빠져 있는데 노크 소리가 났습니다. 나는 거처를 비밀로 하고 있었기 때문에 노크를 받을 일이 별로 없었어요. 느리게 네 번, 빠르게 두 번. 문 밖에 있는 것이 믿을 수 있는 사람이라는 암호였지요. 잠갔던 문을 열자 동지 박문호가 들어왔습니다. 하지만 내 시선은 그 뒤의 젊은 여성에게 향했지요. 낯선 얼굴이었으니까요. 박문호는 그이를 자신의 누이동생 박차정이라고 소개했습니다.

— 아내 분은 어떤 사람이었습니까.

◇◇ 어렸을 때부터 지독한 가난 속에서 살아왔다고 하더군요. 선비였던 아버지가 한일합병 이후 저항의 의미로 자결하고, 어머니가 홀로 자식들을 책임졌다고 합니다. 자랄수록 그이 역시 독립운동을 굳게 결의했다고 합니다.

부산 동래의 일신여학교에 입학했던 15세 때부터 이미 그녀는 독립운동에 투신하고 있었습니다. 그리고 19세 때는 근우회 중앙상무위원을 맡았다고 합니다. 당시 서울에서 11개의 여학교가 일제에 투쟁하는 시위를 벌였는데 그이는 이를 배후에서 지도한 인물 중 하나였어요. 결국 일본 경찰들에게 체포되었고 서대문형무소에서 가혹한 고문을 받았습니다. 석방된 뒤에는 한 달 넘게 병석에서 움직이지도 못했다더군요. 그러다 오라비의 도움으로 중국으로 망명한 것이었습니다.

그이에 대한 얘기를 들을수록 강하고 존경할 만한 여성이라는 생각이 들었습니다. 그래서 나는 그이를 베이징의 화북대학에 입학하도록 주선했습니다. 중국인들과의 교유의 폭을 넓히게 하려는 의도에서였죠.

박차정

— 애틋한 마음도 생기지 않았습니까?

◇◇ 아니라고 하지는 않겠습니다. 아무튼 나는 박차정을 훌륭한 동료이자 독립운동가라고 여겼습니다. 도울 것이 있다면 도와주어야겠다고 생각했지요.

박차정과의 러브스토리

— 만난 지 1년 만에 결혼에 돌입하셨는데 그 과정이 궁금합니다.

◇◇ 3개월 뒤 나는 북경대학에서 열린 비밀 초청강연회에 참석했습니다. 강연 뒤 토론회에서 그녀를 보았습니다. 화북대학 대표로 나왔는데 뛰어난 토론 능력을 보여주더군요. 토론이 끝나 인력거를 같이 타게 됐습니다. 이때 좋아하는 책 얘기를 하다가 그이가 학창 시절에 쓴 소설 얘기가 나

왔지요. 제목은 '철야'. 독립운동가인 아버지와 어머니를 모두 잃어 고아가 된 채 겨울밤을 지내는 오누이가 등장한다고 하더군요. 그런저런 얘기를 하면서 화북대학까지 갔는데 헤어지면서 마음 한구석이 어딘지 아려왔습니다. 몇 달 후 비밀강연에서 다시 만났을 때는 화북대학 기숙사 교정을 같이 걸었습니다. 보름달이 환하게 떠 있었습니다. 플로베르의 수필 얘기도 했고 앙드레 지드의 소설 얘기도 했습니다. 그러다 보니 어느새 내가 그이에게 청혼을 하고 있더군요.

— 이후 결혼생활은 어땠지요?

◇◇ 다른 가정이랑은 많이 달랐을 겁니다. 우리 둘 다 조국에 목숨을 바치기로 결의했으니까요. 그이는 의열단의 핵심 멤버로서 활약했습니다. 1932년에는 난징에서 조선혁명 군사 정치간부학교의 여자교관으로 활동했지요. 당시 그이도 임철애, 임철산 등 여러 가명을 사용했습니다. 그리고 1936년에는 남경조선부녀회를 결성했습니다.

— 그 조직의 역할은 무엇이었지요?

◇◇ 아내는 조선이 독립하기 위해서는, 모든 여성이 민족독립을 위해 단결해야 한다고 여겼습니다. 그래서 여성들을 독립운동으로 끌어들이기 위해 단체를 설립한 것이지요. 또한 여성들에게 여성해방에 동참할 것을 주장했습니다. 이후 1937년에 그이는 조선의용대의 부녀복부단장으로 활동하면서 선전활동에 힘썼습니다. 군인들의 사기를 고취

조선의용대

시키는 데에 많은 도움이 되었지요.

— 그 시기에는 선생님도 부인과 함께 난징에 계셨지요. 선생
  님은 어떤 활동을 하셨습니까?

◇◇ 1935년 나는 좌파와 우파 독립단체 9개를 통합해 민족혁
  명당을 창당했습니다. 그리고 3년 뒤인 1938년 7월 7일에
  는 오랫동안 구상해온 조선의용대 창설계획안을 중국군
  사위원회 정치부에 제출했지요.

— 그 유명한 조선의용대가 조직된 것이군요. 당시 상황을 좀
  더 자세하게 말씀해주시겠습니까?

◇◇ 그때 중국군사위원회 위원장은 장제스가 맡고 있었습니
  다. 나는 계획안에 애초에는 조선의용군이라고 적었는데,
  장제스는 자신의 나라에 외국 '군대'가 만들어지는 것을

껄끄러워했습니다. 그래서 조선의용대로 이름을 고쳐야 했습니다.

— 조선의용대 창설은 여러 측면에서 한국 독립운동에 일대 변화를 가져왔습니다. 임시정부의 광복군 창건을 서두르게 한 계기가 되기도 했지요.

◇◇ 그렇지요. 조선의용대는 중국 정부의 지원을 받는 동안 그들의 간섭을 받는 것을 피할 수 없었습니다. 하지만 우리는 조선의용대가 독립적인 무장부대라는 굳은 신념을 지니고 있었어요.

— 임시정부 활동에 열심히 참여하기도 하셨다면서요?

◇◇ 맞아요. 1941년 4월에 열렸던 민족혁명당 중앙위원회에서 내놓은 결론이지요. 중국이 더는 지원을 해주지 않았기 때문에 조선의용대를 유지하기가 어려워졌거든요. 그래서 우리는 임시정부에 참가하고, 조선의용대를 광복군 제1지대로 편입하기로 결정했습니다. 그리고 나는 임시정부의 군무부장을 맡게 되었지요.

광복군 부사령관

— 임시정부와 민족혁명당은 이념이 다른데 쉽게 어울릴 수 있었나요?

◇◇ 글쎄요. 그 전까지 우리는 우파 세력과는 그다지 의견이

일치하는 일이 없었습니다. 그러니 큰 결단이었지요.

— 어쨌거나 우파와 좌파의 대표 세력들이 이념을 뛰어넘어 화합한 것은 독립운동 진영에서는 환영할 일이었군요. 그리고 광복군 부사령관으로 취임하셨지요?

◇◇ 그렇습니다. 1942년 12월 5일에 취임하고 약 2년 반 동안 광복군의 전력을 고쳐시키는 데에 전념했습니다. 조선의용대 출신들은 대부분 중국의 정규 군관학교에서 정예훈련을 받아 전술 이해에 탁월했지요.

— 또 임시정부에서 임시의정원 대표위원도 맡으셨다면서요.

◇◇ 맞습니다. 그 전까지 임시정부 참여는 주로 민족주의 우파 계열이 장악하고 있었는데, 내가 위원에 참여하면서 독립운동 세력 간에 대통합이 왔다는 평가를 받았지요. 뭐, 별로 실세에 가까운 지위는 아니었던 것 같습니다만……

— 임시정부에서 생활하시면서 거처도 충칭으로 옮기셨지요. 그곳에서의 생활에 대해 말해주실 수 있으신가요?

내 질문을 듣자마자 김원봉은 시선을 내리깔았다. 그의 표정이 몹시 심각해 보여서 나는 그의 당시 행적이 어떠했는지 기억해 보려고 애썼다.

◇◇ 1942년에 윤세주가 일본군과 전투 끝에 전사했다는 소식을 들었습니다. 일본군 부대는 40만 명이었지만 조선의용군은 4천 명밖에 되지 않았지요. 마지막으로 '단결해서 적

을 사살하라.'는 말을 남겼다고 들었습니다.

— 그 무렵 부인 박차정 여사님도 세상을 뜨셨지요.

◇◇ 네. 36세의 나이였습니다. 1944년 5월 27일이었지요. 곤
륜산 전투 중에 입은 총상의 후유증으로 고생하다가 결국
회복되지 못했습니다.

김원봉은 숙연한 기색으로 고개를 숙였다.

◇◇ 솔직히 독립투쟁을 하다 보니 아내를 너무 고생시켰습니
다. 매번 도망 다니다 보니 자식을 낳을 겨를도 없었고. 우
리 둘 다 독립에 몸을 바치기로 했지만, 어쩌면 그녀가 나
보다 더 강한 인간이었을지도 모르겠습니다…….

김원봉이 다시 눈빛이 흐릿해지면서 감상에 젖으려고 하기에
내가 재빨리 질문을 던져보았다.

— 그런데 스무 살 아래의 최동선과 재혼했다고 하지 않았습
니까?

김원봉은 잠시 떨떠름해하더니 설명을 이었다.

◇◇ 최동선은 3·1소년단장과 조선의용대 소년단장 등을 지낸
독립운동가였습니다. 처음 봤을 때 어린데도 똑똑하고 고

집이 강하다고 생각했지만 그런 식으로 생각하진 않았어요. 그저 그 아이의 아버지이자 역시 독립투사였던 우강과 내가 친해서 가까워졌을 뿐입니다. 최동선은 내 곁에서 비서 역할을 했어요.

― 하지만 부인이 별세하신 이후 가까워지고 결혼까지 하게 되셨지요.

◇◇ 맞습니다.

― 듣기로는 부인이 최동선에게 남편을 보살펴달라는 유언을 남기기도 했다고 하던데요.

◇◇ 그런 말은 어디서 들은 겁니까? 어쨌건 우강은 자신의 딸이 나랑 결혼하는 걸 굉장히 싫어했습니다. 사실 그럴 만도 했지요. 워낙 나이차가 많이 났으니 말입니다. 주변도 발칵 뒤집어졌고요. 나는 40대 중반을 넘긴 나이였고 그 아이는 아직 20대였습니다. 그러다 보니 중경 교포들 사이에서도 소문이 크게 났는데 대체로 나를 도둑놈이라고 욕하더군요. 솔직히 나도 그 어린 아이가 왜 그렇게 나를 좋다고 했는지 잘 모르겠습니다.

― 어쨌거나 최동선은 아버지와 심하게 다투면서도 결국 선생님과 결혼하겠다는 뜻을 굽히지 않았다고 하던데요.

◇◇ 그랬지요. 1945년 나는 최동선과 재혼했고, 주례는 백범 선생님이 서주었습니다.

― 이듬해에 마흔일곱의 나이로 첫 아들을 보셨고요.

◇◇ 맞아요. 당시 머물던 곳이 중경(重慶, 충칭)이었기 때문에

아들의 이름은 중근(重根)이라고 지었습니다.

— 그리고 같은 해에 광복을 맞으셨지요.

김원봉은 1945년 12월 2일 귀국길에 올랐다. 1918년 9월 고국을 떠났으니 꼭 27년 만의 일이다. 조국강산을 보면서 그가 느꼈을 감동은 가늠할 수가 없다. 그는 먼저 떠나간 동지들을 생각하며 눈물을 흘리기도 했다. 서울에 도착한 김원봉은 모여든 군중 앞에서 임시정부의 군무부장 자격으로 귀국인사를 했다.

> 금후 정치는 인민을 행복스럽고 자유스럽게 하기에 힘쓸 것은 물론입니다. 오는 도중에 발을 벗고 남루한 의복을 입은 동포를 보니 잔혹한 일본 침략정치 하에서 얼마나 신음하였는가를 알 수 있었으며 해외에서 자유스럽게 지내온 우리들은 오히려 편안하였다고 할 수 있습니다. 해외에서 27년간 풍상을 다 겪으면서 투쟁해오던 동지가 많이 세상을 떠났고 우리들이 환국하게 된 것은 여러 가지 감회가 착종하여 목을 메이게 합니다. (동아일보 1945년 12월 3일자)

월북과 최후

1946년 2월 하순, 고향으로 돌아온 김원봉은 마을 주민들과 오랜 재회를 나누었고 아내 박차정의 유골을 조상의 선산에 묻기도 했다.

김원봉

하지만 당시 격변하던 고국의 정세는 김원봉이 평탄한 삶을 보내도록 두지 않았다. 광복 이후 조국은 좌파와 우파의 대립으로 격렬한 분열을 맞았다.

그러던 중 1947년 3월 22일 전국노동조합평의회의 주도로 총파업이 단행되었는데 이때 파업의 배후로 김원봉이 지목되었다. 경찰과 우익 청년단체는 김원봉이 참여하는 민주주의 민족전선을 습격하였다. 이때 김원봉은 악질적인 친일 경찰관 노덕술에게 체포되어 뺨을 맞는 수모를 당했다. 노덕술은 김원봉을 빨갱이 두목이라고 조롱하며 모욕을 주었다. 노덕술은 일제강점기 때 독립투사들을 잡아서 잔인하게 고문하는 것으로 악명이 높았지만, 미군정 치하에서 여전히 종로경찰청 수사관장으로서 출세를 이어가고 있었다. 독립운동가 김원봉이 친일 경찰에게 구타와 고문을 당하고 있다는 소문이 돌자 시민들은 분노하였다. 여론이 악화되자 미군정은 증거 불충분으로 김원봉을 무혐의로 석방하였다.

◇◇ 솔직히 차라리 작전 수행 중에 죽어간 동료들처럼 나도 그렇게 떠날 걸, 하고 생각했습니다.

김원봉은 허탈하게 웃었다.

◇◇ 일제로부터 27년간 도망 다니면서 한 번도 체포되지 않았는데 정작 해방된 후에 조국에 의해 체포되다니 웃기는 일 아닙니까?

1948년 4월 9일 김원봉은 가족과 함께 월북했다. 김원봉이 월북하게 된 주요 동기 중 하나는 신변에 위협을 느꼈기 때문이다. 당시는 여운형이 암살되고 정치 대립이 갈수록 격렬해지면서 중도파와 좌파 인사들에 대한 탄압도 심화되던 시기였다. 그러던 와중에 김원봉은 경찰의 감시를 받게 되었고, 자택이 습격당하는 일을 겪기도 했다. 김원봉은 중국의 지인에게 보낸 편지에서, 그다지 북쪽으로 가고 싶지는 않지만 남한의 정세에서 신변의 위협을 느껴 살 수가 없다는 뜻을 적기도 했다.

이후 남한에는 단독정부가 수립되었고, 북측에서 김원봉은 중앙상무위원으로 선출되면서 북한정권 수립에 관여하였다. 이로 인해 김원봉은 남한에서 이적분자로 분류되어 각박한 평가를 받게 되었다. 하지만 북한에서도 그의 기록은 1958년 10월 최고인민회의 2기 상임위원회 부위원장이 마지막이다. 김일성에 의해 숙청되었기 때문이다.

김일성이 전쟁을 일으키려 했을 때 김원봉은 현실적인 이유들을 들며 극렬히 반대하였다. 우선 미국이 참전할 것이며 전쟁이 길어지면 동족상잔도 한없이 계속될 것이기 때문이었다. 하지만 결국 김일성은 남한을 침공했고, 김원봉은 숙청되었다.

북한에서는 그의 최후에 대해 극비에 부치고 있어서 여전히 이유조차 알 수 없다. 하지만 정치범 수용소로 끌려가 스스로 청산가리를 먹고 자결했다는 설이 가장 유력하다. 이때 김원봉의 아내 최동선과 자식들도 처형당했다. 또한 남한에 남아 있던 동생 김봉철, 김봉기, 김덕봉, 김구봉도 이승만 정권의 보도연맹사건에 연루되어 처형되었고 아버지 김주익은 아사했다.

결국 김원봉은 남한에서는 월북했다는 이유로 잊혀지고, 북한에서도 이름조차 금기시되는 대상이 되었다. 일제에 맞서 누구보다도 처절하게 싸웠으나 고국의 남쪽과 북쪽 모두에게 버림받았다. 지금은 그 무덤이 어디에 있는지조차 알지 못한다.

나는 마지막으로 질문 하나를 더 던지기로 했다.

― 순국한 단원들과 박차정 여사님은 대한민국 건국훈장을 수여받았습니다. 하지만 정작 김원봉 선생님은 독립운동가로 큰 인정을 받지 못하셨습니다. 그리고 대중들에게도 지금은 잊힌 상태지요. 그런 상황에 대해서 어떻게 생각하

시나요?

◇◇ 그래도 그들은 정부에게서라도 건국훈장을 받았군요…….
다행입니다.

김원봉은 길게 한숨을 내쉬었다.

◇◇ 지금 조국은 독립을 맞이했지요. 하지만 지금 시대에도 아
마 문제는 많을 겁니다. 그리고 다들 치열하게 살고 있겠
지요.

지평선 끝을 쳐다보며 이야기하던 김원봉이 나와 시선을 마주
했다.

◇◇ 우리는 그 시대를 살았고. 그 시대에서 우리가 할 수 있었
던 것들을 했습니다. 누구보다도 치열하게 살았지요. 그걸
로 됐습니다.

밀양시 영남루. 아침에 만나 얘기를 나누다 보니 어느덧 해가
기울고 있었다. 강가에는 노을이 지고 하늘에는 붉게 물든 구름이
바람에 의지한 채 흘러갔다. 민족독립을 위해 한평생을 보냈던 사
나이의 인생을 잠시나마 들여다보면서, 김원봉과 부인 박차정이
주고받으며 사랑과 혁명을 꿈꾸었던 헝가리 민족시인 페퇴피 산
도르의 시 한 구절을 회상해본다.

사랑이여

그대를 위해서라면

내 목숨마저 바치리

그러나 사랑이여

조국의 자유를 위해서라면

내 그대마저 바치리

다음과 같은 자료를 참고 인용했다

- 이원규, 『약산 김원봉』 (실천문학사, 2005)
- 김동진, 『경성의 사람들』 (서해문집, 2010)
- 김영범, 『한국 근대민족운동과 의열단』 (창작과비평사, 1997)
- 박태원, 『약산과 의열단』 (깊은샘, 2000)
- 김삼웅, 『약산 김원봉 평전』 (시대의창, 2008)

김원봉 주요 연보

- 1898년 8월   경남 밀양시 내이동 901번지 출생.
- 1905년   서당 입학.
- 1910년   밀양 사립 동화학교 입학 및 중퇴.
- 1916년   서울 중앙학교 입학 및 중퇴.
- 1917년 10월   중국 톈진 덕화학당 입학 및 귀국.
- 1918년 9월   중국 난징 금릉대학 입학.
- 1919년 6월   신흥무관학교 입학. 9월 퇴교. 11월 지린에서 의열단 창단.
- 1920년 5월   안창호 면담. 9월 의열단원 박재혁 부산경찰서 폭탄 투척.
- 1922년 3월   의열단원 김익상, 오성륜, 이종암 일본군 대장 다나카 저격(상하이).
- 1923년 1월   조선혁명선언 작성. 6월 의열단 총회 개최.
- 1924년 1월   의열단원 김지섭 동경 이중교에 투탄.
- 1926년 1월   황포군관학교 제4기 입학. 12월 의열단원 나석주 동양 척식주식회사 폭탄 투척.
- 1927년 4월   한국혁명청년회 2차 임시대회 개최, 광저우 탈출, 상하이 거쳐 무한으로 감.
- 1928년 3월   의열단 3차 대회 개최(상하이).
- 1929년   의열단 본부를 상하이에서 베이징으로 옮김.
- 1930년 4월   레닌주의정치학교 개교. 의열단원들 조선공산당재건동 맹 만주지부 결성.

- 1931년 2월 　레닌주의정치학교 제2기 졸업. 6월 의열단원들 국내에
　　　　　　　서 조선공산당재건동맹 조선지부 설치.

- 1932년 봄 　　의열단원 난징으로 이동. 10월 난징 교외에 혁명간부학
　　　　　　　교 개교.

- 1933년 4월 　군관학교 1기생 졸업. 7월 혁명간부학교 졸업생들 국내
　　　　　　　와 만주 등 공작지에 파견.

- 1934년 4월 　김구 혁명간부학교 방문.

- 1936년 1월 　민족혁명당 기관지 〈민족혁명〉 창간호 발간. 7월 민혁
　　　　　　　당 난징조선부녀회 결성(책임자 박차정).

- 1937년 12월 민혁당, 해방동맹, 혁명자연맹, 한구에서 조선민족전선
　　　　　　　연맹 결성.

- 1938년 10월 조선의용대 창립 총대장.

- 1941년 연초 조선의용대 각 지대 낙양으로 이동. 4월 조선의용대 황
　　　　　　　하 건너 화북에 진입. 5월 민혁당 임정 참여 선언.

- 1942년 5월 　조선의용대 광복군 제1지구대로 편입. 12월 광복군 부
　　　　　　　사령 겸 제1지대장으로 취임.

- 1943년 10월 부인 박차정 사망.

- 1944년 5월 　임정군부장에 취임.

- 1945년 1월 　최동선과 재혼. 9월 조선인민공화국 군사부장으로
　　　　　　　추대.

- 1947년 3월 　군정경찰에 피검. 4월 무혐의 석방. 7월 김규식, 여운
　　　　　　　형, 허헌과 함께 4거두 회담, 서재필과 면담.

- 1948년 4월 　민전 대표로 월북. 9월 북한 정부의 국가검열상에

취임.

- **1957년 9월** 최고인민회의 상임위원회 부위원장에 선임.
- **1958년 9월** 최고인민회의 상임위원회 부위원장 해임. 11월 숙청설.

김구와의
인터뷰

서울시 용산구 효창동에는 시민들에게 익숙한 명소가 있다. 바로 효창공원이다. 효창공원 안에 있는 백범기념관에는 7인의 독립운동가가 안장되어 있는데, 그 모습이 마치 임시정부를 옮겨온 듯하다. 그곳을 방문한다면 조국의 광복을 위해 온몸으로 투신한 이들의 그 의열한 숨결을 여전히 느낄 수 있을 것이다. 1932년 4월 29일 일왕의 생일날 폭탄을 던져 일본군 대장을 즉사시킨 윤봉길, 1932년 1월 8일 도쿄에서 일왕에게 수류탄을 투척한 이봉창, 일본 군사시설을 파괴하는 공작을 전개한 백정기, 수많은 독립운동가가 떠나가는 중에도 임시정부를 끝가지 지켜낸 이동녕, 임시정부의 정통성을 계승하는 데에 헌신한 차이석, 독립군을 양성하는 데 투신한 군사전문가 조성환, 그리고 어떠한 설명조차 필요하지 않은 백범…….

　　'백범'이라는 두 글자를 들었을 때 대중들의 뇌리를 가장 먼저 스치는 것은 아마 『백범일지(白凡逸志)』일 것이다. 모든 국민이 이름을 들어보았을 법한 도서지만 아마 직접 읽어본 사람은 그리 많지 않을 것이다.『백범일지』는 상편, 하편과「나의 소원」으로 구성되어 있다. 상편은 김구가 중국 상하이의 대한민국 임시정부에 있을 때인 1929년에 쓴 글이다. 주로 구한말 자신의 생활을 돌아보는 내용이 담겨 있으며, 김인과 김신 두 아들에게 보내는 편지 형식으로 작성되었다는 점이 주목할 점이다. 하편은 1932년 그의 주도하에 창립된 한인애국단 활동을 비롯해, 해방을 맞이할 때까지 이어진 독립운동을 기록하고 있다. 책 가장 뒷장에 수록된「나의 소원」에는 완전한 자주독립과 통일국가를 바라는 김구의 마음이 담겨 있다.

너희들이 아직 어리고 반만 리 먼 곳에 있어 수시로 나의 이야기를 말해줄 수 없구나. 그래서 그간 내가 겪어온 바를 간략히 적어 몇몇 동지에게 맡겨 너희들이 아비의 경력을 알고 싶어 할 정도로 성장하거든 보여주라고 부탁하였다. 내가 가장 안타깝게 생각하는 것은 너희들이 장성하였으면 부자간에 서로 따뜻한 사랑의 대화로 족할 것이나, 세상 일이란 뜻대로 되는 것이 아니구나. 내 나이 벌써 쉰셋이건만 너희들은 겨우 열 살, 일곱 살의 어린 아이니, 너희들의 나이와 지식이 더할수록 나의 정신과 기력은 쇠퇴할 따름이다. 또한 나는 이미 왜구(倭仇)에게 선전포고를 하여 언제 죽을지 모르는 사선(死線)에 선 몸이 아니냐. 지금 일지를 기록하는 것은 너희들로 하여금 나를 본받으라는 것이 결코 아니다. 내가 진심으로 바라는 것은 너희들 또한 대한민국의 한 사람이니, 동서고금의 많은 위인 중 가장 숭배할 만한 사람을 선택하여 배우고 본받게 하려는 것이다. 나를 본받을 필요는 없지만, 너희들이 성장하여 아비의 일생 경력을 알 곳이 없기 때문에 이 일지를 쓰는 것이다. 다만 유감스러운 것은 오래된 사실들이라 잊어버린 것이 많다는 것이다. 그러나 일부러 지어낸 것은 전혀 없으니 믿어주기 바란다.

대한민국 11년(1929) 5월 3일
상해 법조계(法租界) 마랑로(馬浪路) 보경리(普慶里) 4호
임시정부 청사에서 집필을 완료하다.

나의 소원

그렇다면 『백범일지』의 제목은 어째서 일기(日誌)가 아닌 일지(逸志)일까? 그것은 이 기록이 그날그날 작성한 '일기'가 아니라 '알려지지 않은 이야기'이기 때문이다. 상권을 쓸 때 김구는 언제 죽을지 모르는 위태로운 삶을 살고 있었으므로 고국에 있는 두 아들에게 보내는 유서로서 글을 집필했다. 하권은 정신과 기력이 더 쇠잔하기 전에 독립운동을 하면서 걸어온 여정을 기록하고자 한 것이다. 말미에 붙인 「나의 소원」은 교과서에도 실려 있어 『백범일지』를 읽지 않은 이들이라 해도 내용이 짐작 가는 바가 대강 있을 것이다. 백범 김구의 혁명가로서 면모와 인간적인 매력을 넘치도록 담아낸 것이 바로 『백범일지』다.

네 소원(所願)이 무엇이냐 하고 하느님이 내게 물으시면, 나는 서슴지 않고

"내 소원은 대한독립(大韓獨立)이오." 하고 대답할 것이다.

그다음 소원은 무엇이냐 하면, 나는 또

"우리나라의 독립이오." 할 것이요,

또 그다음 소원이 무엇이냐 하는 세 번째 물음에도, 나는 더욱 소리를 높여서

"나의 소원은 우리나라 대한의 완전한 자주독립(自主獨立)이오." 하고 대답할 것이다.

도진순 창원대 교수가 주해한 『백범일지』의 도입부에는 백범이 생을 마감하던 1949년에 붓글씨로 즐겨 썼다는 시가 인용되어 있다.

영욕에 초연하여 그윽이 뜰 앞을 보니

꽃은 피었다 지고

가고 머무름에 얽매이지 않고 하늘가 바라보니

구름은 모였다 흩어지는구나

맑은 창공 밝은 달 아래

마음껏 날아다닐 수 있어도

불나비는 유독 촛불만 쫓는다

맑은 물 푸른 숲에 먹을 것 가득하건만

수리는 유난히도 썩은 쥐를 즐긴다.

아! 세상에 불나비와 수리 아닌 자

그 얼마나 될 것인고?

이는 불나비처럼 덧없는 영화를 쫓는 이들과, 수리처럼 눈앞의 이익만을 탐하는 무리를 질타하는 내용이라고 도 교수는 풀이한다.

눈발이 내리는 2월 말 오후 효창공원에서 잠시 백범을 알현했다. 겨울이 채 가시지 않아 쌀쌀한 기운이 감돌았다. 백범기념관을 찾는 사람들이 눈에 띄었다. 모자를 눌러쓴 노년의 신사도, 어머니와 함께 손을 잡고 온 아이들도 보였다. 저들은 백범에 대해 얼마나 알고 있을지가 문득 궁금해졌다. 대개는 교과서를 통해 접한 내용을 토대로 백범을 이해하고 있을 것이다. 백범은 흔히 알려진 노신사의 복장 그대로 벤치 옆자리에 앉아 있었다. 동그란 안경 뒤로 보이는 그의 눈빛은 온화하면서도 깊은 연륜이 엿보였다. 워낙 국민적으로 추앙받는 큰 어르신이기 때문에 섣불리 질문을 꺼내기가 다소 긴장되는 기분이 들었다.

— 선생님 혹시 박기서라는 이름을 들어보셨습니까?

◇◇ 글쎄요, 딱히 들어본 적은 없는 것 같습니다.

— 그렇다면 안두희는 아시겠지요?

◇◇ 그 사람을 만난 적이 있지요. 아마 육군 소위였던 것으로
    기억합니다. 내가 경교장에 있을 때 불쑥 찾아와 권총으로
    날 겨냥했지요.

— 그 안두희를 '정의봉'으로 때려죽인 사람이 바로 박기서
    입니다.

◇◇ 아, 그래요. 좀 더 자세히 얘기해보시오.

— 예. 그러니까 1996년 10월 23일에 벌어진 일입니다. 평소 백범 선생님을 존경하던 박기서는, 선생님을 암살한 안두희에 대한 분노를 참을 수가 없었다고 합니다. 그래서 나무 몽둥이에 '정의봉'이라고 쓴 뒤 안두희의 집으로 쳐들어가 그를 때려죽였다고 해요. 그리고 곧바로 경찰에 자수한 뒤 '이 하늘 아래에서 그런 놈과 같이 살고 있다는 사실이 부끄러웠다.'고 동기를 밝혔습니다.

◇◇ 허허. 성격이 불같은 이로군요. 그 이후 어떻게 됐습니까?

— 이 사건으로 박기서 씨는 대법원에서 3년형을 선고받았습니다. 하지만 수감 1년 5개월 만에 3·1절 특사로 출소되었습니다. 그만큼 독립운동계의 거두가 암살당했던 일에 대한 증오감을 국민들도 인정한 것이지요.

◇◇ 듣다 보니 그날의 일이 떠오르는군요. 1949년 6월 26일이었지요. 원래 그날은 주일예배에 참여할 예정이었지만 차가 없어서 가지 못하고 집에서 쉬었습니다. 오전 11시쯤 되었을까요, 육군 장교 안두희가 면담을 요청했습니다. 비서는 의심 없이 그를 2층으로 들여보내주었지요. 무슨 일이냐고 물었더니 다짜고짜 총을 꺼내더군요. 총소리가 네 번인 것까지는 기억납니다.

김구는 잠시 쉬었다가 말을 이었다.

◇◇ 얘기하다 보니 떠오르는군요. 나는 중국에 있었을 때도 총

에 맞은 적이 있었지요. 그때는 깨어났지만 말입니다.

남목청 사건

— 임시정부 시절에 겪으셨던 남목청 사건을 말씀하시는 것
　이군요. 그 당시의 일은 『백범일지』에도 적혀 있지요.
◇◇ 아마 1938년에 있었던 일로 기억합니다. 중국 창사(長沙)
　에서 조선혁명당과 논의를 하던 자리였어요. 조선혁명당
　당원인 이운한이 일어나더니 권총을 꺼내더군요. 가슴에
　한 발을 맞고 정신을 잃었지요. 나중에 알았지만 그곳에
　있던 사람들은 내가 이미 죽은 줄 알고, 응급처치도 하지
　않은 채 부고를 알리는 전보부터 쳤다고 합니다. 하지만
　나는 결국 창사 상아병원에서 눈을 떴어요. 다행히도 총알
　이 심장 바로 앞에서 멈췄다고 하더군요.

김구는 자신의 가슴팍을 가만히 만져보며 말을 이었다.

◇◇ 그 전에 나는 이운환에게 금전적인 지원을 조금 해준 적
　도 있었어요. 그때는 그가 밀정인지 몰랐으니 말입니다.
　그가 쏜 총에 가장 먼저 맞은 것은 나였지만, 그 뒤로 현익
　철, 유동열도 중상을 입었다고 하더군요. 이청천도 총알이
　스쳤지만 다행히 크게 다치지는 않았다고 합니다. 이운찬

은 바로 체포되었고, 곧
그 사건을 사주한 배후
가 박창세와 강창제라는
것이 밝혀졌지요. 일제
도 아니고 같은 동포가
내 목숨을 노렸다는 점
에서 씁쓸했지요.

가슴에 총을 맞은 김구

— 안두휘는 고작 암살의
하수인에 불과하다는 이
야기가 그때도 전국을
떠들썩하게 만들었는데요, 백범 선생님께서는 그 배후에
누가 있는지 짐작이 가셨습니까?

◇◇ 누가 봐도 일개 포병 소위가 단독으로 암살 계획을 세우
지는 않았겠지요. 아마도 이승만 정권이나 친일파 세력 등
이 조직적으로 벌인 짓이리라고 짐작합니다.

— 당시 안두희의 인터뷰에서도 김창룡의 지시로 했다고 말했
다가 증언을 번복하는 등 횡설수설하는 기록이 남아 있지요.

◇◇ 그랬을 겁니다. 그날도 아무런 사전 연락도 없이 불쑥 찾
아왔는데 용건이 무엇이냐고 물었더니 대답을 못 하더
군요.

김구 암살사건은 배후가 있을 것이라는 논쟁으로 전국을 시끄
럽게 만들었지만, 독재정권 하에서는 제대로 된 조사가 이루어지

지 않았다. 그래서 한동안 그 사건은 당시 대한민국의 좌우 갈등이 극에 치달은 끝에 안두희가 우발적으로 저지른 것으로 알려졌다. 하지만 1993년 국회에서 진상규명을 위한 조사에 착수하면서, 이 일이 이승만 정권의 주도하에 조직적으로 준비된 정치적 암살이었음이 드러났다. 그럼에도 여전히 이 사실은 대중적으로 잘 알려져 있지 않다.

전국에 울려 퍼진 조가와 조시

— 백범 선생님의 장례는 그해 7월 5일 동대문운동장에서 국민장으로 치러졌습니다. 해방 이후 첫 국민장이었죠. 그때 나온 조문객이 무려 124만 명이었습니다. 조가와 사람들의 울음소리가 전국에 울려 퍼졌지요.

◇◇ 아, 그래요.

김구는 잠시 지그시 눈을 감았다가 하늘을 바라보았다. 마치 그날의 모습을 떠올리는 듯했다. 다음은 김삼웅이 쓴 『백범 김구 평전』에 실린 조가의 내용이다.

1. 오호 여기 발 구르며 우는 소리, 지금 저기 아우성치며 우는 소리, 하늘도 땅도 울고 바다조차 우는 소리, 끝없이 우는 소리. 임이여 듣습니까, 임이여 듣습니까.

2. 이 겨레 나아갈 길이 어지럽고 아득해도 임이 게시오매 든든한 양 믿었더니 두 조각 갈라진 땅 이대로 버리고서 천고의 한을 품고 어디로 가십니까. 어디로 가십니까.

3. 떠도신 70년을 비바람도 세옵드니 돌아와 마지막에 광풍으로 지시다니 열매를 맺으려고 지는 꽃이 어이리까. 뿌으신 피의 값이 헛되지 않으리라. 헛되지 않으리라.

4. 삼천만 울음소리 임에 몸 메고 가오. 편안히 가옵소서, 돌아가 쉬옵소서. 뼈저리게 아픈 설움 가슴에 부드안고 끼치신 임의 뜻을 우리 손으로 이루리다. 우리 손으로 이루리다.

이 밖에도 박두진이 「오, 백범 선생」이라는 시를, 조지훈은 「마음의 비명—김구 선생의 영여(靈轝)를 보냄」이라는 시를 지어 백범의 죽음을 기렸다. 또한 김구가 중국에서 망명하던 시절 교분이 있던 중국 총통 장제스(蔣介石)는 '추성이 하룻밤에 떨어지니/ 하늘과 땅은 놀라고 슬퍼하며 우는도다'라는 내용의 만사(輓詞)를 영전에 보내왔다.

빈한한 상놈의 아들로 태어나

◇◇ 지금에야 나를 칭찬하는 사람이 많다고 들었지만, 나는 사

실 그렇게 존경받을 일생을 살아온 것 같지는 않습니다.

— 아니, 독립운동의 거두이신 선생님이 아니면 누가 존경을 받을 수 있겠습니까?

◇◇ 글쎄요. 나는 그냥 무식한 상놈에 지나지 않았지요……. 어쩌다 보니 임시정부의 요직에 앉아 어떻게든 최선을 다하려 애썼지만 말입니다. 오히려 그랬기 때문에 다른 생각 따위 안 하고 독립만 생각했던 것일지도 모르겠습니다.

— 지나친 겸손이시군요. 그러면 이제부터 백범 선생님의 개인사에 대한 질문을 여쭙겠습니다. 백범 선생님께서는 1876년 7월 11일 새벽에 황해도 해주읍에서 세상에 나오셨는데요, 어린 시절은 어떠하셨나요?

◇◇ 내 아버지의 성함은 김순영이고 어머니의 성함은 곽낙연이었습니다. 원래 우리 가문은 영의정까지 오른 양반가였다고 했는데, 역모에 말려 몰락했다고 했지요. 그 뒤로는 완전히 상놈이 되어 텃골에서 아주 가난하게 숨어 살았습니다.

어머니는 나를 낳을 때 크게 난산을 겪으셨다고 합니다. 아마도 내 몸집이 다른 갓난아기보다 커서 그랬나 봅니다. 산통이 시작된 지 일주일이 지나도 아이가 나지 않아 결국 어머니의 생명이 위험한 지경에 이르렀어요. 친척들이 모여 아는 민간요법을 전부 해보았지만 소용없었습니다. 상황이 이에 이르자 결국 미신이라도 시도해볼 수밖에 없었는데, 친척 어르신의 마지막 권유로 아버지가 머리에 소 안장을 쓰고 지붕에서 소 우는 흉내를 냈지요. 그렇게 제가 태어났습니다. 이때 어머니의 나이는 열일곱 살이었죠.

— 당시에는 일찍 결혼하는 것이 일반적이었다고 알고 있습니다만 요즘 기준으로는 정말 어린 나이셨군요.

◇◇ 집안에 먹을 것도 넉넉하지 않아 어머니는 젖동냥으로 절 키우셨다고 합니다. 저는 서너 살 즈음에 천연두를 앓았고 그때의 자국이 어른이 될 때까지도 남았지요.

— 아까 한때 영의정까지 지냈던 가문이라고 하셨는데요, 집안 내력에 대해 좀 더 자세히 말해주실 수 있습니까?

◇◇ 아버지로부터 귀가 아프도록 들은 말인데, 원래 우리는 안동김씨 명문가였다고 합니다. 태조 이성계가 조선을 건국할 때 공신이었던 김사형의 후손들이었지요. 더 거슬러 올라가면 신라 경순왕의 8대손인 충렬공의 손자의 손자인 익원공이 나의 시조였습니다.

— 세도정치로 유명한 그 안동김씨 말인가요?

◇◇ 아니오. 그들은 우리 가문이 몰락한 이후 정권을 잡은 세력입니다. 우리와는 성씨만 같지 혈연적으로는 아무런 관계가 없었어요. 어쨌거나 우리 가문은 조선 효종 시기에 영의정 김자점이 국가기밀을 누설하는 바람에 멸문지화를 당했습니다. 그 다음부터는 시골까지 도망가 평민들과 섞여 살기 시작한 것이지요.

— 어려운 가정환경에서 자라셨군요.

◇◇ 서당에 가고 싶었지만 시골동네에선 찾아볼 수가 없었습니다. 게다가 다른 동네 서당에 가더라도 양반 자제들에게

멸시를 당할 것이 뻔했지요. 아버지께서 그 꼴은 못 보겠다고 하시더군요.

— 교육과정도 순탄하지 않으셨군요.

◇◇ 결국 아버지께서는 아이들을 몇몇 모아 서당을 직접 여시고 이생원이라는 분을 선생으로 모셔왔습니다. 그 전까지는 나는 동네에서 제법 말썽을 피우는 편이었습니다. 그런데 드디어 나도 서당에 다닐 수 있다는 것이 마냥 기뻐서, 그때부터는 마음을 다잡고 공부에 전념했지요. 그동안 주변으로부터 상놈이라고 무시당할 때마다 울분이 쌓였는데, 이제 내 자신을 인정받을 기회가 왔다고 말이지요. 부모님 일을 돕던 중에도 배운 것을 계속 곱씹고는 했습니다. 동무들 중에는 나보다 공부를 먼저 시작했던 이들도 있었지만, 배운 것을 외우는 것은 내가 최우등이었습니다.

관상과 풍수를 배우다

— 남들보다 글을 열심히 배운 것은 신분 상승을 위해서인가요?

◇◇ 어려서는 그런 마음도 있었습니다. 글공부를 해서 과거에 붙으면 그저 출세할 줄로만 알았지요. 그러다가 열일곱 살이 되었을 때, 나라에서 임진경과(壬辰慶科)를 실시한다는 공문이 붙었습니다. 우리나라에서 마지막으로 실시된 과

거시험이었지요.

나는 아버지의 한을 풀어드리고자, 아버지의 이름으로 과거시험을 보았습니다. 그런데 시험장에 들어서는 순간부터 가관이더군요. 자리싸움은 물론이고 여기저기 신세한탄을 하는 소리로 매우 시끄러웠습니다. 어쨌건 시험 결과는 낙방이었어요. 그런데 집에 돌아오는 길에도 이상한 말들이 들리더군요. 답안지를 검사관에게 보여주지도 않고 죄다 버린다느니, 수천 냥을 주고 남의 답안을 사서 제출한다느니 하는 말들이 공공연하게 들려왔습니다. 심지어 어차피 급제자는 정해져 있다는 소리도 들렸지요.

나는 이런 식으로 진행되는 과거에 무슨 가치가 있나 싶었습니다. 평생을 바쳐 글공부를 해보았자 과거장의 작태가 이 모양이라면 결과는 뻔했지요. 좌절하고 집으로 돌아온 내게 아버지는 관상이나 풍수를 배워보라고 권했습니다. 풍수를 잘 배우면 명당을 얻어 자손이 복을 누릴 것이고, 관상을 잘 보면 성인군자를 만날 수 있지 않겠냐면서요.

— 공교롭게도 그 무렵 이승만 박사도 과거시험에 낙방했습니다. 떨어진 후 그는 영어와 서양 학문의 길로 들어섰고, 백범 선생님은 관상과 풍수의 길로 들어선 셈이군요.

◇◇ 그래요. 그래서 아버지의 말씀대로 관상을 배우기 시작했습니다. 달마대사가 지었다는 『마의상서(麻衣相書)』한 권을 아버지께 빌려달라고 하고 석 달간 독방에 틀어박혀 공부를 했지요. 그런데 관상학에 따라 내 얼굴을 보니, 흉

한 징조밖에 보이지 않는 겁니다. 나는 과거시험에서 낙방했을 때보다 더 큰 비관에 빠졌습니다. 살고 싶은 마음이 없어졌지요.

그러던 중 이런 구절을 읽었습니다. 얼굴이 좋은 것은 몸이 좋은 것보다 못하고, 몸이 좋은 것은 마음이 좋은 것보다 못하다는 구절 말이지요. 그래서 차라리 마음을 갈고닦기로 했습니다.

— 마음가짐에 변화가 생기신 것이군요.

◇◇ 그래요. 이제까지 해왔던, 과거를 통해 천한 신세를 벗어나겠다는 생각도 순전히 허영이자 망상에 지나지 않았다는 것을 깨달은 것이지요.

— 그 다음부터는 어떤 일을 하셨지요?

◇◇ 관상학에 대한 책을 덮은 다음에도 잡다한 책을 읽었습니다. 지리에 대한 책도 펼쳐보았지만 별로 취미에 맞지 않았어요. 그보다는 병법서가 더 재미있었습니다. 『손무자』, 『오기자』, 『삼략』, 『육도』 등 가리지 않고 읽었지요. 나는 책들을 읽으며 낙방한 좌절감을 달랬지만, 미래는 여전히 막막했습니다.

동학에 가입하다

— 18살 때 동학에 입도하셨다고 들었습니다.

◇◇ 맞아요. 그즈음 사회모순을 개혁하자고 주장하는 동학이 지방 시골까지 전도되고 있었지요. 나 역시 그 교리에 이끌려 20리 넘게 떨어진 마을까지 찾아갔습니다. 그곳에서 동학접주 오응선을 만나 동학에 입도했어요.

당시 조선은 사회적 혼란이 지속되고 있었다. 상품화폐경제의 발달로 농민층 간 빈부격차가 심해지고 있었고, 세도정치로 정치기강이 문란한 틈을 타 지방관과 지방 유지들은 마음껏 백성들을 착취하였다. 이에 생활고를 견디지 못한 일부 백성들은 동학에 자신을 의탁하는 것으로 희망을 찾으려 했다. 동학은 '모든 인간은 평등하다.'는 인본주의(人本主義) 사상을 기반으로 사회개혁을 주장했다. 이는 부조리한 사회구조의 변화를 갈망하던 민중의 마음을 사로잡았다.

◇◇ 특히 존비귀천을 없애자는 것과, 부패한 조선왕조 대신 새로운 국가를 건설하자는 사상에 나는 전적으로 공감했습니다. 나는 동학에 입문하면서 새 이름을 받았습니다. 이전까지의 이름인 김창암을 버리고 창수(昌洙)로 개명했지요. 그 뒤로는 접주가 되어 적극적으로 포교활동을 벌였습니다. 나중에는 나를 찾아오는 사람이 수백 명이 넘었는데, 그중 양반은 없고 대부분 나와 같은 처지의 상놈들이었어요. 멋모르는 사람들은 내가 동학에 깊게 심취하다 보니 축지법을 쓰거나 하늘을 날 수 있다고 소문을 퍼트리

기도 했습니다. 아마 그런 뜬소문으로라도 잠시 고된 현실을 잊어보려 했나 봅니다.

— 그 뒤로는 어떤 활동을 하셨지요?

◇◇ 그 무렵 전라도에서 시작된 동학농민운동이 황해도까지 번지고 있었습니다. 나 역시 동학군에 들라는 지명을 받았지요. 나를 포함한 근방 접주들도 모여서 회의를 한 결과 우리도 혁명에 참가하기로 했습니다. 황해도 해주성을 점령해 탐관오리와 왜적을 처단하기로 했지요. 이때 열여덟 살인 내가 선봉에 서게 되었는데, 그들은 내가 평소 병법 책을 많이 읽었으니 적임자라고 했습니다. 글쎄요, 솔직히 자신들이 총알받이가 되기는 싫었기 때문으로 보입니다만…….

— 그리고 어떻게 되었지요?

◇◇ 어쨌거나 나는 책임지고 선봉에 섰습니다. 우리는 척양척왜(斥洋斥倭)라고 적힌 깃발을 내걸고 전투를 벌였지요. 우리는 나름대로 전술을 세워 열심히 싸웠지만 결국 관군이 총을 쏘아대자 전의를 잃고 퇴각했습니다. 그나마 사상자가 많지 않다는 것이 위안이었어요.

안중근과 아버지 안 진사를 만나다

◇◇ 나는 그때 깨달았습니다. 그저 농사짓는 것밖에 모르는 백

성들로는 조직된 군대와 싸워 이길 수 없다는 것을 말이에요. 그래서 사람들을 훈련시킬 교관을 찾았습니다. 굳이 동학교도일 필요는 없었습니다. 직접 전투를 지휘해본 적이 있어야 한다는 점이 가장 중요했지요.

그러던 어느 날 정덕현과 우종서라는 사람이 찾아왔습니다. '동학군이란 한 놈도 쓸 만한 것이 없는데 그대가 좀 낫다는 말을 듣고 한번 보고 싶어 왔다.'고 하더군요. 그들은 이미 동학군들에게 여러 계책을 내놓았지만, 자존심 문제로 무시당하고 나를 찾아온 것이었습니다. 나는 공손하게 그들의 말을 경청했어요. 그들은 몇 가지 기본적인 조언들을 해주었습니다.

첫째, 군기를 정숙하되 병졸을 대할 때 절대 경어를 쓰지 말 것.

둘째, 백성들의 인심을 얻어야 하므로, 동학당이 총으로 곡식이나 돈을 빼앗고 다니지 못하게 단속할 것.

셋째, 어진 이를 초빙하는 글을 돌려 경륜 있는 인사를 다수 구할 것.

넷째 전군을 구월산에 모아 훈련할 것.

다섯째, 재령과 신천 두 고을에 왜놈이 사서 쌓아둔 쌀 수천 석을 몰수하여 구월산 패엽사로 옮겨 군량미로 삼을 것

나는 그들의 조언을 최대한 시행했습니다. 전군을 구월산으로 이동시킬 준비를 하던 때였습니다. 적군을 이끄는 청계동의 안 진사로부터 밤에 밀사가 왔습니다.

다음은 김삼웅이 저술한 『백범 김구 평전』에 나오는 내용이다.

안 진사는 청계동에 의려소(義旅所)를 두고 산포수 수백 명을 모집하여 동학군을 토벌한다는 그 장본인이기 때문에 동학군과는 적대관계에 있었다. 창수는 일단 정덕현에게 밀사를 만나보게 했다. 이 사건은 향후 백범의 생애에 큰 전기가 됐다. 한국 독립운동사에서 샛별같이 찬연히 빛나는 두 인물, 백범과 안중근 가(家)의 만남은 이렇게 이루어진다. 안중근의 아버지 안 진사, 안태훈(安泰勳)은 당대에 글 잘하고 글씨 잘 쓰고 지략이 뛰어난 사람으로 그 명성이 널리 알려진 인물이었다.

슬하에 중근, 정근, 공근 등 세 아들을 두었다. 맏아들 중근은 나중에 국적 이토 히로부미를 하얼빈에서 처단한 바로 그 사람이다. 정근과 공근도 항일독립운동 전선에서 혁혁한 공을 세워 안태훈의 가문은 한국 독립운동사에서 가장 많은 사람이 독립유공자로 서훈을 받게 된다.

안태훈은 해주 사람으로 난세를 피해 1980년부터 신천군 청계동에 은거하고 있었다. 동학농민전쟁이 일어나자 아들 안중근과 함께 의려를 일으켜 동학군을 토벌하여 팔봉부대도 경계할 만큼 명성을 떨치고 있었다. 때마침 20리 상격하여 회학동과 청계동 군사가 대진하고 있었던 그때, 동학군 토벌대장인 그가 해주 출신이므로 백범의 집안이나 애기

주접으로 명성을 듣고 있었을 것이다.

— 안 진사의 밀사는 무슨 목적으로 찾아온 건가요?

◇◇ 안 진사는 그동안 몰래 나를 눈여겨보고 있었던 모양입니다. 그는 안 진사가 나를 높게 평가하고 있다고 했어요. 비록 어리지만 대담한 인품을 지녔다고 말이지요. 또 관군 측에서 먼저 진압에 나서진 않을 것이지만, 만약 청계동을 침범하면 자신도 우리의 목숨을 보장할 수 없다고 했지요. 자신이 이렇게 경고해주는 건 아까운 인재를 잃기 싫기 때문이라고도 했습니다. 그래서 즉시 참모회의를 열어 논의한 결과 '한쪽이 상대를 치지 않는 한 서로 공격하지 않는다. 한쪽이 위험에 빠지면 서로 돕는다.'라는 밀약을 맺었습니다.

— 놀라운 이야기군요. 안 진사와 동학군은 적대관계 아니었던가요?

◇◇ 맞아요. 내가 이끄는 동학군은 양반들을 토벌하려고 온 것이고, 안 진사는 동학군을 토벌하기 위해 의병을 끌어모았으니까요. 그 당시 동학농민군을 지지하는 백성들도 많았지만, 반대하는 이들도 적지 않았습니다. 특히 유생들은 나라의 개혁을 외치면서도, 동학농민군이 양반 지배체제 자체를 부정하는 것은 위험하게 여겼지요. 안 지사도 그런 마음에서 의병을 일으켜 농민군을 진압하러 왔던 것입니다. 나름대로 그것이 나라를 구하는 길이라고 여겼던 것이지요.

백범은 잠시 쉬었다가 말을 이었다.

◇◇ 얼마 후에 동학군이 패하자 나는 밀약을 믿고 안 진사에게로 가서 몸을 의탁했고, 그는 나를 기꺼이 받아주었습니다. 이 일은 내 가치관이 변하는 큰 계기가 되었어요. 양반이라고 해서 전부 우리의 적이 아니라는 것을 깨닫게 된 것이지요. 양반과 상놈이 갈라져서 싸울 일이 아니라, 우리 민족 전체를 위한 길이 무엇일지 찾아내야 한다는 것을 알게 되었습니다.

— 안 진사가 어떤 분이셨는지 좀 더 이야기해주시겠습니까?

◇◇ 그는 안중근 지사의 아버지 되는 분입니다. 본디 해주 문중에서 대대손손 지내오던 명문가의 후손인데, 정치가 어지러워지자 벼슬에 대한 뜻을 버리고 청계동으로 내려왔다고 하지요. 그도 그의 형제들도 모두 책과 문장에 밝았습니다. 당시 시객들도 안 진사의 시조를 크게 칭찬하며 외우곤 했어요. 안 진사는 종종 나를 불러서 스스로 잘 지었다고 생각하는 시조를 들려주고는 했습니다.

다음은 동학농민운동이 벌어졌던 시기에 안 진사가 지은 시의 구절이다.

새벽 굼벵이는 살고자 흔적 없이 가버리나
저녁 모기는 죽기를 무릅쓰고 소리치며 달려든다.

안중근 의사 집안과 3대째 인연

— 그곳에서 어린 안중근 지사도 만났겠군요.

◇◇ 맞아요. 그때 안 진사의 맏아들 중근은 열세 살로 상투를 틀고 있었는데, 날마다 총을 메고 사냥을 하러 나가곤 했습니다. 청계동 군사 중에서도 그처럼 총을 잘 쏘는 사람은 없었을 겁니다. 그는 짐승이건 새건 겨눈 것은 놓치지 않기로 유명했습니다. 때로는 계부인 태건과 사냥을 나가기도 했지요. 그들이 잡아 온 노루와 고라니를 군사들에게 나눠주거나, 안 진사와 그 형제들의 술안주로 삼기도 했습니다.

당시로부터 18년이 지난 후 안중근은 하얼빈에서 이토 히로부미를 저격한다. 이를 보았을 때 한번 겨냥한 것은 놓치지 않는 그의 기질이 이미 어린 시절부터 자리잡고 있었음을 알 수 있다.

— 안중근 의사 집안과의 인연은 그것뿐인가요?

◇◇ 아닙니다. 안중근을 제외하고도 안 씨 집안의 사람들은 제각기 독립운동에 투신하며 한평생을 보냈어요. 그중에는 나와 뜻을 함께한 이들도 있었습니다. 안중근의 동갑내기 사촌 안명근도 나와 친분을 이어갔고, 특히 안중근의 친동생인 안공근은 대한민국 임시정부에서 여러 중요한 일을 도맡아 해주었죠. 단원 모집과 관리, 통신연락, 특무활동 등의 총지휘를 맡기도 하고, 일제 고관과 친일파 암살

을 조직하기도 했습니다. 또 한인애국단을 조직할 때도 내 곁에서 큰 도움이 되어주었어요.

일제 첩자의 보고서에서도 '안공근은 김구의 참모로서 그의 신임이 가장 두텁고 김구가 범한 불법행동은 대부분 안공근의 보좌에 의해서 된다.'라고 적혀 있을 정도로 김구와 안공근의 관계는 각별하였다.

◇◇ 나중에 임시정부 청사를 상하이에서 난징으로 옮긴 뒤, 중일전쟁으로 난징의 정세도 뒤숭숭해져서 다시 충칭으로 가야만 했지요. 그때 안공근을 상하이로 보내 그곳에 있던 안중근 의사의 부인을 데려오도록 했습니다. 하지만 안공근은 자신의 친지를 제쳐두고 나의 어머니인 곽낙원을 대신 모셔왔어요. 독립지사인 큰형의 가족들을 내버려뒀을 때 주변에서 받게 될 비난을 알고도 그렇게 했지요. 나는 크게 화를 내고는 다시 안공근을 보냈지만 그때는 상하이가 이미 일본군에게 점령당한 뒤라 안타깝게도 안중근 의사의 부인을 데려오지 못했습니다.

그 뒤로도 안 씨 집안과의 인연은 대를 넘어 계속되었습니다. 안정근의 딸 미생은 나의 장남과 결혼했고, 안공근의 장남 우생은 광복 이후에도 대외담당 비서로서 나를 보좌했지요.

— 중국행을 결심하신 것도 안 진사의 집에서 머무르실 때였

던 것으로 알고 있습니다.

◇◇ 맞습니다. 어느 날 안 진사의 댁에 한 학자가 찾아왔습니다. 안 진사는 그분을 지극히 공손하게 대접했지요. 어느 날 안 진사가 그 사람에게 나를 소개했습니다. 그의 본명은 고능선이었는데, 사람들에게서는 '고산림(高山林)'이라 불리었다고 합니다. 당시 해서지방에서 명망이 높던 학자였다고 하죠. 이후 나는 이따금 그의 집에 초대되어 세상 돌아가는 일에 대해 들었습니다.

그러던 어느 날 그는 청일전쟁에 대해 얘기하다가 조정의 외교정책을 비판했습니다. 지금은 외세에 영합할 때가 아니라 청국과 힘을 합칠 때라고 했지요. 그는 청국이 일본에게 패배한 원수를 언젠가 반드시 갚을 것이라고 보고 있었습니다. 그때 힘을 보태기 위해서는 당장 청나라에 가서 사정도 조사하고 인맥도 만들어 올 인재가 필요하다고 했지요. 그렇게 저는 청나라로 가야겠다는 생각을 굳히게 되었습니다.

치하포 사건

— 여정은 혼자 떠나셨습니까?

◇◇ 원래 나와 같이 안 진사 댁에 머물고 있던 참빗장수 김형진과 길동무를 하기로 했습니다. 그런데 그가 본가로 내려

가는 바람에 나 혼자 떠나게 되었지요. 집에서 부리던 말을 팔아 여비를 마련한 뒤, 청나라 금주에 있는 서옥생의 집으로 떠났습니다.

그런데 평양에 도착했을 때, 관리들이 길목을 막고 지나가는 행인들을 붙들어 머리를 깎고 있더군요. 관찰사를 포함한 관리들은 이미 전부 단발을 한 뒤였습니다. 단발령을 피하려고 일부러 산길을 돌아가는 백성들이 많았지요.

그리고 평안도 북서쪽에 있는 안주(安州)에 도착하니 이번에는 벽에 단발정지령(斷髮停止令)이 붙어 있었습니다. 경성 종로에서 사람들에게 단발을 시켰다가 대소동이 일어났다는 것입니다. 분노한 사람들이 일본인들을 습격했다는 얘기도 들려왔지요. 더구나 고종이 정동 러시아공사관으로 옮겼다는 소문이 들렸습니다. 그래서 친러파 정권이 수립되면서 단발령 조치가 철폐된 것이지요.

내가 길을 가는 와중에도 이렇게 정세가 몇 번은 뒤집어지니, 차라리 청국으로 가는 것보단 조국에 남아서 정세를 지켜보는 편이 낫겠다는 생각이 들더군요. 그래서 발길을 돌려 돌아가던 중 대동강 하류의 치하포를 건너게 되었습니다.

당시는 을미사변 직후로 분노와 비통함이 전국을 거칠게 휘돌고 있었다. 명성황후는 당대에도 백성들로부터 결코 좋은 평가를 듣는 인물은 아니었다. 하지만 한 나라의 국모가 외국의 자객 따위에게 처참하게 살해당했다는 것은 모든 국민에게 엄청난 충격을 주었다. 그것도 버젓이 궁궐에 기거하던 때에 습격을 받아 시체마저도 불 질러졌다는 것은 동서고금을 막론하고 전대미문의 일이었다. 국민들을 가장 분노하게 한 것은 그럼에도 고종은 일본에게 어떠한 책임도 묻지 못했다는 것이었다. 이는 나라의 무력함을 가장 뚜렷하게 상징하는 사건이었다.

이러한 시기에 김구는 항구에서 한 일본인을 구타해 사망에 이르게 했다. 『백범일지』에는 그 일본인이 명성황후를 시해한 공범 중 하나였다고 기록되어 있다. 해당 일본인의 거동이 수상하고 칼을 숨기고 있었기 때문에, 그가 일본의 간첩이나 군인이리라고 판단했다는 것이다. 나는 질문을 던지기가 다소 조심스러운 기분이 들었다. 왜냐하면 국민적으로 추앙받는 백범 김구의 생애에서 가장 논란이 많은 행적 중 하나이기 때문이다.

— 사실 그 일본인은 그저 민간인에 불과했다는 얘기가 있습니다. 어떻게 생각하십니까.

◇◇ 나는 그가 조선인으로 위장한 일본제국군이라고 생각했습니다. 그렇기에 나는 도망가지 않고 나의 행위에 책임을 질 생각이었습니다.

— 그렇군요.

◇◇ 나는 '국모가 당한 치욕을 갚기 위해 이자를 죽였다. 해주 백운방 텃골 김창수'라고 포고문을 써서 벽에 붙였습니다. 또 여관 주인에게 '군수에게 가서 어서 이 사건을 보고하

시오. 나는 집으로 돌아가 연락을 기다리겠소. 왜놈의 칼
은 내가 가지고 있겠소.'라고 이르고는 집으로 향했지요.

고개를 넘어 신천읍에 도착하였는데 그날은 마침 장날이
었습니다. 벌써 사람들이 소문을 떠들고 있는지 치하포 나
루에 있었던 일에 대해 이러쿵저러쿵 얘기들이 들려왔습
니다. 나는 신천 서쪽에 사는 동학당 친구 유해순을 찾아
갔습니다. 그는 내 옷에 묻은 피를 보고는 무슨 일이냐고
물었습니다. 나는 국모의 원수를 갚고 왔다고 당당하게 이
야기했지요. 그랬더니 그는 빨리 도망치라고 했어요. 나
는 '사람의 일은 모름지기 밝고 떳떳해야 하오. 그래야 사
나 죽으나 값이 있지, 세상을 속이고 구차하게 사는 것은
사나이 대장부가 할 일이 아니오.'라면서 집으로 돌아왔습
니다.

— 아버지는 어떤 반응을 보이셨지요?

◇◇ 청나라로 떠났던 아들이 다시 돌아왔으니 의아해하셨습
니다. 나는 치하포에서 있었던 일에 대해 소상히 말씀드렸
지요. 그랬더니 아버지는 관리들이 곧 잡으러 올 텐데 빨
리 피신하라고 하셨습니다. 하지만 나는 이번에 내가 왜놈
을 죽인 것은 사사로운 감정으로 한 것이 아니라 국가적
인 수치를 씻기 위해 행한 일이니 정정당당하게 대처하겠
다고 말씀드렸습니다. 피신할 마음이 있었다면 애당초 그
런 일을 하지 않았을 것이며 이미 실행한 이상 당당하게
법 앞에 서겠다고 했습니다. 그러자 아버지는 '내 집이 홍

하든 망하든 네가 알아서 하여라.'라고 하시면서 더 이상 강권하지 않았습니다.

— 결국 체포되셨군요.

◇◇ 세 달이 넘도록 아무 소식이 없었습니다. 그런데 5월 11일 아침에 내가 잠자리에서 일어나기도 전에, 관리 수십 명이 채찍과 쇠몽둥이를 가지고 집을 둘러싸더군요. 그들은 내무부령 체포령을 내밀며 나를 압송했습니다.

— 고문이 심했을 텐데요.

◇◇ 그들은 내 뼈가 드러날 때까지 주리를 틀었습니다. 내 왼쪽다리 정강마루에 있는 커다란 흉터자국이 바로 그때 생긴 것이지요. 고문을 받으면서 기절을 몇 번 했습니다. 그들은 나를 평범한 강도로 취급했어요. 나는 이 사건은 당신들의 관할이 아니니 내무부에 연락하라고 요구했지만 그들은 들은 체도 하지 않았습니다. 나는 국모 시해의 원수를 갚고자 했던 내 뜻을 대관들 앞에서 말하고 싶었지만 그럴 기회가 없었어요.

그로부터 두 달이 지나고 인천에 있는 감옥으로 이송되었습니다. 내가 먼 타향까지 옮겨진다는 소식을 듣자 부모님도 나를 따라가고 싶어 하셨습니다. 하지만 결국 아버지는 고향으로 내려가고, 어머니만 인천으로 쫓아오셨습니다. 어머니는 남의 집에 식모로 들어가는 것을 감수하면서까지 내 옥바라지를 해주셨습니다. 나로선 어머니를 뵐 면목이 없었지요.

탈옥하다

— 인천에서의 수감 생활은 어땠습니까?

◇◇ 나는 사형 판결을 받았습니다. 그 뒤로는 생각을 비우고
독서에 전념했습니다. 아버지가 사서 넣어주신 『대학』을
매일 읽고 외웠지요. 그것을 본 감리서 직원은 고루한 옛
지식으로는 나라를 구할 수 없다며, 신서적들을 읽어보라
고 권하기도 했습니다. 죽을 날까지 글이나 실컷 읽겠다
는 생각으로 열심히 책을 읽었습니다. 한편으로는 억울하
게 송사에 휘말려 감옥에 들어온 사람에게 탄원문을 대신
써주기도 했습니다. 백여 명의 죄수들과 같은 감방을 쓰고
있었는데, 그중 대부분은 문맹이었습니다. 글을 가르쳐주
려고 해도 영 엉뚱한 식으로 읽고는 했죠.

— 『백범일지』에는 고종이 전화를 걸어서 사형을 막았다고
적혀 있습니다. 사형을 집행하려면 황제의 재가가 있어야
하는데, 죄명을 본 고종황제가 사형 집행을 유보하라고 어
명을 내렸다고 말이지요. 그렇게 해서 감옥에서 나오게 되
신 건가요?

사실 우리나라에 최초로 전화가 개통된 것은 1998년으로, 백
범이 수감되었던 1896년에 비해 조금 늦다. 그렇기 때문에 당시
고종이 연락을 한 수단은 전화가 아닌 전보를 통해서였다는 가설
도 존재한다.

◇◇ 아닙니다. 구사일생으로 사형은 면했지만 석방되지는 않았습니다. 수감 생활은 계속되었지요. 나는 사형이 미뤄지자 기분이 싱숭생숭했습니다. 그리고 주변에서도 계속해서 탈옥하라고 종용했어요. 하루는 김주경이라는 사람이 면회를 왔는데 '새는 새장을 박차고 나가야 진실로 좋은 새이며, 고기는 통발을 떨치고 나가야 예사로운 물고기가 아니다.'라는 시 구절을 주며 탈옥할 것을 권유하더군요. 아버지께서 그간 나를 감옥에서 빼내기 위해 경성에서 소송을 걸며 온갖 방도를 갈구하고 있던 것도 내 마음을 아프게 했고요.

결국 나는 탈옥을 결심하고는, 아버지에게 창 하나를 몰래 들여보내달라고 부탁했습니다. 그리고 당번을 맡은 간수를 불러 돈을 주며 술과 고기를 사 먹으라고 했지요. 그날 저녁 간수들이 술에 취해 곯아떨어졌을 때를 틈타, 감방 마루의 벽돌을 창끝으로 들춰 빼냈습니다. 그런 다음 땅을 파서 감옥 밖까지 통로를 냈지요. 그런데 동료 죄수들을 담장 밖으로 내보낸 뒤, 내가 막 나가려고 할 때 간수들이 비상소집을 하는 호각 소리가 들려왔어요. 나는 운명을 하늘에 맡기고 몸을 날려 담장을 뛰어넘었습니다.

— 결국 그렇게 해서 탈옥에 성공했군요. 몸이 무척 날래셨나 봅니다.

◇◇ 어차피 죽은 목숨이라고 생각하고 행동했으니 거침이 없었지요.

— 탈옥 후에는 어떻게 지냈습니까.

◇◇ 탈옥수의 신분이니 곧장 고향으로 돌아가지는 못했지요. 남도 이곳저곳을 떠돌다 마곡사에서 머리를 깎고 승려가 됐습니다. 아버지가 나를 대신해 감옥살이를 했다는 것은 나중에야 알았지요. 어머니의 끈질긴 청원으로 아버지는 1년 후 풀려나실 수 있었습니다. 속세로 돌아가 고향에 와 보고서야 아버지가 위중하다는 것을 알았습니다. 옥중 생활의 후유증으로 몸이 상하신 것이지요. 나는 죄의식에 젖어서, 옛이야기에 전해져오는 것처럼 내 허벅지의 살이라도 베어드리면 아버지의 병세가 호전되실까 싶었습니다. 용기를 내서 나의 살을 베었지만, 생각보다 훨씬 아파서 그만두었지요. 나 같은 불효자는 제대로 된 효도조차 따라 하지 못한다는 사실이 죄스러웠습니다. 결국 아버지는 50세 되시던 해에 세상을 뜨셨습니다.

그때 친척 할머니의 소개로 열 살 아래의 여옥이라는 여인을 만나 약혼을 했습니다. 하지만 상중에 혼례를 치를 수가 없어 식을 올리는 것은 기다려달라고 부탁했지요. 상을 치르는 기간이 끝나자마자, 어머니는 저의 결혼을 준비했습니다. 그러던 중 여옥이 병으로 위독하다는 연락을 받았어요. 가서 간병을 도왔지만 그녀는 사흘 만에 숨졌습니다. 직접 주검을 염하고 장사를 지냈지요. 그 뒤로 다시 약혼을 했지만, 두 번째 약혼녀마저 세상을 일찍 떠나고 말았습니다.

혼담과 파혼 그리고 결혼

— 도산 안창호의 여동생의 혼담도 있으셨다면서요.

◇◇ 맞아요. 당시 나는 신교육과 기독교를 전도하는 데에 힘쓰고 있었지요.

— 잠깐만요. 백범 선생님은 도교를 믿지 않으셨습니까?

◇◇ 나는 유가, 도가, 도참가, 무가, 동학, 주자학, 불가를 거쳐 기독교로 전향했습니다. 그러던 중 평양의 숭실학교에 재학 중이던 최강옥을 알게 되었지요. 그는 내가 미혼임을 알고 안신호라는 여성을 주선해주었습니다. 안신호는 도산 안창호의 여동생이자 신식교육을 받은 신여성이었어요. 나는 결혼을 승낙 받았지만 얼마 안가 파혼했습니다.

— 그건 어째서인가요?

◇◇ 안창호가 미국으로 갔을 때 상하이에서 온 양주삼이라는 사람을 만났나 봅니다. 안창호는 곧 그 친구가 마음에 들게 되었고, 자기 동생과 결혼하지 않겠냐고 권했지요. 이를 알게 된 안신호는 나와 그 사람 둘 다 거절했습니다. 그리고 자신과 같은 마을에서 자란 김성택과 결혼을 했지요.

— 우여곡절이 많았군요.

◇◇ 그래요. 안신호는 광복 이후 북한에서 활동하게 됩니다. 여성동맹 중앙위원회 부위원장이라는 직함을 받았다는데, 훗날 내가 남북협상을 위해 북으로 잠시 올라갔을 때 안내를 맡기도 했지요.

김구의 부인 최준례(오른쪽)와 장남 김인(가운데)

— 정작 도산 안창호 선생이 북한에서는 친미주의자로 비판
　받고 있는 것과는 다른 대접이군요. 그 다음에는 어떻게
　되었습니까?

◇◇ 나는 최준례라는 열여덟 살의 여성과 결혼했습니다. 내 나
　이 29세 때였지요. 그이는 신천 사평동에 살고 있었습니
　다. 장모인 김 씨 부인은 홀로 두 딸을 키웠어요. 첫째 딸
　은 의사에게 시집보내고, 둘째 딸은 강성모라는 사람을 남
　편으로 정해놓았지요. 하지만 최준례는 자유결혼을 주장
　하며 나와 결혼하겠다고 했습니다.

— 그렇군요. 결혼하신 후에는 신민회에 가입하셨지요.

신민회는 구한말인 1907년 11월에 결사되어 국권회복을 위해 애쓴 비밀조직이다. 주요 인사로는 안창호, 이동녕, 양기탁, 신채호 등이 있다. 이들은 국내 교육과 해외 독립운동기지 건설에 힘썼으며, 1908년에는 800여 명의 회원을 확보할 정도로 세를 불렸다.

◇◇ 그렇습니다. 그리고 나는 곧 다시 감옥에 들어가게 되었지요.
— 그건 어째서인가요?
◇◇ 우선은 안중근의 의거 당시에 체포되었습니다.

1909년 10월 26일, 러시아 하얼빈 역에서 안중근 의사는 이토 히로부미를 저격한다. 이는 대한의군 참모중장으로서 적장을 사살한 것이자, 한일병합을 막기 위한 마지막 몸부림이었다. 당시까지도 김구는 안 씨 집안과 인척관계에 있었기에 관련자라는 의혹을 제기 받아 체포되었다.

◇◇ 그리고 1911년 1월에는 안중근의 사촌인 안명근이 검거되자 나도 연루되어 형이 늘어났습니다. 그 뒤로 서대문 형무소에서 몇 년간 수감 생활을 했습니다.

1910년, 안명근은 서간도에 무관학교를 설립해 조선독립을 귀한 군사적 역량을 키우고자 하였다. 하지만 그는 자금모집 중 밀고로 인해 일본 경찰에게 체포되고 말았다. 일제는 마침 안중근의 출신지인 황해도 지역을 주시하고 있던 참이었고, 이 일을 독립운동가들을 잡아들일 빌미로 삼게 된다. 일제는 허위자백과 진술조작을 통해 이 사건을 신임총독 데라우치 마사타케(寺內正毅)를 암살하기 위한 군자금 모집 사건으로 날조하고 독립운동가 수백 명을 체포한다. 그리고 그중 105인에게 유죄판결을 내린다. 안명근은 종신형을 선고받았으며, 김구 역시 이 사건에 관련되어 15년형을 선고받는다.

다음은 『백범일지』(도진순 주해)에 기록한 서대문형무소에서 지낼 때의 내용이다.

각 수인들은 소위 판결을 받기 전에는 자기의 의복을 입거나 자기 의복이 없으면 청색 옷을 입다가 기결되어 복역하는 시간부터 붉은 옷을 입나니 조선 복식으로 만들어 입는다. 입동 시기부터 춘분까지는 면옷(棉衣)을 입히고 춘분에서 입동까지는 홑옷(單衣)를 입히되 병든 수인에게는 흰옷을 입혔다.

식사는 하루 3회로 분배하는데 그 재료는 조선 각도에서 각기 그 지방에서 아주 헐한 곡식을 선택하는 까닭에 각 조 감옥의 음식이 동일하지 않았다. 당시 서대문 감옥은 콩 5할, 좁쌀 3할, 현미 2할로 밥을 지어 최하 8등식에 250몬메(1몬메는 3.75g)를 기본으로 하여 2등까지 문수를 증가하였다. 차입되는 사식은 감옥 바깥에 있는 식당 주인이 수인 친족의 부탁을 맡아 배식 시간마다 밥과 한두 가지 반찬을 가져오면 간수가 검사하고 일자(一字) 박은 통에 다식(茶食)과 같이 박아내어 분배하는데 사식 먹는 수인들은 한곳에 모아서 먹게 하였다. 감식(監食)도 등수는 다르나 밥은 같은 것이고, 각 공장이나 감방에서 먹게 하였다.

하루 세 차례 밥과 반찬을 일제히 분배한 후 간수가 머리 숙이는 고두례(叩頭禮)를 시킨다. 수인들은 호령에 좇아 무릎을 꿇고, 무릎 위에 두 손을 올려놓고 머리를 숙인다. 왜놈 말로 '모도이'(우리말로 '바로')라고 하면 머리를 일제히 들었다가 '키반'(우리말로 '먹어') 해야 먹기 시작한다. 수인들에게 경례를 시키는 간수는 다음과 같이 훈화한다.

"식사는 천황이 너희 죄인을 불쌍히 여겨서 주는 것이니 머리를 숙여서 천황에게 예를 하고 감사의 뜻을 표하라."

그런데 매번 경례를 할 때마다 들어보면 수인들이 입안엣소리로 무슨 말인지 중얼거리는 것이 있었다. 나는 이상하게 생각되었다. 낯익은 수인들에게 물어보았더니 "당신 일본 법전을 보지 못했소? 천황이나 황후가 죽으면 대사면령이 내려 각 죄인들을 풀어준다고 하지 않았소. 그러므로 우리 수인들은 머리를 숙이고 하느님께 '메이지'라는 놈을 즉사시켜 줍소서라고 기도합니다."라고 말한다. 나도 그 말을 듣고 심히 기뻐하여 그렇게 기도를 했다. 이후 노는 입에 염불격으로 매번 식사 때마다 '동양인의 대악괴인 왜왕을 나에게 전능을 베풀어 내 손에 죽게 하십사……' 하고 상제께 기도하였다.

호를 백범(白凡)이라 하다

— 일본인에게 구타와 모멸을 받으며 형무소에서 지낸다는 것, 그 육체적 정신적 고통은 이루 말할 수가 있었겠습니까. 그러는 와중에 감옥에서 호를 백범이라고 바꾸신 것이군요.

◇◇ 그래요. 서대문형무소에서 3년을 지내는 동안 나의 신념은 더욱 깊어졌습니다. 저 밖에 내가 조국을 위해서 해야 할 일들이 있다는 마음가짐 말이지요.

언젠가 일제 간수들은 우리 독립투사들을 뭉우리돌이라고 불렀습니다. 논밭 한가운데에 박혀 파내지 않을 도리가 없다고 말이지요. 나는 그 소리를 듣고 '오냐, 죽을 때까지 너희들의 골칫거리로서 저항해주마.'라고 생각했지요. 하지만 감옥 밖에서 들려오는 소식들은 암울했습니다. 감옥에서 온갖 부당한 처사를 받으며 이를 갈던 동료 중에도, 밖으로 나가자 오히려 일제에게 순종적인 태도로 돌아서는 자가 적지 않았으니까요. 나는 그것은 아마 뭉우리돌 중에도 석회질을 함유한 돌들이 있기 때문이 아닐까 생각했습니다. 그런 돌들은 다시 세상이라는 바다에 던져지면 의지가 석회처럼 녹아 풀려버리겠지요. 그렇기 때문에 나는 오히려 세상으로 나가는 것이 두려워졌습니다. 만약 나도 석회질을 가진 뭉우리돌이라면 출소하기 전에 이대로 죽는 편이 낫다고 여겼지요.

그러한 결심을 다지기 위해 나는 구(九)라고 개명했습니다. 그리고 스스로 백범(白凡)이라는 호를 지어서 동료들에게도 알렸지요. 구(龜)를 구(九)로 고친 것은 왜놈들의 호적을 따르기 싫었기 때문입니다. 또 백범(白凡)이라는 호는 백정의 '백(白)'과 범부의 '범(凡)'을 합친 것으로, 가장 비천한 백정과 무식한 범부도 적어도 나만큼은 애국심을 가져주길 하는 기원에서 그리 지었지요.

복역 중에 뜰을 쓸거나 유리창을 닦을 때에는 하느님께 '만약 우리도 언젠가 독립정부를 건설하거든, 죽기 전 내게 그곳의 뜰을 쓸고 유리창이라도 닦아볼 수 있게 하소서.'라고 기도했습니다.

— 가슴을 울리는 결의로군요. 백범 선생님은 서대문형무소에서 3년간 복역했다가, 1914년 인천형무소로 이감되셨고, 1915년에 가석방으로 출소하셨습니다. 그 뒤인 1919년에 대한독립선언이 발표되었고, 만세운동이 일어났으며, 상하이에서 임시정부가 탄생했지요. 그 당시의 이야기를 들어볼 수 있을까요?

◇◇ 1918년부터 나는 신한청년단에 참여해 독립운동 활동을 하고 있었어요. 그러다가 3·1운동이 벌어진 뒤 나는 상하이에서 임시정부가 조직된다는 소리를 들었습니다. 나는 지체 없이 상하이로 향했어요. 15명 정도의 동지가 나와 함께 배에 탑승했지요. 황해 해안을 지날 때 일본 경비선이 경적을 울리고 추격하며 배를 세울 것을 요구했으나 영국인 선장은 들은 체도 안 하고 오히려 속력을 높였지요.

그로부터 4일 후 푸둥(浦東)항에 도착했습니다. 그곳에는 나와 이미 교분이 있었던 이동녕, 이광수, 김홍서, 서병호와 같은 사람들도 있었지만, 대부분은 미국이나 일본, 중국에서 활동하고 있는 사람들이었습니다. 모두 합쳐 500명 정도라고 했지요. 임시정부가 조직되고 직책을 배분할 때, 나는 안창호 내무총장에게 문지기를 시켜달라고 청했습니다.

상하이 임시정부 활동

— 저런. 어째서 하필 문지기를 시켜달라고 하신 것이죠?

◇◇ 나는 우리나라의 정부가 생긴 것만으로도 기뻐서 그곳의 가장 미천한 자가 되어도 좋다고 생각했습니다. 또 내 자신도 스스로의 교육수준이 그리 높지 않음을 알고 있었어요. 사실 내 자신의 수준을 알아보기 위해 순사 채용 과목을 혼자 시험쳐본 적이 있는데, 내 점수로는 합격이 어려웠습니다.

— 안창호 지사는 어떤 반응을 했나요?

◇◇ 안창호는 내 요구를 거절하고는 내게 경무국장의 직책을 줬습니다. 나는 내 자신은 순사 자격에도 미치지 않는 사람이라며 거절했지요. 하지만 안창호는 내가 적임자라고 했습니다. 이미 오랜 해 감옥살이를 해보았으니 일본 놈들 사정을 잘 알고 있으리라고 말입니다. 또한 원래 혁명시기에는 인재의 정신을 기준으로 등용하는 것이라 했습니다. 그러므로 이미 임명된 것이니 사양 말고 공무를 집행하라고 했어요. 그리고 내게 계속 거절한다면 젊은 녀석들 아래에서 일하기 싫다는 뜻으로 간주하겠다고 했지요.

— 그렇군요. 경무국장이라
면 지금의 경찰청장이라
고 볼 수 있는데요. 당시
에 정확히 어떤 직책을
맡으신 것이죠?

◇◇ 나는 검사, 판사의 역할
을 도맡아 했습니다. 죄
인의 신문과 형의 집행도
담당했지요. 경무국의 주

상하이 임시정부 경무국장 시절의 김구

요 임무는 일제의 정탐활동을 경계하고, 독립운동가가 일
본에 투항하지 않는지 감시하는 것이었습니다. 또한 경호
업무도 해야 했지요. 나는 정보과의 사복 경호원 20여 명
을 임명하여 이 일을 수행했습니다. 그렇게 5년간 업무를
계속해 나갔지요.

— 그때부터 임시정부에 깊숙이 관여하기 시작하셨군요.

◇◇ 그렇게 임시정부에서 첫발을 내딛은 것이지요. 이후 아내
가 아이를 데리고 와서 같이 살았습니다. 상해에서 둘째
아이도 낳았고요. 그러다가 1923년 48세 때 내무총장으로
임명되어 집무를 보게 되었습니다. 임시정부의 살림살이
를 맡게 된 것이지요. 하지만 쉽지는 않았습니다. 재정난
때문에 청사 월세조차 지불하지 못하는 날들이 부지기수
였어요.

처음에 임시정부에서 문지기를 자청했던 김구는, 이후로 노동총판, 내무총장, 국무령, 국무위원, 주석 등의 중요 직책을 역임했다. 그 이유는 임시정부의 인재난과 경제난이 갈수록 극에 달해 해결되지 않았기 때문이었다. 이와 관련 『백범일지』에는 이렇게 기록하고 있다.

그것은 마치 인가(人家)가 몰락하여, 그 고대광실이 걸인의 소굴이 된 것과 흡사한 편이었다. 이승만 대통령이 취임, 시무할 때는 중국 인사는 물론이고 눈 푸르고 코 큰 서양인 친구들도 더러는 임시정부를 방문하였다. 그러나 이제 임시정부에 서양인이라고는 공무국의 불란서 경찰이 왜놈을 대동하고 사람을 잡으러 오거나, 세금 독촉으로 오는 이 외에는 없었다. 상하이에서 서양 사람들 틈 속에 끼여 살지만 서양 친구라고는 한 사람도 없었다. 그렇지만 크리스마스 등 14년 동안 연중행사로 몇 백 원어치 사서 선물한 것은 우리 임시정부가 존재한다는 흔적을 그들에게 인식시키려는 방법이었다.

이후 김구는 『백범일지』에서 독립운동가가 줄어든 이유를 세 가지로 정리했다. 첫째는 임시정부의 수요 요원들 일부가 본국으로 돌아가 일제에 협력한 것이었다. 이러한 변절자로는 임시정부 국무차장 김희선, 〈독립신문〉 사장 이광수, 의정원 부의장 정인과 같은 자들이 있다. 둘째로는 국내에 침투했던 비밀 연락망인 연통제(聯通制)가 발각되어 많은 독립운동가가 일제에게 체포당한 것이다. 셋째는 결국 독립운동가 중 상당수가 생활고를 이기지 못하고 흩어져 각자 생업에 몰두하게 된 것이었다.

이봉창, 윤봉길과의 만남

— 상하이 임시정부에서 일할 때 이봉창과 윤봉길 의사를 만
나셨죠.

◇◇ 내가 재무부장이자 민단장을 겸임할 때입니다. 어느 날 한
사내가 민단을 찾아와 이런 얘기를 하더군요. '저는 일본
에서 노동하던 놈입니다. 하지만 독립운동을 하고 싶어 상
하이에 가짜 정부가 있다는 말을 듣고 정확한 위치를 여
기저기 물어 찾아왔습니다.' 그는 자신을 경성 용산 출신
이라고 소개했습니다.

— 그분이 바로 이봉창 의사군요.

◇◇ 맞아요. 나를 제외한 요원들은 그를 별로 신뢰하지 못했습
니다. 지나치게 일본어도 유창했고 일제 치하에서 역무원
으로 근무한 경력도 있었으니까요. 일제가 보낸 밀정이 아
닌가 의심하는 이들도 있었지요. 하지만 나는 그와 대화를
나눌수록 믿어도 되겠다는 묘한 기분이 들었습니다. 어쨌
거나 우리는 1년 정도 그를 유심히 지켜보았습니다. 그러
다 1931년 12월 그에게 여비와 폭탄 두 개를 주고 일왕을
암살하라는 지령을 내렸어요.

김구는 동그란 안경 너머로 하늘을 바라보았다.

◇◇ 나는 사실 그와 그동안 같이 지내면서 정이 들었어요. 그런데 되레 그가 나를 위로하더군요. 이봉창은 이렇게 말하고 떠났습니다.

'제 나이가 31세입니다. 앞으로 31년을 더 산다고 해도 이제껏 맛본 방랑생활에 비한다면 늙어서 무슨 취미가 있겠습니까. 인생의 목적이 쾌락이라면 31년 동안 이미 대강 맛보았습니다. 그런 까닭에 이제는 영원한 쾌락을 얻기 위해 독립에 투신하고자 합니다.'

이듬해 1월 8일, 신문에서 '이봉창이 일본 천왕을 저격하였으나 명중하지 못하였다.'라는 기사를 보았습니다. 그는 맡은 임무를 목숨 바쳐 수행했지만 미수에 그치고 만 것이었지요.

당시 히로히토 일왕은 도쿄에서 열병식을 마치고 귀환하던 중이었다. 그런데 이봉창 의사는 여러 대의 마차 중 어느 것에 일왕이 타고 있는지 알지 못했고, 두 번째 마차를 겨냥해 폭탄을 던졌지만 일왕은 첫 번째 마차에 타고 있었다. 결국 의거는 미수로 그쳤고 이봉창은 체포되어 교수형에 처해졌다.

◇◇ 그로부터 몇 달 뒤 또 다른 청년이 찾아왔습니다. 자신의 이름을 윤봉길이라고 소개했죠. 도쿄에서 벌인 사건과 같

은 계획이 있다면 자신을 써달라고 했습니다. 그는 이전부터 독립 정신이 투철한 젊은이였어요. 때마침 4월 29일 홍커우(虹口) 공원에서 일왕의 생일에 성대한 축하식을 연다는 정보를 입수했습니다. 그 행사는

이봉창

일본이 저지른 '상하이 사변'을 자축하는 승전행사이기도 했어요. 우리는 그에게 일왕을 암살하고 오라는 임무를 내렸어요.

— 일본이 가만히 있었나요? 이봉창 의사의 의거 이후 경비가 더욱 삼엄했을 텐데요.

◇◇ 맞아요. 기념식장에 물통과 도시락 외에는 휴대하지 못하게 했지요. 그래서 윤봉길은 물병과 도시락으로 가장한 폭탄을 들고 떠났습니다.

의거 당일 나와 그이는 아침식사를 함께했습니다. 그때 윤봉길은 자신의 시계를 내게 건넸어요. 새것인데 앞으로 몇 시간밖에는 쓸 일이 없으니 제 것과 바꾸자고 했지요. 또 남은 돈을 내게 전부 주면서 어차피 앞으로 쓸 일이 없을 것이라고 했습니다. 그는 마지막으로 헤어지던 순간에 '훗날 지하에서 만나자.'고 했습니다. 그날 그의 모습이 지금도 눈에 선합니다.

윤봉길은 물병 폭탄을 던져 일왕을 암살하는 데에는 실패하지만, 육군대장을 포함한 여러 고관을 죽이거나 중상을 입혔다. 그는 거사 직후 도시락 폭탄으로 자결을 시도했지만 불발되었다. 결국 윤봉길은 총살형으로 순국하였으나 그의 죽음은 대한독립의 밑거름이 되었다. 이후 김구는 윤봉길의 시계를

윤봉길

평생 동안 간직했다. 현재 그 시계는 유품으로서 효창공원 내의 백범기념관에 전시되어 있다.

— 윤봉길 의사의 의거는 특히나 역사적인 의의가 강하지요. 후대에는 독립운동의 판도를 크게 뒤바꾸어놓았다고 평가되고 있습니다.

◇◇ 맞습니다. 나중에 장제스가 날 찾아오더니 임시정부를 지원해주겠다고 약조하더군요. 그 전까지 임시정부는 재정난으로 무너지기 직전이었는데, 덕분에 숨구멍이 트였습니다.

— 의거를 전해 들은 직후에 장제스는 '중국의 100만 대군도 해내지 못한 일을 조선인 청년이 단신으로 이루다니 정말 대단한 일이다.'라며 감탄했다고 하니까요. 아무래도 그 직전에 있었던 상하이 사변으로 이를 갈고 있지 않았겠습니까. 나중에 장제스는 1943년 카이로 회담이 열렸을 때

한국의 독립을 적극 주장하기도 하지요.

◇◇ 그랬지요. 이승만도 처음에는 '민주주의제도에서 테러활동은 용납될 수 없다.'고 화를 내더니 나중에는 외교적으로 도움이 되었다고 슬그머니 인정하더군요.

— 그러면 다시 의거 직후로 돌아가서, 그 당시 선생님의 상황은 어떠셨는지 좀 더 자세히 말씀해주실 수 있겠습니까?

◇◇ 이 사건 이후 나는 현상금이 20만 원에서 60만 원으로 불어났습니다. 당시는 일반 노동자 월급이 30원 정도였는데, 그 정도면 누구나 인생을 바꿀 수 있을 만한 돈이었지요.

— 그 금액을 지금으로 환산하면 무려 200억 원이 넘는다고 하니 정말 엄청난 액수였군요.

◇◇ 그래요. 더구나 윤봉길의 의거 이후 임시정부는 상하이를 떠나야 했어요. 사건 직후 프랑스 조계 당국이 '더 이상 보호해줄 수 없다.'며 임시정부를 이전할 것을 요구했기 때문이지요. 그래서 임시정부 청사는 자싱(嘉興)과 항저우 (杭州) 두 곳으로 나뉘었습니다.

이때 나도 임시정부에서 사퇴하고 피신했습니다. 현상금이 크게 붙었으니 늘 정탐하는 시선이 따라다녔지요. 상하이를 탈출하려고 했지만 빠져나갈 수가 없어서, 한동안은 미국인 기독교 선교사 조지 애쉬모어 피치(George Ashmore Fitch)의 집에 숨어 있었습니다. 그 뒤로 장진구(長震球)로 이름을 바꾸고 중국인 행세를 하며 도망 다니는 생활을 했습니다. 그러다 1939년 충칭(重慶)으로 간 뒤 광복이 될 때까지 그곳에서 머물렀지요.

— 고난이 많으셨겠네요. 그 뒤 다시 임시정부의 주석으로 취임하셨지요.

◇◇ 충칭으로 간 뒤로 나는 해결해야 할 일이 지나치게 많았습니다. 우선은 다른 독립운동가들을 불러오는 것이 급선무였고, 급히 청사를 옮기느라 연락이 끊긴 미주지역의 교포들과 다시 연락을 재개해야 했습니다. 임시정부의 운영자금 상당수는 해외동포들의 후원으로 이루어지고 있었으니까요. 또 노선 차이로 갈기갈기 찢어져 있던 독립운동 단체들을 통합하는 일도 시급했습니다.

— 개인적으로 가슴 아픈 일들도 있었다고 들었습니다.

◇◇ 충칭에서 어머니가 생을 마감했습니다. 어머니는 유언으로 '나라의 독립을 보지 못하고 죽는 것이 원통하구나.'라고 말씀하셨지요. 또 충칭에서 독립운동에 투신하던 장남인이 호흡기병으로 세상을 떠났습니다. 독립이 몇 달 남지도 않은 1945년 3월의 일이었죠.

— 슬픔이 크셨겠습니다.

◇◇ 네. 하지만 나는 조국독립을 보는 그 순간까지 개인적인 슬픔은 미뤄두어야 했습니다. 특히, 나는 광복군을 조직해 우리 손으로 독립을 쟁취하겠다는 목표를 가지고 있었으니까요.

— 1940년에 한국광복군을 창설하셨지요.

◇◇ 맞아요. 그러기 위해서 모든 역량을 쥐어짜냈지요. 여러

당을 규합해 통일회의를 열고 장제스로부터 더욱 지원을
받아냈습니다. 그리고 미국과 하와이의 동포들로부터 4만
원을 모금 받았어요. 그렇게 9월 17일 한국광복군 창설식
을 열었지요.

— 광복군의 창설 목표는 무엇이었나요?

◇◇ 우리가 내건 목표는 다음과 같았습니다. 첫째, 조선민족의
분산된 힘을 독립군으로 집결시켜 조선광복투쟁을 전면
적으로 전개한다. 둘째, 중국의 항일전쟁에 참가하여 중국
군과 연합하여 일본군을 괴멸한다. 셋째, 국내 민중의 적
극적인 무장반일투쟁을 지도한다. 넷째, 정치, 경제, 교육
이 평등한 새로운 국가를 건설하고 수호한다. 다섯 번째,
세계 평화와 정의에 장애가 되는 모든 것을 소탕한다.

— 광복군 창설에서 가장 큰 어려움은 무엇이었나요?

◇◇ 병력을 모으기가 매우 어려웠다는 것입니다. 특히 본국과
멀리 떨어진 충칭이었기에 더욱 그랬지요. 그래서 김원봉
과 교섭해 조선의용대더러 우리와 합류하도록 했습니다.
우리에게는 정말로 절실한 전력이었지요.

— 다른 문제는 없었나요?

◇◇ 다른 문제는 한국광복군의 지휘권이 중국 국민당 정부의
통제하에 있었다는 것입니다. 광복군 창설에는 장제스의
지원이 불가피했으니까요. 하지만 1944년 임시정부가 지
휘권을 돌려받았지요.

한국광복군 창설

김구는 잠시 틈을 두었다가 말을 이었다.

◇◇ 이후 광복군 제2지대는 미국 전략사무국, 즉 OSS(Office of Strategic Service)와 접촉해 3개월 동안 비밀훈련을 받았습니다.

— OSS라면 CIA의 전신인 기관이로군요.

◇◇ 우리는 비밀훈련을 마치고 광복군을 조선으로 침투시킬 계획을 눈앞에 두고 있었습니다. 그리하여 조국 광복을 우리 손으로 쟁취해내고, 일제를 우리의 땅에서 몰아내는 것이지요.

김구는 한숨을 푹 쉬었다.

◇◇ 하지만 이 계획은 결코 실현되지 못했어요.

김구는 목이 메는 듯했다. 그는 피로해하면서 안경을 꺼내 하얀 소매로 닦았다.

◇◇ 전쟁이 끝나버려서 조국이 광복을 맞이하게 되었지요. 광복군이 막 본국으로 출발하려던 참에 일본이 항복하는 바람에 작전은 시행도 못 하고 중단되었습니다. 미군은 광복군을 껄끄럽게 여겨 해산을 요구했고, 다들 개인 자격으로 귀국할 수밖에 없었습니다.

김구는 침통한 표정을 감추지 못했다.

◇◇ 이 소식은 내게 희소식이라기보다 하늘이 무너지고 땅이 꺼지는 일이었습니다. 우리 조국이 전쟁에 참전해 승전국이 될 기회를 영영 잃어버린 것이니까요. 나는 몇 년간 기울였던 모든 노력이 물거품이 된 것이 허탈했고, 앞으로 강대국들의 이권다툼에 우리가 제 목소리를 낼 수 있을지가 걱정되었습니다.

김구는 중국을 떠나기 전날, 며느리 안미생을 데리고 난안(南岸)의 화상산으로 갔다. 모친과 아들의 무덤에 꽃을 바치기 위해서였다. 김구는 어머니의 무덤에 세 번 큰 절을 올리고 나서 외쳤다. '어머니, 인아! 일본 놈들이 투항을 했습니다. 두 분의 소원이 이루어졌습니다. 잠시만 쉬고 계십시오. 우리가 귀국하면 다시 모시러 오겠습니다.'

1948년 6월, 백범은 아들 김신을 중국으로 보내 가족들의 유골을 모셔 오도록 했다. 그리고 어머니와 아내, 아들뿐만 아니라 임시정 원로 이동녕, 혁명동지 손일민, 차리석, 민소운 등의 유골도 고국의 품에 이장했다.

인터뷰를 마치고 김구는 기지개를 펴듯 허리를 곧추세웠다. 김구는 벤치에서 일어섰다. 그리고 뒷짐을 진 채로 공원 너머를 바라보았다.

◇◇ 사실 나는 여러모로 인격적인 결함이 많은 사람이었을지도 모릅니다. 젊었을 때부터 이리저리 부딪치며 다니는 모난 돌이었지요. 내 자신도 그걸 알고 있습니다.

김구는 자신의 오른손을 들어 쳐다보았다.

◇◇ 하지만 조국 광복을 위해서 이 부족한 내가 할 수 있는 건 다 했습니다. 조국이 독립되고 다들 예전보다 잘살게 된 건 기쁘지만, 아직까지도 조국이 분단된 채로 있다는 것은 뼈가 저리는 군요. 뭐, 그것도 이제는 후대의 몫이겠지요……

다음은 『백범일지』 말미에 수록된 '내가 원하는 나라'의 내용을 일부 발췌한 것이다.

나는 우리나라가 세계에서 가장 아름다운 나라가 되기를 원한다. 가장 부강한 나라가 되기를 원하는 것은 아니다. 내가 남의 침략에 가슴이 아팠으니, 내 나라가 남을 침략하는 것을 원치 않는다. 우리의 부력(富力)은 우리의 생활을 풍족히 할 만하고, 우리의 강력(强力)은 남의 침략을 막을 만하면 족하다. 오직 한없이 가지고 싶은 것은 높은 문화의 힘이다. 문화의 힘은 우리 자신을 행복되게 하고, 나아가서 남에게 행복을 주겠기 때문이다. (중략)
앞으로 세계 인류가 모두 우리 민족의 문화를 이렇게 사모하도록 하지 아니하려는가. 나는 우리의 힘으로, 특히 교육의 힘으로 반드시 이 일이 이루어질 것을 믿는다. 우리나라의 젊은 남녀가 다 이 마음을 가질진대 아니 이루어지고 어찌하랴! 내 나이 이제 70이 넘었으니, 직접 국민교육에 종사할 시일이 넉넉지 못하거니와 나는 천하의 교육자와 남녀학도들이 한번 크게 마음을 고쳐먹기를 빌지 아니할 수 없다.

1947년 샛문 밖에서

다음과 같은 자료를 참고 인용했다

- 부덕민, 『백절불굴의 김구』 (백범김구선생기념사업회, 2009)

- 김삼웅, 『백범 김구 평전』 (시대의창, 2004)

- 김구, 도진순 주해, 『백범일지』 (돌베개, 2018 개정판)

김구 주요 연보

- **1876년 8월 29일**

  황해도 해주 백운방 텃골에서 아버지 김순영과 어머니 곽나원의 외아들로 태어남.

- **1890~91년** 『통감』, 『사략』, 『대학』 등을 읽고 배움.

- **1892년** 경과(慶科)에 응시했으나 낙방. 『지가서』, 『손무자』, 『오기자』, 『육도』, 『삼략』 등을 탐독.

- **1893년** 정초에 오응선을 찾아가 동학에 입도. 김창수로 개명.

- **1894년** 가을에 해월 최시형에게 접주 첩지를 받음. 9월에 황해도 15명의 접주가 회의하여 거사 결정. '팔봉 접주'로 선봉에 서서 해주성 공격했으나 실패.

- **1895년 2월** 신천군 청계동 안태훈에게 몸을 의탁함. 유학자 고능선을 만나 가르침을 받음. 5월 김형진을 만나 만주까지 감. 11월 김이언의 고산리전투에 참가하나 패함.

- **1896년 2월** 다시 중국으로 떠남. 3월 9일 치하포에서 일본인 쓰치다를 죽임. 5월 해주감옥에 투옥. 7월 인천감옥으로 이송. 옥중에서 장티푸스에 걸려 자살을 기도. 감옥에서 『대학』을 통독하는 것 외에도 『세계역사』 등 서양서를 통해 서양 근대문물을 접함.

- **1898년 3월** 탈옥. 대신 부모가 투옥됨. 백범은 삼남으로 도피. 늦가을에 마곡사에서 중이 됨. 법명은 원종(圓宗).

- **1889년 봄** 마곡사를 떠남. 5월 평양 대보산 영천암 방장으로 장발

의 걸시승(乞時僧) 생활을 함. 9~10월경 환속하여 해주로 돌아옴.

- 1900년 　　　강화 김주경을 찾아갔다가 유완무의 권유로 이름을 구(龜)로 고침.
- 1904년 12월 　최준례와 결혼.
- 1906년 　　　장련에 광진학교 세움.
- 1907년 　　　신민회 가입, 황해도 총감
- 1908년 　　　가을 해서교육총회 조직, 학무총감. 황해도 각군 순회, 민족교육운동 전개.
- 1909년 10월 　안중근 의거에 연루, 체포됨. 나석주, 이재명과 만남.
- 1910년 11월 　만주 이민, 무관학교 창설 결의.
- 1919년 3월 　상하이로 망명, 9월 임시정부 경무국장.
- 1922년 9월 　임시정부 내무총장. 10월 한국노병회 조직, 초대 이사장.
- 1924년 　　　부인 최준례 상하이에서 별세.
- 1927년 　　　임시정부 국무위원, 내무장.
- 1928년 3월 　『백범일지』 상권 집필 시작.
- 1930년 1월 　이동녕, 안창호, 조완구, 조소앙, 이시영 등과 함께 한국독립당 창당.
- 1933년 　　　남경에서 장개석과 회담. 중국 군관학교에 한국독립군 훈련반 설치 합의.
- 1937년 8월 　한국광복운동단체연합회 결성.
- 1939년 　　　김원봉과 좌우합작에 합의.

- 1940년　　　한국광복군 창설.
- 1941년 10월　『백범일지』 하권 집필. 12월 임시정부 일본에 선전포고.
- 1944년 4월　임시정부 주석으로 재선.
- 1945년 8월　서안에서 미군 도노반과 광복군 국내진공작전 합의. 11월 23일 환국.
- 1947년 12월　『백범일지』 간행.
- 1948년 1월　유엔 한국위원단에 통일정부 수립 요구 6개항 의견서 제출.
- 1949년 6월　경교장에서 안두희 총탄에 서거. 국민장으로 효창원에 안장.

大韓民國臨時政府返國紀念

大韓民國二十七年十一月三日

안창호와의
인터뷰

우리가 역사를 들여다보는 이유 중 하나는, 당대의 인물들의 삶을 보며 현대 우리의 모습을 비추어보기 위해서가 아닐까 싶다. 그렇기에 100년이 지난 지금도 당시 절박했던 독립운동의 현장을 기억하고자 하는 움직임이 이어져나가고 있는 것이다. 당시의 인물들을 거론할 때는 도산 안창호를 빼놓을 수가 없다. 대한민국 임시정부의 초대 국무총리 서리이자 내무총장, 구한말 최대의 비밀결사 신민회를 조직하고 공화정을 꿈꾸었던 계몽운동가, 민족유일당을 결성해 지역과 좌우 이념을 넘나들었던 정치인. 수양동우회와 흥사단을 조직하고 점진학교 · 대성학교 · 동명학원 등을 설립한 교육자이자 미주 교민들의 생활 운동을 일으킨 인격자……. 그를 설명하는 수식어는 이 밖에도 많다.

도산 안창호는 대한민국 독립운동사를 말할 때 핵심 중에서도 핵심이라고 할 수 있다. 특히 임시정부에서 그는 중심을 받드는 대들보나 다름없었다. 그는 초기 임시정부의 기틀을 마련하고 실질적인 살림을 꾸려나갔다. 동시에 크고 작은 갈등이 존재했던 임시정부를 통합하고자 끝까지 노력했고, 국민대표회의 등을 통해 임시정부의 개혁을 주도하기도 했다. 설령 임시정부를 제외하고서라도 대한민국의 독립운동은 그를 빼고는 설명할 수가 없다.

그러므로 임시정부 수립 100주년을 기념해 진행한 인터뷰를 마무리 짓는 인물로 그를 선정한 것은 어쩌면 당연한 일일 터이다. 인터뷰는 그를 기리기 위해 1971년에 설립한 서울 강남구 신사동의 도산공원에서 진행됐다. 도산공원에는 그를 추도하는 기념관이 자리하고 있다. 도산의 생애와 사상을 더듬어보는 인터뷰를 진행하기에는 이보다 더 나은 장소는 없다는 판단이 들었다.

'그대는 나라를 사랑하는가, 그러면 먼저 그대가 건전한 인격이 되라.'
'낙망(落望)은 청년의 죽음이요, 청년이 죽으면 민족이 죽는다.'
'진리는 반드시 따르는 자가 있고 정의는 반드시 이루는 날이 있다.'
'죽더라도 거짓이 없으라.'

공원 곳곳마다 그가 생전에 남긴 어록을 새긴 비석이 서 있었다. 그 글귀들을 한창 훑고 있을 때 "안녕하시오"라고 인사하는 음성이 들려왔다. 도산의 목소리는 그의 곁을 지킨 동료들이 증언한 대로였다. 그리 높지도 낮지도 않았으며 부드럽지만 비장함을 띠고 있었다. 도산은 평소처럼 말끔한 정장 차림의 모습이었다.

― 오셨습니까, 선생님. 반갑습니다.
◇◇ 내가 늦지는 않았지요?

— 선생님께서 남기신 말씀들을 여기저기에 새겨두었기에 읽어보고 있던 참입니다.

◇◇ 그게 무슨 대단한 사람의 말이라고. 후손들이 한 것이지만 부끄러울 따름입니다.

— 하하, 뭐든 자랑하지 않는 성격이셨다고 들었는데 그대로 이신 것 같습니다. 주무시는 것을 방해했는데도 흔쾌히 시간 내주셔서 감사드립니다. 본격적으로 질문을 드리기 전에 오늘 인터뷰 취지를 조금 말씀드리겠습니다. 잘 아시다시피 2019년은 상하이 임시정부가 세워진 지 100주년이 되는 해입니다. 선생님께서는 우리나라를 대표하는 독립운동가이자 임시정부의 핵심 요인이셨습니다. 그래서 오늘 선생님께 지난 생애 동안 힘껏 걸어오신 독립운동의 길에 대해 여쭙고 후손들이 가야 할 길에 대해서도 조언을 들었으면 합니다. 선생님의 겸양지덕은 많이 알려져 있는데요, 오늘만큼은 사양 마시고 스스로의 삶과 생각에 대해 허심탄회하게 말씀해주셨으면 합니다.

◇◇ 그래요. 내가 걸어온 길이 이 기사를 읽는 사람들에게 얼마나 큰 도움이 될지는 모르겠지만 나도 흔히 얻을 수 있는 기회는 아니니 최대한 충실하게 기억을 떠올려보도록 하지요.

3월 1일은 가장 신성한 날

— 말씀드린 대로 올해가 임시정부 100주년입니다. 감회가 남다르실 것 같습니다. 우선 임시정부에 대해 얘기하기 전에 3·1운동에 관해서부터 말을 해보는 것이 좋을 듯합니다. 당시 독립을 향한 국민들의 뜨거운 열망이 한 달여 뒤에 임시정부 수립으로 이어진 것이니까요. 선생님께서는 3·1운동을 어떻게 기억하고 계십니까?

◇◇ 그날을 떠올리면 기쁨과 슬픔이 함께 터져 나오는 마음을 진정하기가 어렵습니다. 여전히 피가 끓어오르지요. 3월 1일은 말하자면 가장 신성한 날입니다. 우리 민족이 자유와 평등과 정의를 위해 다시 태어난 생일이라고 할 수 있겠지요. 독립선언이란 것은 한 개인이 아닌 2천만 동포가 어울려 만든 것입니다. 선언이라고 해서 말로만 된 것이 아니란 것은 후손들도 잘 알 것입니다. 3월 1일은 대한국민들의 순결한 피로 세워진 날입니다. 어찌 그날의 정신을 잊을 수 있겠습니까.

— 독립선언이 있었던 1919년 3월 1일이면 선생님께서는 미국에 계실 때지요? 연세는 마흔한 살이 되셨을 때군요.

◇◇ 그렇습니다. 독립선언은 해외교민들에게도 가슴이 뜨거워지는 소식이었습니다. 오랫동안 치욕만을 받아오다가 그날에서야 비로소 역사상에 큰일을 일으켜놓은 것이니, 기쁘고 간절한 한편 두렵기까지 하지 않겠습니까. 소식을 들

274

은 교민들도 나라를 위해 가진 재주를 다해 죽기까지 용감하게 나아가자고 다들 결심을 했었지요.

— 감회가 정말 깊으셨군요.

◇◇ 그래요. 당시에는 미주에서 활동하던 독립운동 세력을 두고 편을 가르는 말들도 많았는데 이제는 그러한 분열도 사라질 것이라고 다들 기대를 했었습니다.

— 당시 미국의 한인사회에서는 구체적으로 어떤 활동을 하셨습니까?

◇◇ 우선은 여론 활동에 힘썼습니다. 3·1독립선언 이후 미국의 한인들은 자신들의 특별한 책임을 자각했지요. 미국은 세계의 자유와 정의를 대표한다는 위상을 지니고 있었습니다. 그런 미국을 움직일 수만 있다면 우리 대한에도 큰 도움이 될 것이라 믿었지요. 그래서 교민들은 각자 조국의 사정을 미주사회에 널리 알리려 했습니다. 이를 위해 신문과 잡지를 이용해 여론을 환기시키려 했지요.

— 즉 공공외교 활동을 한 것이군요. 그 외의 다른 활동으로는 무엇이 있었나요?

◇◇ 우리는 기금을 모금하려 노력했습니다. 2천만 민족이 들고일어나던 그때에 재외동포들은 시위에 동참하고 싶어도 조국으로 돌아갈 수가 없었어요. 그래서 대신 재정을 지원하기로 한 것입니다. 교민들은 '금전으로써 싸우는 군인'이라는 마음가짐을 품고, 매주 수입에서 20분의 1을 걷고 특별의연금도 모았습니다."

— 조국을 아끼는 마음은 국내에서도 국외에서도 다르지 않았던 것이군요. 3·1운동 같은 큰 소식을 먼 타국에서 전해 들으며 심경이 복잡했을 것 같습니다. 쉬운 질문은 아닙니다만 선생님께서는 3·1운동의 의의를 어떻게 평가하십니까?

◇◇ 역시 간단히 답하기는 어려운 문제입니다. 만세를 외친다고 해서 곧장 독립이 되는 것은 아니었지요. 하지만 그 외침이 지닌 힘은 심히 위대했지요. 국내에서는 전 국민을 움직였고, 해외에서는 전 세계의 시선을 모았으니까요. 그전에는 미국 정부를 움직이고자 온갖 애를 써도 성과가 없었는데, 만세운동 이후에는 미국 의원들과 정부가 먼저 나서서 대한의 일을 알리려고 했습니다. 나는 미국 상원의원들끼리 우리의 일을 다룬 소책자를 돌리는 모습도 보았지요. 가히 '평화적 전쟁'의 효과라고 하겠습니다.

아무리 목청껏 만세를 외친다고 해도 곧장 적들을 쫓아낼 수는 없지만, 중요한 것은 그날의 선언으로 미국을 포함한 세계 열방이 우리 민족의 독립 의사를 알게 되었다는 점입니다. 그리고 무엇보다 우리 국민들도 서로의 독립 의지를 재확인했지요. 그럼으로써 독립운동을 더욱 크게 벌여 보자는 암묵적인 약속이 각자의 마음에 자리잡았다고 볼 수 있습니다.

무엇을 희생하더라도 영광스러운 정부로 만들겠다

— 그 약속의 결과물이 상하이에 세워진 임시정부인 것이지요.

◇◇ 그래요, 그것이 독립선언의 유일한 결과는 아니라 해도, 그 정신을 이어가려는 노력들이 모인 이뤄낸 집합체인 것이지요.

— 선생님께서도 3·1운동 직후에 미국을 떠나 중국으로 가셨습니다. 바야흐로 임시정부 활동에 뛰어드신 것이죠. 그리고 내무총장과 국무총리를 연임하면서 출범 초기의 임시정부를 꾸려나가는 데 핵심적인 역할을 하셨습니다. 더구나 기록을 보면 당시 장관급 요인 중에 상하이에 있었던 분은 선생님뿐이었다고 합니다. 즉, 선생님께서 임시정부의 기틀을 짜신 것으로 볼 수 있는데요, 임시정부 운영의 원칙이랄까, 당시 구상하신 임시정부의 모습이 궁금합니다.

◇◇ 하하. 우선 말해두고 싶은 건 나 안창호 개인이 임시정부에서 무슨 일을 했는지는 그다지 중요하지 않다는 겁니다. 그보다는 임시정부가 무엇을 했는지가 중요하지 않겠습니까. 내가 그런 직함을 맡은 것은 누구를 다스리려고 했던 것이 아닙니다. 그저 내 작은 힘이나마 보탬이 되었으면 했던 것이지요. 나뿐 아니라 임시정부에 참여한 동지들 모두 그렇게 생각했을 겁니다. 우리가 무엇을 희생하더라

도 이곳을 영광스런 정부로 만들어야겠다고 말입니다.

비록 임시이기는 하지만 우리는 당당한 정부의 일원으로 행동하려 애썼습니다. 위로는 하늘을, 아래로는 사람을 향해 부끄러움이 없는 정부. 개인의 야심보다는 오로지 인도주의와 정도(正道)에 입각해 설립된 조직. 그것이 우리가 구상한 정부의 이상이었죠. 우리는 자신의 물건을 되찾는 것처럼 스스로 주권을 찾으려 했습니다. 그럼으로써 한반도에 모범적인 공화국을 세워, 2천만 국민이 복지를 누리게 하려고 했죠. 이는 곧 세계 평화에도 기여할 것이라 여겼습니다. 대한에 새로운 공화국이 건설됨으로써 동양의 평화가 견고해지고, 이는 곧 세계 평화로 이어질 테니 말입니다. 우리는 이러한 당당한 목표에 걸맞게, 굳은 뜻을 지니고 합리적으로 임시정부를 운영하려고 했습니다. 그리하여 세상 누구도 우리를 무시하지 못하게 하려고 다짐했어요.

우리는 외교적으로도 군사적으로도 준비를 해나갔습니다. 외교적 노력은 이승만 박사가 기존부터 하고 있었는데, 임시정부 설립 이후로 그 길이 더욱 크게 열렸지요. 우리는 외교를 하더라도 공정함을 유지하고, 일본과 같이 권모술수로 남을 침탈하는 짓은 하지 않기로 했습니다. 또한 우리가 정신을 둔 기미년 만세운동은 평화시위였지만, 우리가 평화만으로 독립을 쟁취할 수 없을 때는 군사적인 수단도 사용해야겠다는 생각을 가지고 있었지요. 나라를 잃

대한민국 임시정부 국무원 기념사진(1919년 10월 11일).
앞줄 왼쪽부터 신익희, 안창호, 현순. 뒷줄 왼쪽부터 김철, 윤현진, 최창식, 이춘숙

고 망명지에 세워진 정부가 일본의 무력을 어떻게 이기겠느냐고 비웃는 자들도 분명 있겠지요. 하지만 일본의 무력이 강하다 한들 우리가 의연함을 잃지 않는다면 명분은 우리에게 있다고 생각했습니다.

무엇보다 중요한 원칙은 단합이었습니다. 세상이 우리에게 독립을 허용하건 않건, 우리 스스로 독립의 정신을 가져야 했죠. 이를 위해서는 우리 모두 한덩어리로 뭉쳐야 했습니다. 당시 정부는 상하이에 있었지만, 모든 주권자가 그곳에 거주할 형편이 되지 못했기 때문에 민의를 모으기는 쉽지 않았습니다. 그렇기에 더욱 우리는 뭉치면 살고 나뉘면 죽는다는 생각을 가져야만 했죠. 그런 마음가짐에

입각해 결심을 변치 않고, 만일 세계가 우리에게서 등을 돌리더라도, 또 군사행위가 실패하더라도 다시 일어나 각자의 역할을 찾자고 결심한 것입니다.

— 출범 초기 임시정부의 구성원을 보면 이름난 독립운동가 분들이 총집합했다고 볼 수 있습니다. 국무총리 이승만, 내무총장 안창호, 외무총장 신규식, 법무총장 이시영, 재무총장 최재형, 군무총장 이동휘, 교통총장 문창범 그리고 임시의정원장 이동녕 선생. 모두 후대까지 족적을 뚜렷하게 남기신 분들이지요. 임시정부 내부의 분위기는 어땠습니까?

◇◇ 말하자면 오래전부터 독립운동에 투신하던 이들도 있었고, 새로운 얼굴도 보여서 조화로웠다고나 할까요. 늙은이도 젊은이도 있고, 이제 막 장년의 나이를 맞은 이들도 있었지요. 외교론을 주장하는 이도, 전쟁에 모든 역량을 다하는 이도 있었습니다. 눈을 부릅뜬 범 같은 이도 있고, 예수의 사도같이 온후한 이도 있었지요. 각지에 있던 인재가 모여들었는데 다들 자신이 있던 곳의 사정에 박식했습니다. 단언하건대 임시정부가 처음 구성될 당시에는 그 이상의 내각은 나오기 어렵다고 생각했습니다.

— 지금의 대한민국은 바로 임시정부의 법통을 계승하고 있습니다. 각계의 훌륭한 분들이 모여 임시정부를 이끌어간 것은 참 반가운 일입니다. 하지만 곤란한 질문을 드리지 않을 수 없습니다. 임시정부가 파벌 갈등 때문에 제 기능을 하지 못했다는 의견이 있는데 어떻게 생각하십니까?

◇◇ 이렇게 말해도 곧이곧대로 들리지 않을 수 있지만, 그 평가는 성급한 것이 아닌가 싶습니다. 당시에도 물론 상하이 임시정부는 파벌다툼으로 망했다느니 하는 말들이 돌고는 했지요. 하지만 일시적으로 의견의 차이가 있다 해도, 어느 한쪽을 일방적으로 옳거나 그르다고 몰고 갔던 것은 아닙니다. 일을 해나가는 데에 의견이 합치되지 않는 경우는 언제나 있는 일 아닙니까? 물론 그만큼 임시정부에 걸었던 기대가 컸을 테니 실망하기 쉬웠으리란 점을 이해합니다. 하지만 우리도 결국 서로 다른 의견들을 가진 사람들의 집단인 만큼 어느 정도의 갈등은 당연한 것이라고 생각합니다.

— 당시 임시정부 내에는 다양한 신념을 가진 이들이 있었지요. 그러다 보니 외교론과 무장투쟁론 같은 방법론에 대한 갈등도 있고, 좌우 이념 갈등도 있었던 것으로 알고 있습니다.

◇◇ 그랬지요.

— 그런 갈등 속에서 좌절감을 느낀 적은 없으신가요? 선생님께서는 임시정부의 성공을 위해 '통일'의 필요성을 누차 강조하셨으니 말입니다.

◇◇ 임시정부의 성공이라기보다는 독립운동의 성공을 위해서라고 하는 것이 더 정확하겠군요. 내가 통일이라는 말을 자주 사용한 것은, 우리가 각자 작은 힘이나마 보태지 않으면 안 될 처지에 놓여 있었기 때문입니다. 외교건 군사건 마찬가지입니다. 아무리 뜻이 있어도 다들 자기 방식에

만 치중하면 제 역량을 낼 수 있을 리가 없지요. 이는 사람의 팔다리가 제멋대로 움직여 자기 할 일만 하려고 한다면 결국 아무것도 해낼 수 없는 것과 마찬가지입니다.

또한 사지가 온전히 붙어 있더라도, 내부의 신경과 혈관이 막혀 있다면 생명을 유지할 수 없겠지요. 내가 말하는 통일은 이 혈관의 흐름을 막는 장애물을 제거한다는 뜻입니다. 이따금 상대가 자신을 어떻게 대접하는지 지나치게 따지고 드는 이들이 있지요. 하지만 우리는 생각이 같으니까 동지인 것 아닌가요? 그런데 만일 내가 이동휘 총리와 밥을 먹으면 그쪽을 따른다고 수군거리고, 이시영 총장과 같이 있으면 또 그쪽을 따른다고 험담하면 자연스럽게 교유가 꺼려지겠지요. 내가 말하는 것은 그런 풍조를 없애자는 것이었습니다. 독립을 위해 나선 자는 다 동지입니다. 다들 조국을 위해 같이 죽을 마음으로 이곳에 모인 것일 테니까요.

— 선생님, 불편한 내용을 자꾸 물고 늘어지는 것 같지만 임시정부에서 출신지역에 따른 갈등이 심각했다는 얘기도 있습니다. 그리고 선생님을 중심으로 한 서북(西北)파, 이승만 박사를 중심으로 한 기호(畿湖)파의 갈등도 있지 않았습니까?

◇◇ 그렇지 않다고 단언할 수 있습니다. 내가 노동국 총판이던 시기를 따져봅시다. 그때 사람들은 이동휘 국무총리를 지역심리가 있다며 폄훼했습니다. 하지만 그가 세운 90여

개의 학교의 위치를 보면 대부분 개성과 강화 지역에 자리잡고 있습니다. 그는 함경도 출신인데도 말입니다. 이동녕 내무총장, 이시영 재무총장은 혹여 지역심리가 있을까 걱정할 인물들이지 그걸 조장할 사람들이 아닙니다. 또 신규식 법무총장은 해외 생활 10년 동안 동포 간 대동단결을 부르짖었던 분입니다. 나를 두고도 더러 '안창호는 서도를 위해서만 일한다.'는 소리가 들려오던데, 어쨌건 뭔가 일을 한다고 말해주니 고맙기는 하지만 우리나라가 얼마나 크다고 황해도니 평안도니 하고 따지겠습니까?

그리고 이승만과의 갈등은 출신지역보다는 방법론이 달랐기 때문에 벌어진 일이었습니다. 이승만 박사는 외교에 많은 무게를 두었습니다. 임시정부가 만들어진 이후에는 더욱 정치적인 탄력을 받았는지, 주로 미국에서 조선의 현실을 알려 여론의 동정심을 사려고 했지요. 그러한 노력이 나름의 성과를 거두기도 했습니다. 하지만 나는 독립운동을 하는 데 국제연맹과 미국에만 의지할 수는 없다고 여겼습니다. 그건 우리 스스로는 독립할 자격이 없다고 자백하는 것이나 마찬가지라는 것이 나의 생각이었습니다. 먼저 자립적인 국가를 조직한 후에야 외부의 조력도 바랄 수 있는 것이지요. 우리가 믿을 수 있는 것은 일단 '우리의 힘'이 우선인 것입니다. 하지만 오해는 하지 마십시오. 일단 이승만 대통령이건 이동휘 총리건 우리의 지도자인 이상 그들의 지도를 따르는 것이 옳다고 생각했으니까요."

— 그럼 이 질문을 던져보면 어떨까요. 선생님께서는 초기부터 임시정부가 자리를 잡는 데 중요한 역할을 하셨고 누구보다 애착을 가지고 정무를 보셨습니다. 그런데 결국은 중도에 임시정부에서 나가셨지요. 1921년 5월 12일에 사퇴를 하셨으니 임시정부 활동은 만 2년이 조금 넘게 하신 거네요.

◇◇ 네, 맞습니다.

— 그토록 성심성의껏 활동하신 임시정부의 문을 박차고 나오신 이유가 대체 뭐였습니까?

◇◇ 어디서부터 말을 하는 게 좋을지……. 당시에 내가 임시정부의 일을 내려놓았을 때도 주변에서는 '아마 누구누구와 충돌이 생긴 것이다, 아니면 모욕과 괴로움을 당하다가 견딜 수 없어 나온 것이다.'라는 등의 각종 추측을 늘어놓았습니다. 그 이유를 자세히 설명하자면 너무 장황해지니 간단히 말씀을 드리지요.

분명히 해야 할 것은, 그것이 감정상의 문제는 아니었다는 겁니다. 내가 본디 임시정부에 있던 것이 개인적인 이유가 아니었듯이, 그곳을 나온 것도 마찬가지입니다. 누가 미워서 그랬던 것도 아니고, 일신상의 괴로움은 더욱 아니지요. 내가 임시정부를 나온 이유는 당시 정세로 보아 노동국 총판이라는 지위를 가지고 있기보다는 일개 개인으로서 일하는 것이 내가 조국의 독립에 좀 더 이바지할 수 있겠다는 판단 때문이었습니다.

어떤 이들은 내가 뒤에서 밀약을 맺은 것은 아니냐고 의심하기도 했습니다. 대강 사태가 수습된 뒤에 다시 임시정부에 돌아가 이승만 대통령 밑에서 총리가 되기로 한 것 아니겠느냐고요. 말도 안 되는 소리지요. 나는 그런 약속을 한 적도 없고 그럴 의사도 없었지만 한편으로 내 스스로 다시 노동국 총판이 될 필요가 있다고 여겼다면 당장이라도 정부로 돌아갔을 것입니다. 그곳에서 일할지 여부는 오직 '그것이 우리 독립 운동에 유익한지'를 기준으로 삼고 있었기 때문입니다. 물론 이왕 임시정부의 이름으로 모였으니 다 같이 둥글게 앉아 일을 해나갔으면 좋았겠지요.

― 맞습니다. 끝까지 임시정부를 지켰던 김구 선생님처럼 말입니다. 이름난 독립운동가들이 모두 끝까지 함께했다면 해방도 좀 더 앞당겨지고 후손들이 보기에도 좋지 않았겠습니까?

◇◇ 후손들이 보기에 좋을 수는 있겠습니다만 해방의 시기까지야 단정할 수는 없겠지요. 아무튼 임시정부가 갈라선 원인이나 구성원 누구의 장단점 따위를 말하자면 끝이 없을 것입니다. 나는 임시정부의 지도자들이 독립이 완성되는 날까지 끝까지 같이 가기를 진심으로 원했습니다. 후손들이 보기에 부족할지 몰라도 이를 위해 나름 애타는 노력을 했지요. 그러나 내 성의와 능력의 부족인지, 시대의 문제인지 어쨌건 끝내 실패로 돌아가고 만 것입니다. 그리고

앞으로 어떻게 행동을 하는 게 맞을지 곰곰이 생각한 결론이 억지로 임시정부에 있는 것보다는 개인으로 돌아가 무엇이건 해봐야겠다는 것이었습니다. 답변이 충분히 되었는지 모르겠습니다.

국민대표회의는 임시정부 성공 위한 공론 활동

— 임시정부를 나온 뒤에 선생님은 국민대표회의를 추진하셨습니다. 2년가량 준비촉진위원회, 준비위원회 등을 설립하다가 1923년에 본회를 개최하셨지요. 전국은 물론 해외에서도 국민대표 124명이 참석한 대규모 회의였습니다. 임시정부 활동보다는 국민대표회의가 독립운동에 더 유익할 것이라고 여기셨다고 생각해도 될까요?

◇◇ 그렇습니다. 위에서 나는 독립을 위해서라면 통일이 필요하다는 말을 했죠. 나 말고도 많은 독립운동가들이 임시정부에서 탈퇴했는데, 이들 세력을 다시 모아줄 구심점이 필요했어요. 그렇기에 각 지역과 단체의 대표자들이 한곳에 모여 공론을 형성할 기회를 만들기 위해 그 회의를 추진했습니다.

국민대표회의는 반드시 필요한 모임이었습니다. 누군가는 국민을 대표하는 기관으로 이미 임시의정원이 있는데 굳이 이런 일을 벌인다는 것은 임시정부를 부정하는 것 아

니냐고 비판했습니다. 하지만 그건 사실이 아닙니다. 본
디 공화정이라는 것은, 중앙기관은 국민의 여론에 복종하
고 국민 각 개인은 그 중앙기관에 복종하는 체제입니다.
그런데 그 체제가 돌아가려면 여론이라는 것이 먼저 있어
야 하지 않겠습니까? 그러니 국민 여론을 성립시키기 위
해 각 분야 대표가 모이는 것을 어떻게 의정원에 대한 부
정이라고 하겠습니까.

— 정리하자면 국민대표회의는 중앙기관인 임시정부가 올바
른 국민 여론을 수렴할 수 있도록 각 분야 대표들 사이의
여론을 만들어내는 모임이었던 것이군요.

◇◇ 정확하게 이해했군요. 당시는 임시정부 설립 이후부터 꾸
준히 제기되었던 문제들이 점차 곪고 있을 때였습니다. 그
런 문제를 방치해두면 향후 독립운동에 장애가 생길 것이
니 이를 해결하고 시국을 정리하려면 각 대표들이 모여
공론을 세워야 한다고 생각한 것입니다.

— 그렇지만 당시에 임시정부 외부에서 국민대표회의를 연
다는 것은 이승만 대통령을 공격하는 의도가 있는 것이라
는 비판도 있었던 것으로 압니다. 그런 의혹에 대해서는
어떻게 설명하시겠습니까?

◇◇ 그래요. 그런 의혹을 제기하는 자들이 있었지요. 이동휘
총리나 원세훈 선생이 이승만을 쫓아내기 위해 안창호를
이용하고 있는 것이니 속지 말라던 이들이 그때도 있었습
니다. 만약 그러한 불순한 목적으로 국민대표회의가 개최

되었다 칩시다. 그렇다면 이후에 모인 124명의 대표들이 전부 그런 단순한 속셈에 넘어간 것이겠습니까? 결코 그럴 리 없겠지요. 국민대표회의는 각 방면에서 서로 다른 입장을 지닌 사람들이 모여 타협점을 찾고 공론을 만들어가기 위한 회의입니다. 어느 개인이나 기관을 공격하거나 또는 반대하기 위한 목적이 결코 아니었지요.

— 이후 1926년에 선생님은 다시 임시정부 최고 수반인 국무령에 선임되셨습니다. 물론 본인의 의사와는 무관한 인사였기에 선생님은 취임을 거부하셨지만, 이후에도 임시정부 발전을 위한 연설회도 꾸준히 개최하셨고 임시정부경제후원회를 이끄시기도 하셨지요. 당시에는 노선 갈등으로 인해 거의 모든 의원이 임시정부를 떠났고, 그로 인해 임시정부도 정상적인 활동이 거의 어려웠던 것으로 알고 있습니다. 그런데도 선생님께서는 끝까지 임시정부의 가능성을 포기하지 않으신 겁니까?

◇◇ 임시정부가 쇠약해지자 누군가는 아예 정부를 뒤엎어버려야 한다고 했고, 누군가는 갈등만 조장하는 임시정부를 없애버리자고 했지요. 하지만 나는 우리가 다투는 이유는 임시정부 때문만은 아니라고 생각했습니다. 애초에 임시정부가 제대로 돌아가지 못한 것도 우리의 책임이니까요. 임시정부는 버릴 수 없는 것이었습니다. 비록 부족하다고 해도 개선하려고 노력해야지 그대로 손을 놓아버릴 수는 없었지요. 임시정부의 역사적 정통성 역시 버리기에는 너

무나 소중했습니다. 3·1운동 당시 '조선은 독립국임을 선언한다.'는 그 독립선언의 정신을 고스란히 계승해 탄생한 것이니까요. 독립운동의 전략 차원에서 보아도 임시정부는 존재해야 했습니다. 독립선언 이후 계속 유지되어온 독립운동의 구심점을 없애버린다고 하면 본국에 있던 시민들은 어떻게 생각했을까요? 한국에 임시정부가 건설되었다는 사실을 외국에서도 알고 있었는데 그게 없어지면 어떻게 여겼겠습니까?

하지만 이렇게 절박하게 임시정부를 지키고자 했던 사람이 많지는 않았습니다. 한때 임시정부는 월세를 낼 돈조차 없고 국무령을 할 인재가 없을 지경이었으니까요. 만일 정말로 그런 이유로 임시정부가 없어졌다고 한다면 우리 모두가 씻을 수 없는 죄를 짓는 셈이었을 겁니다.

— 지금 대한민국에서는 선생님께서 그토록 지키고 싶어 하셨던 임시정부의 정통성을 부정하고 대한민국 건국은 광복 후에나 이루어졌다고 주장하는 이들도 있습니다. 입맛이 쓰실 것 같습니다.

◇◇ 임시정부는 독립선언과 3·1운동으로부터 정통성을 이어받은 정부입니다. 그런데도 무슨 의도로 그런 말을 하는 것인지 나로서는 잘 모르겠군요.

— 이해할 수 없는 주장을 한 가지 더 말하자면 식민지 근대화론을 아직까지도 믿고 있는 사람들도 있다는 겁니다. 일제의 식민지배가 우리나라의 정치경제적 성장에 원동력

이 되었다고 말입니다. 당시에는 비슷한 주장을 하는 자들이 더 많았겠지요.

◇◇ 후대에도 그런 주장을 하는 사람이 있다니 그리 믿고 싶지 않군요. 그것은 일본이 조선을 집어삼키기 위해 내세웠던 자기정당화 이상도 이하도 아닙니다. 내가 초대 통감인 이토 히로부미를 만났을 때 그는 '일본은 한국의 제반 시설에 전심전력을 다하고 있다.'며 짐짓 호의를 가진 척을 했습니다. 그러나 이건 더 생각할 것도 없는 기만입니다. 그 말대로 일본이 우호적인 이유로 우리나라에 왔다면 나부터가 통감부에 매일 찾아가 인사를 했겠지요. 혁신이란 그 나라 사람들이 주도적으로 일으켜야 의미가 있는 것입니다. 그렇지 않으면 남의 이권을 채우기 위해 영영 착취당할 뿐이지요. 외교관계에 공짜는 없습니다. 미국인이 일본에 와서 메이지유신을 일으킨다면 그게 무슨 의미겠습니까. 당시 일제가 우리나라에 가장 잘 협조하는 길은 대한의 일을 대한 사람들에게 맡기고 당장 떠나는 것, 그뿐이었습니다.

외교도 전쟁도 재정이 있어야

— 주권도 영토도 잃은 상황에서 해외에다 정부를 수립하는 것은 결코 쉽지 않았겠지요. 임시정부를 운영할 때 어떤

점이 가장 어려웠는지 말씀해주실 수 있는가요?

◇◇ 허허. 남의 땅에서 일제의 눈을 피해가며 정부를 운영하는 일인데 그 어려움을 어찌 한두 가지로 간추릴 수 있겠습니까. 어찌어찌 정부의 요소는 갖추었다 하더라도 실제로 할 수 있는 행동은 제약돼 있었지요. 또 요인들 간의 의견 차이도 적지 않아서, 같은 뜻을 품고 모인 독립운동가들이 하나둘 등을 돌리기도 했지요.

하지만 가장 현실적인 어려움은 재정적인 문제였습니다. 애당초 임시정부의 중요한 임무는 독립운동을 지속해나가기 위한 재정을 마련하는 것이었습니다. 외교를 하건 전쟁을 하건 모두 재정이 뒷받침되어야 가능한 일 아니겠습니까? 돈 없이는 국제회의를 참석하기 위한 여비를 지원할 수도, 군대를 조직할 수도 없습니다. 임시정부 내무총장 시절에 저는 임시정부에 돈을 가져다주는 이에게 절이라도 하고픈 심정이었습니다. 정부의 무능을 욕하면서 재정적 고충은 모른 척하는 이들을 볼 때마다 정말 갑갑할 노릇이었지요. 임시정부 차원에서도 안정적 재정 마련을 위해 애국공채 발행, 인구세, 구국 재정, 외채 발행 등 여러 방침의 실현 가능성을 검토하기도 했습니다.

― 정말 현실적인 문제군요. 당시 시대를 다룬 TV드라마를 보면 국내에 있던 부호들이 논밭을 전부 팔아서 독립자금을 대고 정작 본인은 빈궁한 생활을 이어가는 모습이 종종 나옵니다. 독립운동을 하면 3대가 망한다는 우스갯소

리도 있을 정도입니다. 당시 임시정부의 재정은 어땠습니까?

◇◇ 주로 국내에서 일제의 눈을 피해 모아준 자금이나, 해외교민들이 지원해준 자금으로 운영되었습니다. 하지만 당연히 넉넉하지는 못했지요. 고된 노동으로 번 돈을 보내준 동포들의 수고에 비하지는 못하겠지만, 상하이에 있던 임시정부 요원들도 생활이 어렵기는 마찬가지였습니다. 나도 미국에서 사업을 하는 아들이 매년 보내주는 돈으로 간신히 견뎠지요.

임시정부도 하나의 정부이므로, 당연히 정책을 추진할 예산이 있어야 했습니다. 하지만 당시 우리 국민들의 경제 관념은 극히 빈약했습니다. 오랜 쇄국주의 정치 탓에 자본에 대한 개념이 익숙하지 못했고, 유교의 영향으로 재물을 다루는 일을 천하게 여겨왔기 때문입니다. 그러니 대부분 국민들은 사업에 자산이 왜 필요한지조차 그다지 깊이 생각할 겨를이 없었지요. 그러니 독립운동을 시작하면서도 투지만 있을 뿐 자금에 대해서는 별로 고려하지 못했습니다. 3·1독립선언을 발표할 때도 그랬고 임시정부를 수립할 때도 그 문제는 거의 도외시되었습니다.

임시정부는 국민 개납(皆納)주의를 추구했습니다. 부자 몇 명의 기부에 의존해 독립운동을 하는 것이 아니라, 금액의 많고 적음을 따지지 않고 국민 모두가 1전씩이라도 내어야 한다는 것이었습니다. 물론 누구나 자신의 생업이 우선이겠지요. 하지만 가난한 이는 밥 반 그릇을 덜어서라도 독립자금을 내고 자산가는 자산가대로 거액을 내면 되는 것 아닙니까? 같은 맥락으로 나는 국민 개업(皆業)주의도 주장했습니다. 대한의 남녀라면 누구나 자기의 직업에 힘을 쓰라는 말이지요. 입으로만 애국을 외치고 노는 것은 독립운동이 아닙니다. 무슨 일을 하든지 급료를 받아서 그중 조금이라도 국가를 위해서 냈으면 하는 것이 저의 바람이었습니다.

― 돈이 있고 없음을 떠나서 독립을 위한 열망은 다들 같았겠지요. 다만 생활이 어려운 분들은 독립자금을 지원한다고 해봐야 푼돈이니 그게 무슨 큰 도움이 될까라는 생각을 했을 법도 합니다.

◇◇ 지금의 대한민국도 국민 한 명 한 명이 내는 세금을 모아서 한해 몇 백 조씩 되는 예산을 마련하는 것 아니겠습니까? 제아무리 푼돈이라도 국외에 있는 모든 동포들이 임시정부에 기부를 할 형편은 되지 않았겠지요. 그래서 저는 상하이에 있는 사람들만이라도 우선은 그 모범이 되어야 한다고 생각했습니다.

― 네. 모든 국민들이 거리로 나가 일제와 싸울 수는 없으니 적게나마 자금이라도 지원한다면 독립운동에 동참한다는 의미가 있었겠습니다.

◇◇ 그 자체가 독립운동이라고 해도 진배없습니다.

대한의 독립은 의심의 여지가 없어

— 일제는 우리나라를 35년 동안이나 강제로 점령했습니다. 을사조약부터 셈하면 국권을 빼앗긴 기간은 사실상 더 길다고 봐야겠지요. 한 세대가 훨씬 넘는 기간인데 그 기간 내내 독립에 대한 확신을 꺾지 않으신 점이 정말 존경스럽습니다.

◇◇ 당연히 해야 할 일을 한 것일 뿐인데, 그런 것을 존경스럽다고 하면 오히려 난감할 따름입니다.

— 그걸 당연하다고 생각하지 않은 이들이 더 많았으니까요. 서정주도 해방 후 재판장에 나와서는 '해방이 이렇게 빨리 될 줄 몰랐다.'고 말했다지 않습니까. 그 어려운 시기에 독립에 대한 신념을 어떻게 끝까지 지키실 수 있었던 겁니까?

◇◇ 지금 대한민국에 사는 후손들이 100년 전의 정서를 오롯이 이해하기는 어려울 겁니다. 그때 대한의 국민들이라면 누구든 독립과 자유를 원하지 않은 사람이 없습니다. 물론 독립운동에 뛰어든 사람이라도 위기를 겪으면 이 길을 계속 걸어야만 할까 고민을 할 수는 있습니다. 실제로 중도에 포기하고 돌아선 사람들도 있었고요. 그러나 그것이 독립을 원치 않았기 때문은 분명 아닐 겁니다. 그보다는 그런 미래를 과연 맞이할 수 있을까에 대한 의심을 견디지 못한 것이겠지요.

얼핏 보면 당시 우리나라는 교육받은 인재도 적고 자본도 없었으며 다른 것들도 넉넉하지 않았습니다. 이래서야 독립운동을 성공시킬 수 있을까 의심이 생길 만도 했지요. 그러나 저와 동지들 그리고 대부분의 국민들은 독립의 가능성을 의심하지 않았습니다. 우리는 어떤 면에서 보든지 독립할 자격이 충분한 민족이었습니다. 결코 이민족의 노예로 남아 있을 민족이 아니라는 겁니다. 후손들도 역사를 배웠다면 알 겁니다. 일본이 우리를 지배하고 있던 와중에도, 내부에서는 계속 독립을 요구하는 목소리가 터져 나왔습니다. 게다가 대외 형세도 결코 일본에게 유리하지만은 않았지요. 우리 민족성을 보든지 국제정세로 보든지 결코 우리의 독립을 의심할 여지는 없었습니다.

그렇다고 가만히 앉아 있는데 독립이 주어지지는 않겠지요. 자기의 의무도 다하지 않는 사람에게 그 누가 독립을 가져다주겠습니까? 그러니 끊임없이 우리의 처지를 살피고 그에 맞는 합당한 방침을 세운 뒤 그것을 실현해나가려고 노력해야 했습니다. 요행과 우연을 믿지 않고 꿋꿋하게 할 일을 해나가는 것 외에는 달리 길이 없었던 것이지요.

— 대한 사람이라면 언젠간 독립하리라는 것을 의심하지 않고 계속 노력하는 것이 당연하다는 말씀이네요.

◇◇ 그래요. 대한의 일을 대한 사람이 아니면 누가 하겠습니까? 영국의 일은 영국 사람이 하고 미국의 일은 미국 사람이 해야 하는 것과 마찬가지입니다. 대한 사람이라면 누구나 대한의 일이 잘되도록 노력할 의무가 있습니다. 어떤

이들은 국가의 흥망을 오직 대통령이나 정부에게 책임을 지우고는 합니다. 하지만 그것은 자신의 의무와 책임을 모르고 하는 말입니다. 국가의 일에 체념하는 것은 곧 자신의 권리를 포기하는 것이나 마찬가지입니다. 그러므로 우리는 결코 대한의 일에 의식 없는 태도로 방관만 할 수가 없었죠. 암담하여 끝이 보이지 않더라도 자기 능력을 다해 노력해나가는 것이 대한의 국민으로서 책임을 다하는 것이니까요.

기미년 독립선언서에 뭐라고 쓰여 있었습니까? '최후의 일인까지, 최후의 일각까지 민족의 정당한 의사를 시원하게 발표하라.'고 했습니다. 이 말은 다들 남김없이 죽자는 말이 아닙니다. 독립을 위해 투신하다가 나 하나의 희생으로는 충분하지 못해 결국 모두 피를 흘리게 되더라도, 그때까지 노력을 그만두지 말자는 뜻입니다. 오늘에 안 되어도 내일 다시 투쟁을 이어나가, 그렇게 독립이 완성되는 날까지 쉬지 말자는 뜻이지요.

그릇된 목적을 추구하는 자는 결국에는 실패할 것이요, 옳은 목적을 추구하는 이는 결국 성공할 것입니다. 그러니 우리의 목적이 옳다는 것을 확고하게 믿으면 비관 따위 할 이유가 없겠죠. 옳은 목적을 세운 자도 일시적으로 장애에 부딪힐 수는 있지만 결국에는 바라는 것을 얻고야 말 것입니다. 만약 옳은 목적을 세운 자가 실패했다면 그것은 자신의 목적을 끝까지 추구하지 않고 도중에 체념했기 때문이겠죠. 자신이 세운 옳은 목적을 좌절도 의심도 하지 않고 끝까지 붙들고 나아가는 자는 결국에는 성공합니다.

— 결국에는 대한민국이 독립을 맞이한 것처럼 말이지요.

◇◇ 네, 그렇다고 해야지요.

— 그래도 그런 강인한 의지를 지니기는 쉽지가 않지요. 우리는 독립을 맞이할 자격이 충분한 민족이라고 하셨는데, 그렇다면 당시에 식민지로 추락한 원인은 무엇이라고 보십니까?

◇◇ 우리가 일시적으로 이런 불행한 경우에 처한 이유는 그저 서구의 문화를 남보다 늦게 수입했기 때문입니다. 일본으로 말하자면 서구가 동아시아로 들어오는 길목에 위치했기 때문에, 우리보다 먼저 신문화를 받을 수 있었습니다. 또 중국은 동아시아에서 가장 국토가 넓었기에 서구 열강들이 중국과의 교류를 트려고 노력했으므로 먼저 신문화를 접할 수 있었고요. 하지만 우리는 둘 중 어느 것도 아니었던 데다가, 당시 정권을 잡았던 자들이 무지했기 때문에 신문화를 접하는 것이 늦어졌습니다. 만약 우리도 일본이나 중국이 서구 문화를 받아들일 때 함께했더라면 그들보다 나은 상황에 있었을 겁니다. 우리는 충분히 자긍심을 가질 만한 우수한 민족입니다. 하지만 이런 불행한 경우에 처해져서 다들 열등한 민족이라고 오해하니 분하고 측은할 뿐이었지요.

— 수많은 독립운동가 분들이 마지막 순간까지 독립을 위해 투신하셨지만 해방의 순간을 직접 보지는 못했습니다. 사실 해방 이후의 혼란과 미완성된 친일청산, 민족분단, 그 뒤로도 현대사의 기나긴 갈등을 생각하면 후손된 입장에서 독립운동가 분들에게 참 부끄럽지만 말입니다. 선생님께서도 결국 직접 광복의 기쁨을 누리지는 못하셨지요. 그 점이 안타깝지는 않으십니까.

◇◇ 기자 선생은 독립운동에 대해 어떻게 생각합니까?

— 후손으로서 한없이 감사한 일이지요. 독립운동가 분들이 없었다면 제가 지금 이 공원에 앉아 한국어로 인터뷰를 하는 일도 없었을지 모르니까요.

◇◇ 그렇게 평가해주니 고맙군요. 기미년 독립선언 이후에 국내외에서는 많은 동포들이 들고일어났다가 옥고를 치르거나 목숨을 잃었습니다. 그런 모습을 보며 나는 늘 우리 민족의 저력을 재확인했지요. 살아서 독립을 보지 못했다고 해도 나는 조금도 후회하지 않았습니다. 지금 이렇게 독립에 투신했기 때문에 언젠가는 기쁜 미래가 있으리라고 믿었기 때문입니다. 그것이 당장 눈앞에 주어지지 않는다고 해도 상관없었지요.

독립협회 활동, 쾌재정 연설로 명성 얻어

— 인터뷰 내내 너무 무거운 주제만 다룬 게 아닌가 싶습니다. 주제를 조금 돌려보겠습니다. 선생님께서 걸어온 발자취를 한번 훑어보죠. 우선 어린 시절로 돌아가서, 독립운동가의 길을 걷기로 결심한 것이 언제부터였던 것 같습니까?

◇◇ 글쎄요. 딱 잘라 말하기가 쉽지 않군요. 허허, 태어나기를 평안남도 강서군에 있는 봉상도라는 시골 섬마을에서 났으니 넓은 세상을 볼 기회가 없었습니다. 그곳에서 받을 수 있는 교육은 구식 서당뿐이었지요. 그런 내게 신학문을 접하게 해준 사람은 서당 선배인 필대은이었습니다. 나보다 몇 년 연상이었지요. 그는 내게 서울 구경도 시켜주었고 서울 정동의 구세학당(언더우드 학당)에 입학하는 것도 도와주었어요. 그러면서 차차 힘없는 우리 민족의 현실을 깨닫고 독립에 대한 관심도 커갔습니다.

후손들은 '독립'이라는 단어를 들으면 대개 일제로부터의 독립만을 떠올리겠지만, 사실 독립이라는 단어는 일제가 대한을 병탄하기 전부터 널리 쓰였습니다. 독립이란 일제뿐 아니라 청나라와 러시아를 비롯한 주변 열강들로부터의 자주독립을 의미했습니다. 나는 열아홉 살이던 1897년, 서재필 선생의 강연에 감명을 받고 독립협회 활동을 시작했습니다. 그때부터 본격적으로 독립을 위해 힘쓰기 시작했지요.

― 그해에 필대은 선생과 함께 독립협회 관서지부를 창립하
셨지요. 그리고 같은 해 음력 7월에 평양 쾌재정(快哉亭)
에서 만민공동회를 개최하셨는데, 당시에 하신 연설로 전
국적인 명사가 되셨습니다.

◇◇ 칭찬이 과하군요. 당시 나는 청일전쟁과 외세의 침투를 보
며 나라의 힘을 키워야겠다는 신념을 가진 지 얼마 되지
않았던 때였고, 혈기왕성한 청년 시기이다 보니 연설에도
치기가 가득했을 겁니다.

― 선생님께서는 잘 모르시겠지만 그때 연설을 들었던 이들
이 남긴 평가가 훗날에도 남아 있습니다. 그 기록을 보면
선생님께서는 '고성을 지르거나 탁자를 내리치거나 팔을
치켜들지 않고 침착한 목소리'로 연설을 했는데도 청중들
이 저절로 만세를 불렀다고 합니다. 미국에서 귀국하신 직
후인 1907년에 하셨던 '삼선평 연설'을 들었던 함석헌 선
생도 그런 평을 했지요. 커다란 울림이 '조수를 휩쓰는 폭
풍처럼' 마음을 움직이고 있었다고 말입니다.

◇◇ 민망하군요. 당시 나는 내가 하고픈 말을 어떻게 하면 잘
전달할 수 있을지 고민했습니다. 그때 행사에는 평양감사
와 친위대장을 비롯한 지역 관리들도 전부 참석했는데, 나
는 단상에 앉은 고관들의 이름을 하나씩 호명하면서 그들
의 실정을 규탄했어요. 그리고 나름대로 생각한 새롭게 나
아갈 방향을 제시했습니다. 관리들의 실정에 괴로워하던
인민들이 그 점을 시원하게 여긴 것이 아닌가 합니다.

희망을 실현할 때는 의심을 깨버려라

— 도산이라는 호가 하와이를 뜻한다는 것은 사실입니까? 도
산이라는 두 글자는 후손들에게도 워낙 유명한지라, 뭔가
더 심오한 의미가 있지 않을까 생각했는데요.

◇◇ 허허허, 어차피 호라는 것은 편히 부르는 별명에 지나지
않은데 무슨 대단한 의미를 부여하는 것도 웃기지 않습니
까? 그때가 1902년, 내가 스물네 살쯤이군요. 아내와 결혼
을 하고 그다음 날 바로 선진 문물을 배우기 위해 그녀와
같이 미국행 배에 올랐습니다. 배 위에서 한 달이나 지냈
으니 젊은 시절에도 힘들기는 했지요. 그러다 어느덧 하와
이 앞바다에 이르렀는데 망망대해에 우뚝 떠 있는 그 모
습을 보고는 감흥을 받아 도산(島山)이란 호를 쓰기 시작
한 것입니다.

— 미국에 가서 공부만 하신 것은 아니었지요? 당시 선생님
은 바쁜 일상의 와중에도, 교민들의 집을 찾아다니며 생활
개선 운동을 하셨습니다. 당시 한인들의 거주환경은 매우
지저분했는데 선생님의 노력으로 그나마 사람 사는 동네
가 되었다는 얘기도 있었지요. 그 외에도 한인친목회, 공
립협회 등 교민단체를 결성하고 공립신보를 펴내기도 했
습니다. 지금은 미국은 말할 것도 없고 전 세계 곳곳에 우
리 동포들이 머물고 있습니다. 얼마 전 뉴스를 보니 재외
동포 700만 명 시대가 열렸다고 하더군요. 그러한 교민공

동체를 처음으로 결성해 지금
의 교민사회 기반을 만드신 것
이 선생님이라고 할 수 있습
니다.

◇◇ 아, 교민공동체를 제가 처음
만들었다는 건 어불성설입니
다. 동포들이 모여 있는 것만
으로도 이미 그곳에 공동체가
설립되어 있는 것이니까요. 공
동체란 딱히 이름을 내건 단체

미국 체류 중일 때의 안창호

만을 의미하는 것이 아니잖습니까. 그래도 굳이 제가 교민
단체를 처음 만들었다고 평가한다면 작은 힘을 보탰다 정
도로 해두지요.

— 두 번째로 미국행을 하셨을 때는 북미뿐 아니라 하와이,
러시아 시베리아, 중국 만주 지역의 교민단체까지 아울러
1912년 대한인국민회 중앙총회를 설립하셨지요. 4개 지역
의 지방총회를 총괄 운영하는 거대한 기관이었는데, 대한
인국민회 시절은 어땠습니까?

◇◇ 알다시피 당시 본국에서는 경찰과 정탐꾼이 거미줄처럼
감시망을 펼치고 있었습니다. 대한 사람 모두가 감시하에
놓여 있는데 누가 제 뜻을 펼칠 수가 있었겠습니까? 그래
서 나는 다음과 같은 말로 교민들을 설득했습니다. '우리
미주에 있는 한인들은 자유롭게 말하고 행동할 수 있으니,

의지를 보이지 못할 까닭이 없다. 우리 미주 사람들이 힘을 펼치지 않으면 이는 못 하는 것이 아니라 안 하는 것이다. 만일 우리가 스스로를 돕지 않으면 누가 우리를 도와주겠는가.'라고 말입니다. 대한인국민회는 그런 신념을 품고 탄생했습니다. 회원 하나하나가 국가에 대한 큰 책임의식을 품고 마땅히 한 몸을 투신하여 국가를 중흥케 하자는 것, 그게 나와 회원들의 생각이었지요.

— 해외에 있는 교민들은 아무래도 본국에 있는 사람들보다는 처지가 나으니 더욱 독립에 힘써야 한다는 말씀이군요.

◇◇ 물론 미주의 동포들도 처지가 좋지 않기는 마찬가지였습니다. 봇짐을 싸들고 오늘은 이 농장, 내일은 저 농장을 전전하는 처지였지요. 그런 궁핍한 생활이 10년 넘게 이어졌습니다. 한때나마 농업에서 성과를 거둔 적도 있지만, 사업으로 큰 재산을 모은 경우는 거의 없었지요. 또 그런 각박한 일상에 치여 교육을 받을 기회도 거의 없었습니다. 무엇보다 그들은 나라 없는 설움을 견뎌야만 했습니다. 국적이 없으면 기본적인 권리조차 보장되지 않으니까요. 내가 멕시코에 다녀올 때의 일이었습니다. 미국으로 돌아가는 국경에서 이민국 관리가 내게 중국 사람이냐고 물었지요. 아니라고 했더니 그러면 일본이냐고 물었습니다. 내가 나는 대한민국 사람이라고 하자 심히 거북한 말들이 돌아왔어요. 그리고 입국허가를 받지 못해 여러 날을 허비하다가, 끝내 나의 신분과 이력을 증거로 내놓은 뒤에야 입국

을 할 수 있었습니다.

자기 나라에서 안정을 찾는 것은 높은 지식을 가진 자도 무지렁이도 별반 다를 바가 없는 것입니다. 불량한 무리나 주정뱅이, 노름꾼도 제대로 된 나라가 있어야 대접을 받을 수 있지요. 미국의 동포들은 모두가 그런 기쁨을 모르고 지냈으니 그 설움이 어떠했겠습니까.

— 미국에서 고된 타향살이를 하던 도중 국권을 잃었다는 소식을 들으셨지요. 그때의 심정은 어땠습니까?

◇◇ 망연자실해서 잠을 이루지 못했습니다. 나도 선진교육을 공부하기 위해 미국으로 건너왔을 즈음에는 이 나라를 신뢰했습니다. 하지만 곧 개최된 포츠머스 회의 등 열강들의 외교회담을 보노라니, 결국 대한을 책임질 사람들은 우리 자신뿐이라는 생각이 짙어졌지요. 한반도의 풍운을 이겨 내고 반도강산을 빛낼 이들은 오직 대한의 젊은이들뿐이며, 나도 그중 하나로서 책임을 져야겠다는 결의가 섰습니다. 을사늑약 소식을 듣고는 공립협회 회원들과 이를 반대하는 시위도 벌였지만 큰 성과는 얻지 못했습니다.

— 그런 고통스러운 시절을 이겨낸 원동력이 무엇이었나요? 안정된 생활도 재산도 없이, 나라를 잃은 절망과 고된 노동밖에는 남지 않았을 텐데 말입니다.

◇◇ 희망입니다.

— 희망이요? 독립에 대한 희망 말씀이신가요?

◇◇ 독립뿐 아니라 내일은 오늘보다 더 나아질 것이란 희망

말입니다. 그런 마음을 간직하지 않고서 교민들은 일상을 지탱해나갈 방법이 없었습니다.

— 좀 더 구체적으로 말씀해주실 수 있겠습니까?

◇◇ 그 전에 희망이라는 것이 무엇인지부터 짚어보지요. 희망은 미래에 손안에 들어올 것을 기다리는 것입니다. 당장은 굶고 있어도 내일은 먹을 것이 있으리라는, 겨울날 헐벗은 채로 내쫓겼다 해도 내일은 따뜻한 곳을 찾을 수 있으리라는, 그런 기대를 가져야만 우리는 삶을 포기하지 않고 당장의 순간을 견딜 수 있지요. 마찬가지로 비록 오늘날은 일제에 짓눌리지만 내일은 주권을 되찾으리라는 신념을 가지는 것, 우리는 그런 '희망'을 버리지 않으려고 매순간 노력했습니다. 이런 희망은 거저 이뤄지는 것은 아니지요. 희망을 품기 위해서는 절대적인 용기가 필요합니다."

— 선생님, 제가 어깃장을 놓는 것 같지만 세상에 희망만으로 해결되는 일이 어디 있겠습니까? 절망하고 포기하는 것보다 당연히 희망을 가지는 게 낫겠지만, 그렇다고 희망을 가진다고 눈앞의 문제가 해결되는 것은 아니지 않나요?

◇◇ 그렇게 생각하기 쉽겠지요. 하지만 희망을 실현하기 위해서는 나약한 의심을 버려야 합니다. 일제강점기 때에도 우리도 독립을 이룰 수 있다는 것은 전부 헛소리라고 떠드는 자들이 있었습니다. 하지만 보십시오. 지금 우리는 남 부러울 것 없는 독립국가가 되어 있지 않습니까? 여기 복숭아 씨앗이 둘 있는데 하나는 10년 전에 심어 지금은 열

매를 맺었고, 다른 하나는 1년 전에 심어 이제 겨우 뿌리를 박았다고 합시다. 그러면 나중에 심은 나무를 보고 아직 꽃도 피우지 못했으니 가망이 없다며 베어버릴 사람이 있겠습니까? 나는 당시 우리의 상황도 마찬가지였다고 생각했습니다. 나는 당시 사람들에게 우리 민족은 우수한 성정(性情)을 지녔다고 설득했습니다. 희망을 가지고 노력해나가면 본래 좋은 성정이 발휘되어 그 누구보다 앞서나갈 수 있을 것이라고요.

자식들에게 연필 한 자루도 사주지 못해

— 선생님의 해외 생활에 대해 얘기하던 중에 가족 문제를 묻지 않을 수 없는데요, 선생님께서는 스물네 살에 이혜련 여사와 결혼을 하셨고 슬하에 2남 2녀를 두셨습니다. 그런데 총 36년간의 결혼생활 중 가족과 함께 보낸 시간은 다 합해도 12년 정도밖에 되지 않지요. 가족들을 미국에 둔 채로 국내와 하와이, 상하이, 만주 심지어 남미 지역을 돌아다니며 독립운동에 투신하셨으니 말입니다. 가족이 많이 그립지 않으셨습니까?

◇◇ 어찌 가족과 보내는 시간이 소중하지 않겠습니까? 하지만 고국이 망한 시국에서 나 혼자 잘 살겠다고 미국의 가족들 곁에 남는 것은 인정상 차마 못 할 일이지요.

─ 가족들이 자주 보고 싶으셨겠습니다.

◇◇ 왜 아니겠습니까. 간신히 시간이 나서 편지를 쓸 때면 더욱 생각이 많아지고는 했어요. 아내도 아들 필립, 필선도, 딸 수산, 수라도 보고 싶지 않은 사람이 없었습니다. 어떤 때는 그들을 모두 내가 있는 곳으로 데려올까 생각도 해보았지만 사정이 허락하질 않았지요. 제 고생은 그다지 신경 쓸 것도 못 되지만 아내가 고생한 것을 생각하면 미안하기 그지없습니다. 나는 자식들에게 연필 한 자루도 사주지 못한 못난 아비니까요. 그런데 나중에는 타국에서 독립운동을 한다고 장남에게 매년 400달러씩 송금까지 받았으니 어찌 그 고마움을 다 말할 수 있겠습니까.

─ 독립운동가의 길이라는 게 다들 그렇지 않았습니까. 특히 선생님께서는 지도자 위치에 계셨으니 더욱 개인적인 감정에 따라 움직이기 힘드셨겠지요.

◇◇ 가족들도 그렇게 이해했기를 바랄 뿐입니다.

거짓을 버리고 진실을 채우는 것이 정치인의 길

─ 요즘은 정치인이라고 하면 나쁜 인식이 많은데요, 당대의 정치지도자로서 오늘날 대한민국을 이끌어가는 후배 정치인들에게 하고 싶은 말이 있으십니까? 국민들의 정치에 대한 불만이 이만저만이 아닙니다.

◇◇ 일단은 같이 정치하는 사람들과 통합의 뜻을 세우라는 말을 하고 싶습니다. 무조건 한목소리를 내라는 소리가 아니라. 적어도 대한민국을 위한 정치를 하고 있다는 뜻만은 다 같이 지니고 있으라는 소리지요. 제아무리 사상이 다르더라도 말입니다. 내가 활동하는 시대에는 무슨 말을 하건 이를 곧이곧대로 듣지 않고 그 뒤의 꿍꿍이나 배후만을 의심하는 자들이 많았습니다. 아마 지금도 크게 달라지지는 않았겠지요. 그래서 어떤 정책을 밀고 나가야 할 시국에도 뜻에 동참하지 못해 무산되는 일이 많았는데, 후대에는 그런 일이 좀 줄어들었으면 하고 진심으로 바랍니다.
또 대한의 정치가로 자처하는 분들은 만일 나라를 제대로 이끌 마음이 전혀 없다면 모르겠습니다만, 진실로 올바른 정치를 하고자 한다면, 마음에 손을 얹고 정직하게 행동하라는 말을 드리고 싶습니다. 국민의 신뢰를 살 수 있게 행동하라는 것입니다.

— 만약 선생님께서 해방 후에도 살아 계셨다면 한국 정치를 운영하는 데 큰 도움이 되었을 것이라는 시각이 많은데요, 아마도 여러 독립단체를 이끄시며 선생님께서 보여주신 통합형 리더십을 다들 높이 평가한 것이 아닐까 합니다. 선생님께서는 좋은 지도자의 요건이 무엇이라고 보십니까?

◇◇ 나는 사람들이 서로를 신뢰하고 힘을 합쳐 공통된 방침 하에 나아갈 수 있도록 하는 것이 좋은 지도자의 자격이라고 생각합니다. 그러려면 반드시 서로 다른 기질의 사람

들을 조율할 줄 알아야겠지요. 이는 마치 단원들이 북과 나팔과 통소와 거문고를 가지고 음악을 연주할 때, 악대 전체를 조율할 지도자가 필요한 것과 같습니다.

내가 이런 말을 하면 그런 지도자가 있기는 하느냐는 소리가 꼭 들려오더군요. 하지만 내가 보았을 때 우리의 지도자가 될 자격을 갖춘 위인들은 국내에도 분명 있었습니다. 말로만 듣기에는 거창해 보이지만 위인이란 특별한 사람이 아닙니다. 남이 알아주지 않아도 비난과 압박을 감수하면서 자신의 금전이나 시간, 지식과 열의를 희생하여 조국에 헌신하는 사람이라면 우리의 지도자가 되기에 충분하겠지요.

— 하하. 얘기만 들어도 굉장히 어려운 요건인 것 같은데요.

◇◇ 그런가요? 그런데 내가 살던 시기에도 그랬지만 사회에는 사람에 대해 존경하는 말보다 무시하는 말이 더욱 퍼지기 쉬운 것 같습니다. 특히 지도자에 대해 그렇지요. 사람들이 말하기로는 지도자가 똑바로만 하면 자신들이 뽑아주지 않을 이유가 어디 있겠냐고 합니다. 그런데 매번 뒤에서 술수나 부리고 싸움만 하니 지도자가 있으나 없으나 무용지물이라고 하지요. 하지만 이런 식으로 정치적인 체념에 젖는 것은 나는 옳지 않다고 봅니다. 설령 지도자란 사람들이 모두 협잡질과 싸움만 좋아하는 것으로 보인다 해도, 그중에서 덜 부패하고 싸움을 적게 하는, 지도자의 자격을 좀 더 갖춘 사람이 있을 겁니다. 머리를 냉정하게

식히고 살피면 그런 사람들이 보일 테지요.

— 다 나쁜 놈이라면 그나마 덜 나쁜 놈을 고르라는 말씀 같
은데, 아무리 현실이 그렇더라도 듣다 보니 서글퍼지는
데요.

◇◇ 지도자감이 없다는 푸념을 듣고 말한 것뿐입니다. 그보다
나은 방법으로 지도자를 세울 수 있다면 당연히 좋겠죠.
우선은 그 사람이 평소 내세운 가치관과 정책을 조사한
뒤, 그것이 자신이 원하는 바와 적합한지를 보고, 또 그 사
람이 그것을 실현할 능력이 다른 사람들보다 앞서 있음을
확인했을 때 비로소 그 사람을 지도자로 인정해야 합니다.
그러려면 세상에 떠도는 유언비어에 휘둘리지 말고, 그 사
람이 행해온 일들을 신중하게 살펴야겠지요. 지도자를 택
할 때는 무조건 자신과 가까운 편을 선택하는 게 아니라,
그 사람이 모든 국민을 위해 제대로 헌신할 사람인지 정
직한 마음으로 골라야 합니다.

실력 양성도 결국은 독립운동을 위하여

— 다음으로 교육 사업에 대해 말씀을 좀 나눠보겠습니다. 선
생님께서는 어디 가나 학교를 세우며 평생을 교육자로 사
셨습니다. 교육에 그렇게까지 힘쓰신 이유는 무엇입니까?

◇◇ 너무나도 당연한 일이라 딱히 설명할 말이 없군요. 독립운

동 기간일수록 우리는 더욱 교육에 힘써야 했기 때문입니다. 민족의 흥망과 독립의 성패는 그 구성원의 지혜에 좌우됩니다. 그러니 우리의 청년들이 단 하루라도 학업을 놓는다면 그만큼 조국의 미래가 어두워지는 것입니다. 당시 본국에서는 우리의 힘으로 교육을 할 여건이 되지 못했지만, 나는 조국독립과 민족의 훗날을 위해서는 기회가 되는 대로 공부를 시켜야 한다고 생각했습니다. 그래서 주변을 설득하고 미비한 시설이나마 학교를 세웠지요. 또 국민들에게 선진 지식과 사상을 알리고 애국정신을 고취하기 위해 신문과 잡지, 좋은 책을 간행하려는 노력을 기울이기도 했습니다.

— 일각에서는 선생님께서 실력양성론자가 아니냐는 평가도 있습니다. 아마 평생 교육 사업에 뜻을 두셨다는 점과 말끔한 신사의 이미지가 선생님은 무장투쟁과 거리가 멀다는 인상을 심어주는 것 같습니다. 여기에 대해 한 말씀 해 주시지요.

◇◇ 허허허. 누가 그런 말을 하던가요? 물론 나에 대한 평가는 후대의 몫이긴 하지만 그건 좀 바로잡고 싶군요. 나는 광복이라는 대업은 오직 의로운 피를 뿌려서만 성취할 수 있다고 생각했습니다. 그렇기에 대한의 국민 모두가 각성하여 독립전쟁에 투신하기를 기원했지요. 독립군이 따로 있는 것이 아닙니다. 국민이 모두 전쟁에 참가해야만 합니다. 청년이면 빠짐없이 독립군 명부에 등록하고 일제의 눈

을 피해 어디에서든지 군사훈련을 받아야 합니다. 물론 죽는 것은 두렵겠지만 그것은 노예로 사는 것보다는 더 가치 있는 삶일 겁니다. 또한 나는 대한의 국민이라면 설령 투옥되거나 목숨을 잃는 한이 있어도 결코 적들의 관리가 되지 말고, 적에게 세금을 내지 말며, 적들과의 교섭을 끊기를 바랐습니다. 또한 적들의 연호를 쓰지 말고 적들의 물건을 사지 않기를 원했지요.

실력양성론이란 말은 겉은 번지르르하지만 결론은 아직 조선은 독립할 자격이 없다는 것 아닙니까? 그런데 왜 우리가 남의 허락을 받고 독립할 자격을 따져야 합니까? 우리의 주권은 애초에 남의 것이 아닌데 말입니다. 당시 독립을 위해선 우선 순서를 따라야 한다는 주장을 하는 이들이 있었습니다. 이들은 지금 우리는 결코 일본을 당할 수 없으니 차라리 일본에 협조해서 자치권부터 얻자고 했습니다. 이러한 자들은 그저 일본에게 아첨을 하며 떨어지는 밥풀로 배를 채우려고 했던 겁니다. 그런 비루한 자들이 있었다는 사실은 동시대인으로서 참으로 부끄러운 일입니다. 더욱 유감스러운 일은 심지어 독립운동가 가운데서도 그런 말을 하는 이가 없지 않았다는 점이고요.

그리고 먼저 민족의 문화와 산업을 진흥시키는 식산(殖産)운동을 하자는 자들도 있었습니다. 민족의 산업이 발전하면 독립은 자연스럽게 뒤따라온다는 이야기입니다. 언뜻 듣기엔 그럴싸할 수 있어도 실상은 전혀 그렇지 않습니다. 이미 정치도 자본도 일제의 수중에 떨어진 와중에 어떻게 우리가 힘을 키울 수 있겠습니까? 당시의 상황에서는 결국 일본과 몇몇 친일파만이 자본을 가질 수 있는 상황이었습니다. 애초에 경쟁할 만한 상황이 만들어질수가 없지요. 먼저 혁명으로 독립을 이루지 않으면 문화도 산업도 발전할 수가 없는 겁니다.

어떤 이들은 내가 흥사단을 설립한 것을, 위에서 언급한 자들과 같은 취지였다고 이해하더군요. 하지만 그건 정말로 내 의도를 왜곡한 것입니다. 내가 강조한 교육이나 문화진흥운동은 어디까지나 독립운동을 위한 것이었습니다. 독립전쟁을 위해서는 자본이 필요하기에 민족 산업을 도와 경제를 키우고, 적과 싸우려면 교육을 통해 지식과 애국심을 북돋아야 한다는 말이었지요.

흥사단의 모든 일은 국가와 민족을 위해 하라

— 선생님께서 주도적으로 설립한 단체가 적지 않지만 그중에서도 방금 말씀하신 흥사단은 특별하다고 할 수 있습니다. 무엇보다 1913년 선생님께서 창립한 이래 현재까지도 활발하게 활동하는 살아 있는 조직이기 때문입니다. 흥사단 창립에 대해 이야기를 해주시겠습니까.

◇◇ 하하. 흥사단이 오늘날까지도 활동을 이어나가고 있다니

정말로 자랑스러운 소식이군요. 그런데 조국이 독립된 지금 그들은 무슨 일을 하고 있지요?

— 지금은 주로 독립운동가의 후손을 돕거나 민주주의가 제대로 돌아가는지 감시하는 활동을 하고 있습니다.

◇◇ 그것 참 멋지군요. 흥사단도 처음 조직될 때는 내가 어느 정도의 역할을 했겠지만, 오늘날까지 그 활동을 이어나가는 것은 모두 후배 단원들 덕일 것입니다. 흥사단은 1913년에 미국 샌프란시스코에서 조직되었습니다. 하지만 조금 더 올라가면 1907년에 만든 신민회가 그 기원이라고 할 수 있겠지요.

— 그 유명한 비밀결사 신민회 말씀이시군요.

◇◇ 그래요. 일본에 대항하려면 인재와 금전, 단결력을 길러야 한다는 목적으로 나와 이승훈, 안태국, 양기탁, 이갑 등이 조직한 단체입니다. 그런데 신민회는 비밀리에 활동을 하다 보니 공개적인 사업을 하기는 어려웠지요. 이에 널리 인재를 기르고 몇 가지 사업도 벌일 겸 만든 것이 청년학우회입니다.

— 청년학우회가 곧 흥사단의 전신이란 말씀이신가요?

◇◇ 그런 셈입니다. 청년학우회는 저와 최남선, 윤치호 선생 등이 주도해서 이끌었는데, 제가 만주와 시베리아, 또 미국을 방문하는 사이 한일합방이 되고 결국 그 단체도 해산되고 말았지요. 이후 미국 생활을 하다가 미주에 있을 당시 동지들과의 약속을 지켜야 한다는 가책에 다시 만든

1916년 흥사단 연례대회 때의 안창호(앞줄 오른쪽에서 세 번째)

단체가 바로 흥사단이었습니다. 청년학우회라는 명칭을
그대로 쓰면 본국에 있던 전 회원들이 곤란해 할지도 몰
라 이름을 바꾼 것이지요.

— 지금도 흥사단 홈페이지에 들어가 보면 선생님께서 강조
하신 '무실역행(務實力行)'을 주요 정신으로 내세우고 있
습니다. 당시 흥사단의 창립정신에 대해 좀 더 말해주실
수 있겠습니까?

◇◇ 죽는 날까지 서로에게 모든 것을 다해 헌신하고, 함께 큰
뜻을 이어나가는 단체를 만들자. 그게 제가 흥사단을 창설
할 때 품고 있던 마음이었습니다. 그래서 조직을 할 때도
단원 선정에 심혈을 기울였지요. 비록 미주에서 만들긴 했

지만 조선팔도에서 8명의 창단위원을 모셔 왔습니다. 조직의 목표는 분명했습니다. '민족전도 대업의 기초'를 다지는 것입니다.

— 민족전도의 대업이란 곧 민족독립을 뜻하는 것이지요?

◇◇ 맞습니다. 당시 그보다 더 큰일은 있을 수가 없었지요. 독립운동에 헌신할 지도적 인물을 키우고 부강한 나라를 건설하는 것, 그게 흥사단의 꿈이었습니다. 나는 흥사단 단원들에게도 이렇게 말한 적이 있습니다. '배우는 것도 흥사단을 위해, 돈을 버는 것도 흥사단을 위해 합시다. 그리고 흥사단은 국가와 민족을 위해 그 모든 역량을 쏟도록 합시다. 동지를 모으는 것도, 재정을 충실하게 채우는 것도, 사업을 발전시키는 것도, 그 무엇이 되었든 온전히 국가와 민족을 중심에 놓는 겁니다. 그러기 위해 우리는 모든 것을 희생하고 단결을 잃지 맙시다.'라고 말입니다.

— 흥사단의 정신은 결국 독립운동 지도자로서 당시의 청년들에게 주고 싶은 메시지와 다르지 않았을 듯합니다. 지금 대한민국 젊은이들에게도 도움이 되는 가르침이지 않을까 싶은데요, 흥사단원들에게 강조하셨던 것들을 몇 가지 말씀해주시면 좋겠습니다.

◇◇ 좋습니다. 흥사단 대회장에서 단원들에게 했던 말을 간단하게 말씀드리겠습니다. 우선 여러분 모두는 책임을 가져야 합니다. 조직의 성공과 실패가 남이 아닌 자신의 어깨에 달려 있다고 생각해보십시오. 그러면 누가 시켜서가 아

닌, 자신의 의지로 모임의 일을 주도해나갈 수 있지 않겠습니까? 또 분명하고 바른 신념을 가져야 합니다. 세상 사람이나 단체들 중에는 아무 가치 없는 신념을 추구하는 경우가 있지요. 그러면 어제는 이것을 하고 오늘은 저것을 하면서 허송세월만 보내게 됩니다. 그러다 보면 결국에는 아무런 결과도 내지 못하겠죠. 신중한 관찰로 명확한 판단을 갖고 여기에 기반을 둔 신념을 길러야 합니다.

— 청년에 관한 얘기가 나온 김에 말씀을 좀 더 해주셨으면 합니다. 선생님께서는 애국청년들을 길러내기 위해 청년학우회, 수양동우회, 흥사단 등을 조직하고 점진학교, 대성학교, 동명학원 등도 세우셨습니다. 그렇게 노력을 하셨는데 지금의 대한민국은 청년들이 그 어느 때보다 힘든 시기를 보내고 있습니다. 그러니 조언을 좀 더 주실 수 있겠습니까?

◇◇ 이미 대한의 청년들이 나름 각자의 위치에서 잘 하고 있을 거라 믿습니다. 거기에 내가 뭔가 잔소리를 보태는 것 같아서 좀 그렇기도 하군요. 하고 싶은 말은 많아도 줄여서 하나만 더 이야기하겠습니다. 어려운 시기에 큰 짐을 지고 있는 청년들이 가장 먼저 갈고닦아야 할 것은 자신의 인격과 단결력입니다. 지금 시국이 어느 땐데 인격이니 단결이니 하는 얘기를 하느냐고 생각할 수도 있겠지요. 하지만 세상의 모든 일은 힘의 산물입니다. 작은 힘으로는 작은 것밖에 성취할 수 없고, 큰 힘으로는 더 큰 일을 할

수 있겠죠. 그러므로 누구든지 자신이 목적한 바를 이루려면 먼저 힘을 얻어야 합니다. 그 힘은 어디서 오겠습니까. 건전한 인격과 공고한 단결력이겠지요.

그리고 오늘날 청년들에게 장애가 되는 것 중 하나는 방황과 주저라고 들었습니다. 각박한 시대 현실이 하고 싶은 일도 주저하게 만드는 것이지요. 하지만 사람마다 반드시 해야만 하는 일 앞에서는 주저해서는 안 됩니다. 내가 살아가던 시기처럼 조국이 파멸의 지경에 처해 있는데 나서지 않고 주저하는 일이 공적(公敵)이라면, 자기 자신을 위해 반드시 해야만 하는 일이 눈앞에 보일 때조차 주저하는 것은 사적(私敵)이라고 부르겠습니다.

— 민족의 일이든 개인의 일이든 적극적으로 나서라는 말씀이군요.

◇◇ 그렇습니다. 지금 배울 기회가 있을 때 배우고 벌 수 있을 때 많이 버세요. 그러다 그보다 더 긴급한 일이 생기면 전부 던지고 나서는 것이 옳습니다. 이 일을 할지 말지 방황하고 주저하다 보면 결국 고통과 낙담만 길어질 뿐이지요. 낙망은 청년의 죽음이요, 청년이 죽으면 민족이 죽습니다.

— 그렇다면 지금 대한민국은 민족의 위기를 맞았다고 할 수도 있겠네요.

◇◇ 들기로는 오늘날의 대한민국은 사회적 도덕이나 경제 모두 심하게 어려운 시기를 맞이하고 있다고 하더군요. 개인의 힘으로는 도저히 해결되지 않는 것들도 있겠지요. 조국

을 빼앗겼던 우리 때의 상황처럼 말입니다. 이것을 헤치고 나아가려면 아까 말한 대로 참고 견디는 힘이 있어야 합니다. 이는 곧 자신이 옳다고 생각한 일에 냉철한 판단을 내리고, 그것이 관철될 때까지 버티는 것을 의미해요. 그러면 언젠가는 조국이 광복되었듯이 빛이 따를 것이라고 생각합니다. 이 말을 청년들에게 전하고 싶습니다. 어느날 신이 찾아와 갑자기 '너는 지금 무엇을 하고 있느냐?'라고 질문할 때에, 서슴없이 대답할 수 있도록 행동해라.

— 오늘 뵌 김에 애국가 이야기를 물어보지 않을 수가 없습니다. 애국가를 작곡한 이가 안익태라는 사실은 국민 모두가 잘 알고 있지만 공식적인 작사가는 '미상'이라고 되어 있습니다. 역사학자들 사이에서도 애국가를 작사한 것이 누군지는 의견이 분분한데요, 윤치호가 지었다는 얘기가 있는 한편 유력한 후보 중 하나로 도산 선생님이 언급되고 있습니다. 이광수의 『도산 전기』에는, 이광수가 '애국가는 선생께서 지으셨지요?'라고 물었더니 선생님께 빙긋 웃을 뿐 대답을 하지 않더라는 부분이 나옵니다. 분명하게 부정하지는 않으신 거지요. 게다가 윤치호가 지었다고 보기에는 초고에 기록된 가사의 철자법 등이 시대적으로 맞지 않고, 그의 일기에도 애국가에 관한 기록이 전혀 없다고 합니다. 그리고 선생님께서 설립하신 흥사단은 설립 당시부터 지금까지 애국가를 4절까지 모두 부르는 전통을 가지고 있고요. 이제 그만 진실을 밝혀주시죠. 도대

체 애국가 작사가는 누굽니까?

◇◇ 내가 이 자리에서 애국가의 작사자가 누군지 왈가왈부하
는 것은 적절하지 않은 것 같습니다. 그건 역사학자들이
연구하고 밝혀야 할 문제로 남겨두겠습니다. 다만 내가 청
년교육과 민족정신 배양을 위해 노래를 즐겨 사용한 것은
사실입니다. 청년학우회에서 '거국가'를 짓기도 했지요.
하지만 애국가의 작사가가 누군지는 그리 중요하지 않다
고 봅니다. 그저 대한의 국민들이 그 노래를 함께 부르며
나라를 아끼는 마음을 되새길 수 있다면 그것으로 충분하
다고 생각합니다.

— 우문현답이네요. 제가 얻을 것도 없는 질문을 드렸습니다.
죄송합니다.

◇◇ 허허, 괜찮습니다. 진실을 밝히는 것이 기자들의 임무이니
궁금한 것을 질문하는 게 당연한 일입니다.

— 선생님께서는 기독교인으로서 독립운동을 하러 간 지역
에서도 이따금 교회에 들러 설교를 하곤 했습니다. 선생님
께서 기독교 사상에 대해 배우신 것이 열여섯 살 때라고
들었는데요. 신앙생활은 어떠셨습니까?

◇◇ 내가 기독교를 접한 것은 서울의 구세학당에 다닐 때였습
니다. 이후 아내와 결혼할 때도 같이 기독교를 믿을 것을
조건으로 걸었지요. 그러나 나는 제대로 된 설교를 하거나
하나님의 뜻을 전파할 정도로 교인다운 생활의 경력을 갖
춘 사람은 아닙니다. 다만 나는 성경에 자주 나오는 '우리

서로 사랑합시다.'라는 구절을 좋아했고, 동포 교인들에게
도 그 정신을 전파하려고 애썼습니다.

기독교의 바탕은 사랑이니, 교인이라면 이를 절실히 행하
도록 노력해야 합니다. 만약 여기에 가난한 사람 한 명이
앓고 있다고 합시다. 그 사람을 문병하러 가서는 기도를
드리면서 병이 낫기만을 빌고 제 주머니에 있는 돈은 단
한 푼도 내놓지 않는다면 그것이 과연 구원이라고 하겠습
니까? 차라리 근처에서 약이나 미음을 사서 가져가는 자
가 진정으로 그에게 사랑의 덕목을 실천한 것이겠지요. 교
인들의 독립운동도 마찬가지입니다. 독립운동을 위해 가
진 것을 내놓는 이야말로 정말로 조국에 대한 사랑을 실
천했다고 볼 수 있습니다. 조국의 운명이 경각에 달린 아
슬아슬한 때에 금전을 내놓고 피를 흘리는 이야말로 진정
한 교인이라고 할 수 있다고 나는 믿었습니다.

— 선생님께서는 신앙생활도 독립운동의 연장선으로서 바라
보셨다는 느낌이 드는군요. 꽤 긴 시간동안 인터뷰를 진행
했는데요. 오늘 제가 드린 질문만 봐도 분야가 참 다양합
니다. 독립운동은 물론이고 계몽운동, 교육활동, 정당 창
당, 해외교민 생활 개선 등……. 선생님의 성함을 모르는
사람이야 없겠지만 이렇게 많은 활동을 해오셨기에 오히
려 '도산에 대해 설명을 해보라.'라고 하면 대개 말문이 막
히는 것 같습니다. 물론 저희 같은 기자들이 열심히 알려
야 하는 문제이긴 합니다만, 선생님 본인께서는 후손들에

게 무엇으로 기억되고 싶으십니까?

◇◇ 글쎄요. 내가 후손들이 기억할 정도의 가치가 있는 인물이라면, '독립운동가 안창호' 그것이면 충분합니다. 내가 했던 이런저런 일들도 결국에는 대한의 독립을 위해 벌였던 것일 뿐이니까요.

— 그 한 단어면 됩니까? 선생님의 여러 행적들이 묻히는 것이 서운하지 않으십니까?

도산은 그늘 없는 얼굴로 고개를 끄덕인다.

— 예, 알겠습니다. 오늘날 대한민국이 건국된 것은 선생님과 같은 독립운동가 분들의 투신 없이는 불가능했을 터이지만, 선생님께서 꿈꾸셨던 나라를 저희 후손들이 제대로 만들어가고 있는지 잘 모르겠습니다. 보시기에 성에 차지 않는 점도 많겠지만 후손들도 나름대로 더 나은 세상을 만들기 위해 '무실역행'하고 있다는 말씀을 감히 제가 드리면서 인터뷰를 마치겠습니다.

◇◇ 네. 후손들도 노력하고 있다는 점을 의심치 않습니다.

— 인터뷰 중에 혹여 무례하게 들릴 수 있는 질문이 있었다면 뒤늦게나마 죄송하다는 말씀 드리겠습니다. 그저 그런 문제에 대해서도 궁금해하는 후손들이 적지 않구나 하고 이해해주셨으면 합니다. 긴 시간 충실히 답변해주셔서 감사합니다.

◇◇ 기자 선생께서도 고생 많으셨습니다. 이제 끝난 거지요? 참느라 혼났습니다.

도산은 재킷 안주머니에서 담배를 꺼내 문다.

— 선생님, 여기는 금연입니다.
◇◇ 아 그렇습니까? 미안합니다.
— 그러고 보니 선생님께서는 애연가로도 잘 알려져 있습니다. 일전에 부인 이혜련 여사께서 증언을 하신 것도 있었습니다. 여사께서 미국에서 함께했던 신혼생활을 회고하면서 '그분은 첫째가 조국, 둘째가 담배, 그리고 아내와 자식은 열두 번째였다.'고 털어놓으셨더라고요. 하하하.
◇◇ 그런 말을 했나요? 그래도 담배보다는 조국을 더 사랑한다고 여겼군요. 그건 다행입니다. 허허허.

담배를 다시 안주머니에 집어넣은 도산은 지긋한 미소를 지으며 손을 흔들고는 공원 안쪽으로 걸어갔다. 도산공원 한편에는 그와 부인 이혜련 여사가 합장된 묘역이 자리잡고 있다.

다음과 같은 자료를 참고 인용했다

도산의 답변은 모두 생전 그의 글과 연설에서 발췌하여 문맥에 맞게 다듬은 것이다. 도산은 열정적인 연설가였지만 편지 글과 일기 외에 글은 그다지 많이 남기지 않은 편이다. 그래서 만 46세를 맞은 1924년 중국 베이징에서 춘원 이광수에게 구술해 작성한 뒤 〈동아일보〉와 잡지 〈동광〉에 연재한 「동포에게 고하는 글」은 도산의 사상을 종합적으로 살펴보는 데 중요한 자료이다. 여기에 〈독립신문〉과 〈신한민보〉 등에 실린 연설문 또는 연설문 개요, 동지 및 가족들과 주고받은 서한 등을 활용해 살을 붙였다. 도산의 삶의 여정에 관한 내용은 주요한 선생이 정리한 『안도산 전서』(증보판, 흥사단출판부, 2015)의 전기 부분과 김삼웅의 『투사와 신사, 안창호 평전』(현암사, 2013)을 주로 참고했다.

안창호 주요 연보

- 1878년 11월 9일

  대동강 하류에 위치한 평안남도 강서군 초리면 봉상도에서 출생.

- 1894년   서울 구세학당에서 신학문과 기독교를 접함.

- 1897년   독립협회에 가입하고 관서지부를 창립. 쾌재정 연설 이후 명사로 떠오름.

- 1899년   평안남도 강서군 동진면에 점진학교 설립. 탄포리교회 설립.

- 1902년   전 훈장 이석관의 장녀인 이혜련과 결혼. 다음 날 배에 올라 미국 샌프란시스코 도착.

- 1903년   교포 단결 및 계몽을 위한 한인친목회를 조직하고 회장에 취임.

- 1904년   한인친목회를 기반으로 공립협회 설립. 협회 업무에 전념.

- 1905년   을사늑약 소식을 듣고 공립협회의 목표를 국권회복운동으로 명시. 〈공립신보〉 발행.

- 1907년   귀국. 평양에서 독립협회 인사들을 만나 비밀결사인 신민회 발기인 모집. 이토 히로부미와 만나 조각(組閣) 제의를 받았으나 거부.

- 1908년   신민회, 서북학회 창립. 대성학교 개교. 아세아실업주식회사 설립.

- 1909년   청년학우회 창설. 안중근 의거의 배후로 지목돼 영등포 감옥에 수감. 두 달 만에 석방.
- 1910년   중국 베이징, 칭다오, 상하이, 러시아 블라디보스토크 순회한 뒤 이듬해 샌프란시스코 도착.
- 1912년   해외교민 지방총회를 망라한 대한인국민회 중앙총회 조직.
- 1913년   청년학우회를 계승해 흥사단 창립.
- 1917년   북미실업주식회사 창립. 남미지역에서 흥사단 조직운동 전개.
- 1919년   3·1운동 소식을 접한 뒤 교민들의 재정 공급의 책임 강조. 6,000달러를 모금하고 5월에 상해에 도착. 임시정부 내무총장 겸 국무총리 서리로 취임해 초기 임시정부의 기틀을 마련. 9월에 통합임시정부 수립하고 노동국 총판에 취임.
- 1921년   임시정부 내 계파 갈등 심화. 총리직 수락 요청을 거절하고 임시정부 개혁을 위한 국민대표회의 소집 제안. 노동국 총판 사임.
- 1923년   국민대표회의 본회 개최. 63회에 걸쳐 124명 대표가 참석. 개조파와 창조파의 대립으로 국민대표회의 결렬.
- 1924년   만주 순회. 동명학원 설립. 미국 샌프란시스코 도착.
- 1926년   중국 도착. 부재중에 임시정부 국무령에 선임됐으나 취임 거부. 〈동광〉 발행. 임시정부경제후원회 창립. 유일독립당 결성 활동 개시.

- 1927년   군사행동의 통일 등을 요구하다 중국 경찰에 체포되었으나 20일 만에 석방.
- 1928년   중국과의 대일한중연합전선을 제안했으나 코민테른 6차 대회 결의로 좌파의 노선이 달라지면서 좌우 통일단결 활동이 타격을 입음. 유일독립당 촉성회 해체.
- 1930년   김구, 김두봉, 이동녕, 이시영, 조소앙, 조완구 등과 한국독립당 결성.
- 1932년   윤봉길 의거로 프랑스 경찰에 체포되어 일경에 인도됨. 서울로 압송되어 치안유지법 위반으로 4년 실형을 선고받고 서대문형무소에 수감.
- 1933년   대전형무소로 이감. 칠공장에서 노역.
- 1935년   2년 반 만에 가출옥. 영호남 및 평북 지역을 순회. 일제의 압박을 받고 평안남도 대보산 송태산장에 은거.
- 1936년   대전, 호남, 영남, 대구 등을 순회. 국외 망명을 결심.
- 1937년   동우회 사건으로 일경에 체포되어 서대문형무소에 수감. 위장병과 폐결핵 증세로 보석 출감.
- 1938년   경성대학부속병원에서 간경화로 서거. 망우리에 안장됨.
- 1962년   건국공로훈장 추서.